湖北省学前教育研究会"十四五"课题《基于儿童视角的幼儿园真游戏探究》的课题成果

童真·童趣·童乐——基于儿童视角的幼儿园游戏活动实践探索

主　编：骆丽丽　刘秀红　姚　柳

副主编：夏　琼　朱　莉　何　柳　刘德琼　刘春霞　肖秋林
　　　　辛　蕾　陈　玲　张　芬　占昆卓　张海英　陈　明
　　　　南　维　张　卉　吕乐乐　程　琳　王建玲　余文娟
　　　　曹　艳　肖　燕　周　甜　黄　鹂　高秀秀　胡　陈
　　　　黄　侃　谢　丹　黄　莉　李　颖　黄　晶　吴　煤
　　　　易　鑫　王　雅　吴　茜　陈雪葵　张　琦　宋晓玲

统　筹：毛　冰

中国书籍出版社
China Book Press

图书在版编目（CIP）数据

童真·童趣·童乐：基于儿童视角的幼儿园游戏活动实践探索 / 骆丽丽, 刘秀红, 姚柳主编. -- 北京：中国书籍出版社, 2024.5

ISBN 978-7-5068-9871-3

Ⅰ.①童… Ⅱ.①骆… ②刘… ③姚… Ⅲ.①游戏课—教学研究—学前教育 Ⅳ.① G613.7

中国国家版本馆 CIP 数据核字 (2024) 第 093276 号

童真·童趣·童乐——基于儿童视角的幼儿园游戏活动实践探索

骆丽丽　刘秀红　姚　柳　主编

图书策划	成晓春
责任编辑	张　娟　成晓春
封面设计	博健文化
责任印制	孙马飞　马　芝
出版发行	中国书籍出版社
地　　址	北京市丰台区三路居路 97 号（邮编：100073）
电　　话	（010）52257143（总编室）　（010）52257140（发行部）
电子邮箱	eo@chinabp.com.cn
经　　销	全国新华书店
印　　刷	天津和萱印刷有限公司
开　　本	787 毫米 ×1092 毫米　1/16
字　　数	395 千字
印　　张	20
版　　次	2025 年 1 月第 1 版
印　　次	2025 年 1 月第 1 次印刷
书　　号	ISBN 978-7-5068-9871-3
定　　价	98.00 元

版权所有　翻印必究

前 言

随着党的十九届五中全会建设高质量教育体系的提出，以及中共中央、国务院《关于学前教育深化改革规范发展的若干意见》和《深化新时代教育评价改革总体方案》的颁布，我国学前教育工作已经进入高质量发展时期。办人民满意的教育，追求普惠、均衡、优质的学前教育已经提到日程上来。同时，2022年国家制订的《幼儿园保教质量评估指南》，也为幼儿教师在实施幼儿教育活动过程中的实践行为提供了理论支撑。

要培养新时代中国特色社会主义建设的建设者和接班人，教师是关键，所以我们的广大教育工作者要彻底转变教育观念、更新教育教学方式，担任起为新时代中国特色社会主义建设培养合格人才的使命，积极投入教育改革当中来。

如今，我国的学前教育已发展到了科学保教、规范发展的新阶段。自国家2012年颁布《3—6岁儿童学习与发展指南》以来，历时20多年的学前教育的改革、新时代幼儿教师科学教育理念已基本确立。但在实施幼儿教育的过程中，如何面对全体幼儿，尊重幼儿身心发展规律和学习规律，开展常态化的幼儿园游戏活动？把幼儿园游戏活动与教育课程相融合，落实一日活动皆课程的理念，把游戏活动与幼儿的教育教学形成合力，解决我们当前教育改革遇到的幼儿园游戏活动开展时间不充足、教师在指导幼儿游戏活动过程中高控现象比较严重、教师不够充分放手、解读幼儿游戏活动专业素养不够、适宜支持幼儿游戏活动的时机掌握不佳、支持策略不充分等等较突出问题是遏制我们当前保教质量提升的关键问题，也是幼儿教师急需提高的专业素养。

在这个重要关口，我们黄冈市学前教育教科研工作以问题为导向，以课题为抓手，带领全市各级各类幼儿园园长、教师和教研员在幼儿园保育教育活动中，以《幼儿园保育教育质量评估指南》为引领，坚持幼儿园一日活动中以户外体育活动和游戏活动为基本活动，集体教学活动坚持每天1节的基本模式，遵循幼儿学习与发展规律，尊重幼儿自我感知、亲自操作、亲身体验的学习方式和特点进行教育培训，重视教育过程质量，共同努力推动黄冈市各级各类幼儿园的教育教学的质量提升。通过学习安吉游戏精髓，以安吉游戏推广为重点来推动幼儿园课程改革和幼儿园课程体系的建设，以幼儿教师专业发展为抓手推动学前教育队伍建设，推动了全市学前教育的高质量发展。

针对幼儿园教师在游戏活动中充分放手的问题，我们开展了《基于儿童视角的幼儿园真游戏探究》的课题研究活动，全市76所幼儿园参与课题研究工作，掀起了全市学前教育人对幼儿园实行游戏活动的探究热情和兴趣及自信心。在探究过程中，教师对幼儿游戏活动的观察能力、对幼儿游戏的支持回应能力及其支持策略等问题取得了巨大的进步，并从教育实践中得出一大批优秀游戏案例，实现了以游戏为基本活动，实施科学保教，让幼儿在游戏过程中进行深度学习，唤醒幼儿学习的内驱力，同时让幼儿的学习力、创造力、社会交往能力、幼儿的个性得到健康发展的目标。让幼儿在游戏中学习，不仅能增强幼儿对社会适应性的自信心，让幼儿在活动中获得和谐相处的人际关系和体验，还能在游戏活动中获得人格独立的良好开端，如从游戏活动中获得与周边环境、物质材料、师幼之间、幼幼之间等关系的和谐相处经验，找到自己对事物的兴趣点，对他们以后的学习和生活提供良好的支持。

本书收录了自2021年以来黄冈市幼儿园进行真游戏探究活动中部分优秀游戏案例，这也是湖北省黄冈市幼儿园教师参加湖北省学前教育研究会"十四五"课题《基于儿童视角的幼儿园真游戏探究》的课题成果之一。书中呈现出了黄冈市各级各类幼儿园教师在幼儿保育教育实践中，坚持儿童立场，尊重幼儿的学习特点和方式，创设适宜丰富的游戏环境，遵循幼儿以直接经验学习为基础，因地制宜支持幼儿游戏活动，最大限度地支持和满足幼儿通过直接感知、实际操作和亲身体验获得经验的实践探索，从而落实以游戏为基本活动，实现科学保教的感人画面。

本课题的研究注重引导教师树立正确的、科学的教育理念，尝试从儿童的视角出发，学习安吉游戏精髓，充分放手，让幼儿自主游戏。从"玩什么游戏"——游戏的选择、"和谁一起玩游戏"——玩伴选择、"在哪里玩游戏"——场地选择、"选择什么材料"——材料选择等都由幼儿自己作主，教师则成为幼儿游戏有力的支持者、观察者、参与者、引导者。教师在幼儿游戏活动中从环境创设、材料的投放、游戏分享等环节，在观察的基础上，读懂、记录幼儿的游戏行为，用适宜的方式支持幼儿在游戏中的学习与发展，同时获得指导幼儿园开展游戏活动的实践经验。通过此次研究实践使广大的幼儿教师从游戏的观察、支持与回应等策略适宜性方面获得经验，提升了教师指导游戏活动的专业性，促进了教师的专业化成长，转变了我市广大幼儿教师的游戏观和课程观。

本书分五个章节。第一章趣玩沙水（沙水游戏）、第二章趣味探索（探索类游戏）、第三章快乐扮演（角色游戏）、第四章乐享建构（建构游戏）、第五章本味体验（乡土游戏）。书中每一个章节中的游戏案例都从游戏的缘起、游戏的过程及教师的思考总结及游戏后期的生长点等进行了客观阐述，每个案例都配有通过二维码扫码就能看到的游戏视频。书中也对我市本土化游戏进行因地制宜、独具特色的研究，探索出了切实可行的各级各类幼儿园开展的真游戏案例，并对开展真游戏活动的方法和途径也做了实践探索和经验交流。

本书的出版得益于课题组的全体成员和全市各县（市、区）教研员园长教师的大力的支持，由于水平有限，在编辑的过程中难免存在一些疏漏和不足，敬请同行批评指正。在此对所有关心支持此书编写、审阅和出版的全体同仁和出版社表示衷心的感谢！

本书内容适合广大的幼儿教师和从事学前教育工作的教育工作者阅读，也适合广大的幼儿家长阅读。

骆丽丽

2024年2月26日

目 录

第一章 趣玩沙水 ··· 1

1. 建水渠 ························· 黄冈市实验幼儿园 夏琼 杨茜 李早林 1
2. 调皮的水 ······················· 罗田县城南幼儿园 赵娟 喻秀明 樊娜 5
3. 家住长江边 ········· 武穴市永宁幼儿园兴教园区 郑丹丹 胡桑 张翮 姜文捷 9
4. 水池探索 ··············· 黄冈科技职院附属幼儿园 孙豫卉 秦幽探 13
5. 小沙池，大乐趣 ··············· 黄梅县小池镇大桥幼儿园 王晶 商乐 17
6. "快乐水池"施工记 ············· 英山县幼儿园金铺园区 王桢 黄锐 20
7. 引水灌溉 ··················· 英山县第二幼儿园 李红叶 伍嫚 江炀 23
8. 沙池里的小鱼塘
   罗田县城东幼儿园 参与教师：黄雨薇 张攀 指导教师：吴茜 ············· 27

第二章 趣味探索 ··· 34

1. 水车转动记 ··············· 蕲春县幼儿园南门畈园区 张琦 许婧 田媛 34
2. 当帐篷遇到风 ··············· 浠水实验幼儿园 黄文莉 江育春 刘雨露 38
3. 攀爬箱垒高楼 ··············· 浠水县童之梦幼儿园 张卉 朱淼 王青 43
4. 蝶"趣" ··················· 黄州区幼儿园 刘秀红 李梓微 汪珍荣 47
5. 搭建道路 ··················· 浠水县南宇幼儿园 郭姣 南维 邓珍 51
6. "钢架雪车"的坡道搭建 ········· 黄冈市园丁幼儿园 张艺馨 鲁敦琳 周凡 55
7. 有魔力的"多米诺骨牌"效应 ······· 红安县城南幼儿园 彭静 罗雨琴 占颖 60
8. 探秘管道 ··················· 团风县思源幼儿园 谢佳琦 方玲 汪丽君 64
9. "筒"乐无穷 ··················· 黄梅县幼儿园 岳欣 冯珍 69
10. 滚筒变变变 ··············· 黄冈师范学院附属幼儿园 徐阳 詹琳琳 74
11. 轮胎嗨翻天 ········· 英山县县直机关幼儿园金铺园区 徐柳 张泺 沈泪 78
12. 未来城市
    武穴市永宁幼儿园富桥园区 郭俊丹 阮小燕 吴梓微 夏勉
    指导教师 戴安 徐海 ··· 80

1

13. 涂呀涂鸦 ……………………………… 黄州区幼儿园　余雯怡　夏靓　范苏　84

14. 山坡滑车 "坡"为有趣 …… 武穴市实验幼儿园　查静　库志绍　刘娜叶诗雨　89

15. 趣味"宠"粉小世界 ……………… 红安县八里湾镇幼儿园　张萍　汪露琳　93

16. "风"狂行动

　　武穴市直属幼儿园花桥园区　苏萍　朱凯　陈建伟

　　指导教师：鲁文楠　郭小瑛　朱莉莉 ……………………………………… 97

17. 城关"造船"记 ……………… 团风县团风中心幼儿园城关园区　张凡　朱锐　101

18. 有趣的树叶 ………………………… 黄梅县幼儿园苦竹园区　孙桂霞　105

19. 迷宫乐翻天 ……………… 红安县永佳河镇第二幼儿园　汪玲　徐燕玲　方圆　107

20. 小船诞生记

　　罗田县城东幼儿园　教师：张攀　徐杨　指导教师：周甜　吴茜 ………… 111

第三章　快乐扮演 ………………………………………………………………… 116

1. 滑板一家人 ……………………… 黄冈市春晓幼儿园　郭银　程琳　王立山　116

2. 骑行区里的小故事 ……………… 黄冈市黄梅县幼儿园　王敏　胡雪　陈文娟　121

3. 小戏迷成长记 ……………………………… 英山县县直机关幼儿园　查捷　张炼　125

4. 嗨！一起"趣"野战 …… 蕲春县第三幼儿园　余文娟　张坤　夏璠　张金萍　129

5. 野趣"农家乐" ………………… 黄冈市实验幼儿园　刘斯　吴泉林　陈汶琳　134

6. 小司机来啦 ……………………… 黄冈市园丁幼儿园　沈婷　周凡　鲁敦琳　138

7. 过家家之"办席儿"

　　英山县县直机关幼儿园全铺园区　谢薇　张泺　郑茜茜　张倩 …………… 143

8. 小交通，大智慧 ……………… 英山县第三幼儿园雷家店园区　陈菲　刘恋　147

9. 来碗藕粉 ……………… 黄梅县实验幼儿园下新二园区　付聪　殷锦　郭玉婷　152

10. 趣味自"煮" ……………… 黄梅县实验幼儿园下新园区　吴莹　饶琪　项伶俐　155

11. "布""童"精彩 ………………… 英山县县直机关幼儿园　胡晓宇　方妍　158

12. 小厨师成长记 ……………………… 黄冈师范学院附属幼儿园　芮婷　郑维　162

13. 小小炊事员

　　红安县城南幼儿园高桥园区　黄文琦　吴晶　张丽芳

　　指导教师：戴金林 ………………………………………………………… 166

14. 小超市　大乐趣 …………………… 黄冈市实验幼儿园　方晓玲　吕佳惠　170

15. 幸福列车 ………………………… 英山县第三幼儿园草盘地园区　蔡苒　杨兰　175

16. 搭战壕 打野战 ……………… 武穴市直属幼儿园江林园区　肖秀　吕娆　179

第四章　乐享建构

1. 嗨，滚起来！ …………………… 蕲春县幼儿园　胡超　程华玲　张娇妮 183
2. 帐篷嗨翻天 …………………… 英山县第二幼儿园　肖冰　余灿　叶倩 187
3. "坡"为精彩
　　武穴市永宁幼儿园兴教园区　黄侃　陈卓　张丹
　　指导教师　胡陈　张新乔 ……………………………………………… 193
4. 冲呀！战车
　　罗田县幼儿园　徐宇　王思怡　丁欢
　　指导团队　朱莉　吴煤　张玉涵 ……………………………………… 198
5. 神舟十二号
　　武穴市永宁幼儿园兴教园区　梅方春　梅乐　龚夏慧
　　指导教师　张新乔　徐海 ……………………………………………… 203
6. 马路成长记 ……………… 黄冈师范学院附属幼儿园　周友华　文雅菲 208
7. 神奇的冰淇淋车 ………… 英山县县直机关幼儿园　查红丽　王烨　胡红娟 212
8. 桌椅总动员
　　黄州开大实验幼儿园　阮珍珍　周婷　方金英
　　指导教师　陈玲　李亚芳 ……………………………………………… 215
9. "箱"约在盒里 ……………… 麻城市第四幼儿园阎家河园区　万腾 220
10. 虾塘建成记 ……………… 黄梅县刘佐乡中心幼儿园　吕丽星　严海霞　占美美 224
11. 扑克王国 ……………………… 黄冈师范学院附属幼儿园　吴琼　张润 229
12. "花花"小学诞生记 ……………… 团风县实验幼儿园　姚佳　钟杨　张云 233
13. 繁华的大街 ……………… 英山县第二幼儿园孔家坊园区　左娟　占柔　余桂林 237
14. 纸杯拼拼搭搭，游戏快快乐乐 ………………………… 麻城市幼儿园　邹锦绣 241
15. 百变"灶"型
　　武穴市永宁幼儿园城西园区　陈果　董韬略　陈颖　刘梦婷
　　指导教师　鲁文楠　朱莉莉 …………………………………………… 245
16. 纸杯建构记 ……………… 黄冈师范学院附属幼儿园　丁玲　孙微 250
17. 彩虹游乐场
　　浠水县新蕾幼儿园　黄瑶
　　指导教师：周芸　陈丽 …………………………………………………… 253

18. 移动的火车 ·· 258

　　浠水县新蕾幼儿园

　　执教教师：陈聪　吴国纯　指导教师：周芸　陈丽　黄瑶 ·············· 258

19. 趣味迷宫搭建

　　黄州区幼儿园　刘秀红　汪星汝　谢丹　邱实　范苏　黄莉 ·············· 262

20. 向英雄致敬——搭建烈士陵园

　　英山县县直机关幼儿园　段钰营　韩青 ·· 267

第五章　本味体验 ·· 270

1. 小小铜锣兵 ·· 红安县直机关幼儿园刘侨　万茜　江艳萍 270

2. 山里娃娃骑行乐

　　蕲春县第四幼儿园大同园区

　　陈明　詹拉　龙艳丽　占婷　田骋　胡婉林　柴晓菲 ·············· 275

3. 牛牛运输队 ·· 罗田县幼儿园　丁欢　王思怡　吴煤　朱莉　易鑫 279

4. 丛林寻宝

　　黄冈市第二实验幼儿园

　　戴悦　祝兰　袁梦欣　付欢　马岚　黄静 ·· 284

5. 清凉一夏　好开心"鸭" ·· 武穴市实验幼儿园　叶诗雨　刘娜 289

6. 好玩的竹竿 ·· 黄梅县小池镇大桥幼儿园　谢越　商乐 294

7. 有趣的沙包 ·· 黄梅县孔垄镇第二幼儿园　李正军 297

8. 老狼老狼几点钟 ·· 黄梅县孔垄镇第二幼儿园　黄慧娟 301

9. "竹"趣横生　乐在自"煮"

　　武穴市实验幼儿园石佛寺园区　裴燕燕　胡岚瑛 ·· 305

第一章　趣玩沙水

1. 建水渠

黄冈市实验幼儿园　夏琼　杨茜　李早林

一、游戏缘起

沙水区是孩子们爱玩的区域。一天，我班小朋友在沙水区用现有投放的材料搭建城堡、用积木和小水桶搭建小木桥等。我看到幼儿园建筑改造施工剩下的PVC管道，于是将材料投放进沙池，但由于一节一节的PVC管道筒太过于笨重，孩子们在游戏时利用这一材料十分局限，于是我尝试将部分PVC管道剖开，继续将材料投放在沙池旁边，期待孩子们后面可以看到它、玩到它。

二、游戏过程实录

（一）管道的初次搭建

沙池里的孩子们用PVC管道尝试着不同的玩法（图1-1-1），月月扶着PVC管道和旁边的小伙伴说："去那儿拿一个桶。"月月将PVC管道放在小水桶上，管道相叠。在调整一节管道后，其他管道接连着都掉下了。月月重新拼接，而一旁的孩子们往里面倒水。萱萱说"那儿漏水了。"我走过去问他们："漏水？有什么材料可以稳固地连接起来不漏水？"蒙蒙看了看，边指向远处边比画着说："那儿有圆筒形状的可以试试。"我回答道："那个叫转接头！"这时恬恬已经拿着转接头往这边走来，并说道："试试这个怎么样？"于是恬恬和涛涛两人协力把中间的空隙堵起来。丹丹拿着一个转接头，动手将刚刚连接的一侧的管道插到转接头中，恬恬也立即将另一侧的管道也插进转接头中，月月开始尝试着用转接头连接小水桶上的管道。

图 1-1-1　沙池里 PVC 管道初次搭建

教师思考：幼儿在游戏中尝试连接 PVC 管道，由于缺乏对 PVC 材料种类的认识，遇到困难。我介入引导，使幼儿了解 PVC 转接头。通过实践，幼儿直观地理解了 PVC 管道与转接头之间的稳定性和衔接性关系，最终解决了管道连接问题。

（二）搭建"巨型"水渠

管道搭建游戏进行了两周，并且在这一过程中孩子们还在沙水区发现了多种转接头。月月拿着她的设计图找到我，并向我展示了他们的巨型水渠设计图，用小桶做桥墩，用管道连接，最后放进乒乓球，往管道里倒水，把乒乓球运到另一边去。

在户外自主游戏时间，月月开始用 PVC 管道、积木和小水桶搭建结构（图 1-1-2）。她用小水桶做"桥墩"，并用沙子固定。丹丹想找更长的管道，但月月认为太长，坚持要短的，在两人讨论过后，最后还是选择了较长的管道。这时，丹丹拿来了小桶放在一边。月月看到后要求挪动它，说水桶要与"桥墩"在同一直线上。这时她发现两个水桶的距离太远，她又拿来小桶放在中间调整距离，之后就拿起其他管道当作沙铲，用沙子将桶围起来。直到最后一个转接头连接完，巨型水渠也搭好了。

图 1-1-2　水渠搭建

教师思考：月月在建造"巨型"水渠时展现出计划性，从设计到材料选择和摆放都有自己的想法。在搭建过程中，月月调整桥墩位置并选择合适长度的 PVC 管道，增强了水渠的稳固性，也锻炼了手眼协调和空间思维能力。幼儿们通过讨论了解了搭建方法，初步形成了自主思考和解决问题的意识。在材料选择上，幼儿们只使用了直转接头，为下一步游戏开展奠定了基础。

（三）水渠漏水了

水渠搭建好后，月月说："可以倒水啦！"孩子们看到乒乓球滑过管道，兴奋地欢呼。这时，小球半路停住，孩子们突然叫道："漏水啦！"我观察到水流聚集在一处，没有顺流而下，管道中间比两边高，形成了凹槽，水从凹槽处流出来了。这时，我希望幼儿自己观察，并发现问题。

孩子们发现水从接头处流出，月月用积木垫高凹槽，水顺利流下。孩子们开始调整"桥墩"和凹槽（图1-1-3），来解决漏水的问题。"这样下去就会不停漏水！即使修了，后面还是会出现各种各样的问题！最后还会倒塌下来的！"蒙蒙大声地说。最终大家决定推倒重建。他们把短管道换成长管道，帅帅则使用直接头和管道重新连接，之后管道桥顺利通水，小球一路顺畅滑过。然而小球却从直直的连接头滑出来了，掉出桶外。清清注意到了一旁的45°接头，尝试换掉直接头，使用45°连接头连接，并将小桶倾斜，将45°接头对准小桶。水渠再次通水，小球和水顺利流进小水桶内。

图1-1-3 调整"桥墩"和凹槽

教师思考：月月在游戏中遇到了难题——水为什么漏出来流到沙子里去了？很快，月月拿起积木放在管道凹槽处，调整坡度。她们积极地尝试，调整结构，用新材料，解决了漏水问题。我关注幼儿问题，通常以隐形指导为主。前期提供多角度转接头引导幼儿尝试。幼儿初次选择直转接头失败，表明直转接头已无法满足需求，促使他们开始使用多角度转接头，为后续搭建奠定基础。

（四）挑战搭建分叉水渠

在游戏中，我组织孩子们讨论解决问题的方法。他们提出了一些实用的建议，如增加长管道以减少漏水，使用桶来稳固结构，以及使用积木垫高连接处。在沙池中，孩子们用45°接头搭建了转弯的水渠（图1-1-4），并进行更多尝试。广庭用三通接头连接管道，并让旁边的小伙伴帮忙围上沙子。接着他又连接了一根较长的管道，调整水桶方向和三通接头，最终完成了分叉水渠的搭建。游戏结束后，孩子们有序地整理了材料。

图 1-1-4　搭建转弯水渠

教师思考：在上次游戏中，幼儿成功利用转接头搭建了带分叉的水渠，展现了他们的创新思维。他们熟练操作转接头，合作速度快，提升了自主与合作能力。游戏后，我组织了经验分享活动，在这一活动中幼儿能将同伴经验内化为自己的经验，从而在后续游戏中能独立解决漏水问题。

三、教师小结

（一）建构游戏的纵深展开，符合幼儿的主动尝试和探索的需求

在"建水渠"游戏中，幼儿通过探索管道连接，能提升空间感知、动手解决问题和协调能力。随着游戏的深入展开，幼儿发现直转接头的稳固性更好，于是开始使用直转接头搭建"巨型水渠"。之后幼儿使用45°转接头解决问题，三通角度转接头的出现推动了游戏的深入展开。幼儿不断探索多种材料的工具，使搭建内容不断丰富，建构技能、合作协商及解决问题的能力得到了提升。游戏纵深展开也是幼儿学习和探索不断深化的过程。

（二）在不断的问题解决过程中，幼儿得到多方面的发展

幼儿在每个环节遇到问题时，都会经历完整的探究过程，包括发现问题、提出猜想、行动验证和解决问题。在游戏过程中，幼儿自主完成不同阶段的探究问题、猜想和解决方案。他们通过解决连接问题，逐步深入解决漏水问题，最终成功完成游戏。整个过程体现了他们在游戏中的深度学习，实现了自身经验的渐进式发展和螺旋式上升，为他们的发展提供了动力和方向。

（三）以观察和隐形指导为主，让活动顺利开展

首先为幼儿创造宽松的游戏环境，给予他们足够的时间和空间，尊重他们的想法，让

他们自主与低结构材料互动。其次适时介入引导，鼓励他们尝试解决问题。最后提供丰富的结构材料来支持幼儿搭建巨型水渠，及时增加不同结构的游戏材料，顺利推进游戏深入开展。

（四）进一步可能的支持策略，让后续活动更丰富

沙水区的管道搭建游戏并不是仅限于单一管道的延伸、分叉和转弯，幼儿更喜欢使用大型低结构积木和PVC长管道，在平面上进行垒高、延伸搭建和变换管道方向。在后续的其他游戏中，我会提出一些具有挑战性的问题，如"如何使用最少的连接管送小球回家？"和"小球为何能顺利滚动回家？"，以激发幼儿对影响小球滚动因素的深入探讨。

2. 调皮的水

罗田县城南幼儿园　赵娟　喻秀明　樊娜

一、游戏缘起

我园的孩子一直喜欢沙水游戏，孩子们在玩堆城堡、建池塘、挖水渠游戏中，关于水的探究越来越多。起初，他们仅用水桶提水，后来感觉一桶一桶提水太费力便尝试着借助一些工具引水，但水总是那么的"调皮"，由此，孩子们的游戏故事发生了……

我园依托教学楼后院生态地势来精心打造自主游戏场地，开辟了"童玩寨沙水区"，并开放性投放了竹片、竹筒、竹筛、竹铲、水管、水枪等简易本土材料，追随孩子对于沙、水、石的天然兴趣。

我们的游戏预期一是放手孩子户外游戏，激发孩子玩水、探究水的兴趣；二是探索竹片引水，提升孩子发散思维能力；三是探索增压方法，促进孩子社会交往、自主探究、动手操作能力。

二、游戏过程实录

（一）会飘的水

自主游戏时，孩子们想用竹片从假山上引水到沙池。

在游戏的开展过程中，林林、思桓发现竹片有些漏水。航航也发现了水向外流的现象，他一边尝试调整竹片位置，一边用手往外拨水，试着改变水流方向，但两个办法好像都不行（图1-2-1）。林林试着叠放一根短竹片在原来的长竹片上，还是没把飘出的水盖住……

图 1-2-1　竹片引水初尝试

眼看孩子们有些急躁，似乎要吵起来。我便走过去询问："怎么啦？""水都飘了"，"那怎么办呢？"我又问。

航航说："用这个竹筒试试。""这种竹筒只有这一个怎么办？"

思桓说："我们把水都弄到那个罐子里，让水从竹筒流出来吧。"

我很是欣喜，连忙鼓励孩子们试一试⋯⋯

教师思考：游戏中，孩子们发现了问题——竹片里的水总是往外飘。他们经过多次尝试、调整，自主寻求"水不外流"的解决方案，但都不成功。眼看孩子们游戏遇挫即将引发争执时，老师及时介入给予引导，充分肯定思桓提出的"将石缝里的水引流到罐子里"的建议，鼓励孩子主动探究，为孩子们能够持续进行游戏提供帮助。

（二）会跑的水

活动中，林林拿着一根竹片指向假山与航航说："我们把石头缝那里的水引到罐子里吧。"说着，还爬上假山比画了一下说："这根竹子太长了，要拿短一点像沈佳怡手上那样的"。林林、航航、思桓经过反复调试，终于找到了竹片连接引水的方法（图 1-2-2）。望着假山上冲向罐子里又从竹筒里流出来的大股水流，孩子们可高兴了！

图 1-2-2　竹片成功引水

教师思考：引流过程中，孩子们自主发现、自我尝试，通过与同伴协作多次改装，自主探究，找到适合的竹片连接方式将两个不同出口的水都汇集到罐子里，使假山上的水流变大，竹片向外飘的水流变小，充分体验"竹片连接引水"的快乐与成功。

（三）会飞的水

1. 水沟里的水能引向假山吗？

假山上没水啦！孩子们纷纷喊道："老师，老师，停水啦！"。

我假装不知情地询问："怎么就没水了呢？""水用完了"。

我问："假山上的水用完了，还有什么地方有水？""水沟里有水。"

我又问："水沟里的水能引向假山吗？"

孩子们你一言我一语地纷纷议论，并各自行动尝试自己的想法……

观察了一阵孩子们的游戏，眼看他们始终没找到"向上引水"的有效方案，我便组织了一次讨论：

"为什么水枪里的水能飞出去，水管里的水飞不出去呢？"，"因为速度不快""因为水枪里面有个东西能把水挤出去，而水管就那样放着。"孩子们七嘴八舌地回应我。

我又问："为什么对着管子一头吹气，另一头就能喷出水呢？"

小远说："推力！"

接过小远话题我再次追问："有什么办法使水管产生推力，让水飞到罐子里呢？"

孩子们都很迷茫，我顺势提醒孩子们晚上回家向爸爸妈妈请教一下答案……

教师思考：水突然停了，但孩子们意犹未尽！他们尝试用小竹筒、水桶、水管、漏斗等材料引水，都没成功。通过讨论，孩子们初步感知从低处向高处引水需要一种"推力"。于是，我有意抛出"如何让水管里形成推力"问题，鼓励孩子们回家寻求答案，促进家园共育、深入推进游戏。

2. "增压神器"诞生

第二天，孩子们入园纷纷讲述各自的答案。

思桓小朋友的"增压神器"分享引发了孩子们的兴趣，小伙伴与思桓一起绘制"增压神器"制作图，一起购买制作神器材料，一起走进木工坊展开测量、切割、比画、组装等系列制作，经过一阵忙碌，一个简易"增压神器"完成了。拿着自制的增压神器，小伙伴们迫不及待跑向"童玩寨"，想立马试试……

教师思考：源于家长的支持，孩子们找到了"让水管里形成推力"的多种答案。思桓分享的"增压神器"方法得到了小伙伴们的一致认可。孩子们在自主绘制计划图、自主购买材料、自由分工协商制作中，增进了同伴交往与自主探究能力的发展。

3. "增压神器"试验

第一次尝试，孩子们发现没出水。"什么原因不出水呢？"思桓一边思考一边检查，发现水桶跟水管的连接处在漏水。我假装不知情似的问思桓："是什么原因漏水呢？"思桓说："接口处都要密封！"我回答道："原来是没有密封严实呀"，听完分析，思桓带领小伙伴连忙去找密封接口的材料，然后又将增压神器各个接口处再做一次密封处理。忙碌完后，孩子们拿着增压神器再次试验（图1-2-3），大家紧盯着饮料瓶，只见瓶里的水快速上升，思桓迅速打开出水口的阀门，哗啦啦水从水管冲向假山，哇！"有水啦！"大家齐声欢呼起来："耶！耶！成功了，我们成功了！"

图1-2-3　"增压神器"试验

教师思考：实验中，孩子们自己找出"增压神器不能引水"的问题及原因，通过自我思考、自主探究，成功解决了"连接口没有完全密封"的问题。作为老师，要充分信任孩子，因为孩子是天生的游戏家。

三、教师小结

（一）学会观察、学会倾听、形成儿童视角

以往的沙水游戏多为教师预设，孩子多被教师领着走。本次活动是孩子们自己主导的真游戏。一是自发生成，自主探究。由一次自然的沙水游戏自发生成了以竹片、竹筒、水管为材料自主探究的沙水游戏。二是问题导向，有效探究。"水飘了怎么办？""水停了怎么办？""水上不去怎么办？""增压失败了怎么办？"游戏始终在孩子们的一个个问题探究中逐步推进。

（二）尊重孩子、相信孩子、修炼敬畏之心

引水游戏深受孩子们喜欢，教师始终在轻松愉悦的游戏氛围中追随孩子、支持孩子、信任孩子。游戏中，孩子们玩得开心，玩出了智慧，收获了发展。一是提升了发现问题、解决问题的能力。从发现"水飘了"—用竹片将石缝里的水汇集到罐子里—用竹筒引流到沙池—将水沟里的水引向假山的全过程中，孩子们都是自己发现问题、自己解决问题。二是发展了耐心坚持、自主创新的学习品质。遇到困难孩子们极具耐心，始终不放弃，坚持自我发现、自主探究，寻求解决策略。三是增强了同伴协商、分工合作的交往能力。游戏中，孩子们能协同配合，并通过记录、交流等方式与人分享、自主表达，并能尊重别人意愿。

（三）勇于探索、善于整合、锤炼实践智慧

以往游戏教师过多担心：担心孩子失败失误、担心孩子偏离目标、担心孩子不能提升相关能力，因此大包大揽过多干涉。这次，教师尝试放心放手，结果收获满满：一是放手让孩子尝试，耐心等待。游戏中，教师试着"退后一步"，耐心等待，大胆放手，结果孩子们在一次次问题解决中"排除万难"，主导出了属于自己的真游戏。二是放手让幼儿体验，顺应需求。教师是孩子游戏的观察者、倾听者，当孩子引水游戏聚焦到"推力"与"增压神器"时，教师顺势而为激发家庭教育活力，发挥同伴领袖作用，放手让孩子去体验，动态调整材料，顺应孩子游戏需求，推进游戏进程。三是放手让孩子探究，适时回应。活动中，教师大胆放手、细心关注、适时回应；孩子游戏遇挫，及时介入；孩子遇到问题，提供援助；孩子实验失败，给予支持，鼓励孩子自主探究、促进自我发展。

3. 家住长江边

武穴市永宁幼儿园兴教园区 郑丹丹 胡桑 张翮 姜文捷

一、活动缘起

幼儿园沙池区一直是孩子最喜爱的游戏场所之一，沙水作为一种自然材料，蕴含着无限的创造空间，他们常常会利用各种工具拍拍、挖挖、堆堆，还喜欢把水运到沙池里，玩做蛋糕、蒸馒头、堆城堡的游戏，有时还会进行大的引水工程"挖沟造河"，孩子们在这一沙一水间充分发挥着自己的创造力和想象力，各得其所，自得其乐，满足了亲近自然的愿望。

二、游戏过程实录

（一）孤单的长江

这天阳光明媚，孩子们格外高兴，又要去沙池玩耍了。孩子们自由选择喜欢的玩沙工具，有筛子、小铲、小桶等，每个孩子的脸上都洋溢着灿烂的笑容。孩子们忙得不亦乐乎，好玩的想法层出不穷，有的孩子在做"蛋糕"，有的孩子在堆"城堡"，有的孩子在挖"宝藏"……

直到子铭挖出了一条小河道，他激动地大喊道："快看呀！我挖了一条小河"，旁边的小朋友听到后赶紧都围过来了。

紫菡："哇！真的诶！"

田希："这好像我们滨江公园旁边的长江啊！"

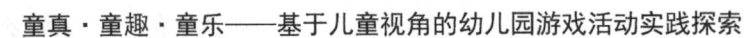

朝胤："这才不像长江呢！滨江公园旁的长江是好长好长的，昨天我妈妈还带我去玩了。"

翔驿："是的是的，我也去玩过，长江就是很长的。"

小睿："噢~原来是这样，那我们一起继续向前挖吧！"

在经过短暂的讨论后，大家都纷纷加入了"挖长江"行动中准备大干一场，孩子们合力用铲子开挖长江河道（图1-3-1），眼看着"小长江"变得越来越长，孩子们也越来越兴奋，高兴地大喊："我们马上就要成功了！"这时，子铭提出了疑问："这也不像长江啊，我之前在电视上见过的长江虽然很长，但是有很多条，而且还是弯弯的。"

图 1-3-1 "挖长江"

教师思考：通过自己已有的生活经验，来对长江进行一个初步的想象，但是不够直观和全面，所以我们必须要通过视频以及图片等多方面不同形式，让幼儿更加了解长江的形态以及它的特点。

田希："是吗？那我们一起去看看长江的图片吧！"

幼儿在挖长江的过程中发现了问题并向老师进行验证，长江到底是什么样子的呢？为了解决这一问题，于是孩子们放下手中的工具回到教室，教师让孩子们观察了大量的图片和视频，进一步深入了解长江，并告诉孩子们长江是长长的、弯弯曲曲的，还有很多分支，孩子们纷纷说道："我们一起来画一张长江设计图吧！"大家一番商量、写写画画后，终于长江设计图出炉啦！

（二）蜿蜒的长江

通过第一次游戏中出现的问题，他们想在这次游戏中勇敢挑战！首先他们迅速拿好铲子开始在沙池里规划长江的挖法，大家一起行动，在沙地里画好规划图并进行了分工，有了计划孩子们干起来更顺手了。

一来到沙池，子铭小朋友就用铲子画了一条弯弯的线，负责挖河道的孩子们就按照画好的线卖力地挖起来。不一会河道就被连接在一起了，他们高兴地为自己鼓掌。

突然，孩子们发现河道边沿的沙子会往下落，于是他们想到可以利用沙雕的玩法。他们开始用一些水淋在河道边沿，让沙子变得具有可塑性，利用拍打的手法让沙子变得更结实，这样挖好的长江就会更牢固。

看到孩子们每一次的进步，老师真为他们感到骄傲！

教师思考：本游戏中几个孩子通过对水和沙的直接感知，在亲身体验和实际操作中出现问题后，与同伴合作，找到通过水与沙的融合来保持河道两侧不倒的方法。大家并没有因为遇到问题而放弃游戏，这种勇于探索，相互合作的品质，让我十分欣喜。

（三）滚滚长江水

长江初见雏形，孩子们异常兴奋，可是子铭说道："长江里没有水呀？我们是不是要把水运过来？"说完后，孩子们纷纷利用工具将水运到长江河道里（图1-3-2）。

图1-3-2 运水入"长江"

在运水过程中，孩子们又遇到了新问题："倒进河道的水很快就没有了"，于是，老师反问道："为什么水会没了？水去哪儿了？"

紫菡："水太少了，都被沙子吸走啦！"

朝胤："水被太阳蒸发了！"

老师："这些都有可能哦，要不我们做个试验看看？"

教师思考：孩子们虽然意识到了问题所在，但是这次的问题超过了他们的已有经验。为了验证孩子们的猜测，我们把沙子投放在科学区做了"沙的吸水性"实验。因为沙子呈颗粒状，空隙较大所以很容易吸水，等所有沙子都浸透后，多余的水就会存留下来。所以，在短时间内，倒在沙子里的水是被吸收了。

老师问："既然沙子有吸水性，那怎样才能让河道里有水呢？"

孩子们七嘴八舌地说，用大桶、大盆、碗来运水。

一个声音说道："用水管放很多水，让沙子喝饱水。"

小睿："要不我们接一个大水管吧！"

孩子们共同来到沙地，打开了所有的水龙头，利用不同的工具开始了引流。在游戏过程中，幼儿能主动配合，大胆尝试。从用小水壶，塑料碗，水桶等工具，幼儿积累了丰富的经验,明白了蓄水要用大的且快速的大水桶,成功解决了蓄水问题。在大家的共同努力下,"小长江"里的水流动了起来,孩子们欢心雀跃起来,享受着成功的喜悦!

(四)家住长江边

终于!我们的长江在孩子们的共同努力下完工啦!孩子们都高兴极了!

子铭:"我们的长江终于完成了!太漂亮了!"

翔驿:"我家就住在长江的这一边!"

田希:"我家住在长江大桥那一边!"

在孩子们的七嘴八舌下,他们纷纷拿起各种材料开始共建美好家园(图1-3-3)!

图1-3-3 共建"长江"美好家园

三、游戏活动小结

此次活动《家在长江边》是孩子们根据自己已有的经验和兴趣进行的户外沙水游戏活动,通过观察图片及视频等一系列活动,幼儿设计出了长江规划图,并使用多种材料来搭建自己的家园。

教师在游戏中进行多元多角度观察记录,及时分析反思,引导幼儿回顾自己的活动过程,从而发现问题,解决问题,带着问题推进游戏的展开。孩子们在游戏中自己发现问题、自己设计规划图、解决问题等活动,既可以与同伴合作,也可以独立思考,不会因为害怕被指责而放弃游戏,在轻松愉悦的氛围里大胆尝试,不轻言放弃。他们在游戏中思维是活跃的、注意力是专注的、氛围是自由的,在与材料与同伴的充分互动中主动学习共享游戏带来的快乐。

4. 水池探索

黄冈科技职院附属幼儿园　孙豫卉　秦幽探

一、游戏缘起

肖浩源召集了几个小朋友将木梯组合搬到水池里搭建。没一会儿木梯组合搭建的作品就出现在我们的水池里了。

二、游戏过程实录

（一）水池中建"大桥"

有的小朋友不敢下水参与，于是就在岸边看着，梅馨怡主动邀请祁俊皓来参与，让他从搭建好的木梯组合上爬过去，祁俊皓很配合地爬上了木梯。当爬到一半的时候，柳沐晨和陈诗晗小朋友大声说道："不能来这里，这里还没搭建好！"陈诗晗说："你走到这里就下来并手指向让他要下来的地方"说完，转身就又投入后面小朋友的搭建中去（图1-4-1）。瞿泱晨也再次提醒："这里不能通行"（后面的还没完全搭建好）孩子们接着又开始继续拼搭……最后还邀请其他老师们一起参与活动，分享成功的喜悦！

图 1-4-1　搭建"大桥"

教师的思考：整个搭建过程中，老师只是作为参与者、观察者和记录者的身份加入，孩子们自己调整、商量将大桥搭建成功。当然在搭建过程中也有分歧，但是在孩子们的商量和探讨下也得到了解决和统一。回到教室后，老师带着孩子们一起进行了活动总结，为下一次活动奠定基础。

（二）初次搭建"船"

活动前老师带领孩子回忆上次活动，孩子们提出要在"大桥"下造船（图1-4-2），并通过绘画的方式自己设计。方案有了，那么行动起来吧！孩子们收集了需要的材料：塑料板、布条、绳子、剪刀、透明胶带等。他们将塑料板拼成一排，然后用布条和绳子将塑料板系紧，最后用透明胶带加以固定，这样船身就做好了，之后，孩子们迫不及待地搬着"船"准备下水了。

图1-4-2 搭建"船"

可是当"船"一放到水中，就有小朋友说："漏水了"柳沐晨说："胶碰到了水就会没用（没有黏性），而且这里（塑料板孔）还有洞洞，必须把这里的洞洞堵上"。于是他们马上调整方案，将"船"抬回教室里进行改造。

教师思考：搭建船身显然成为幼儿探究过程中一个充满挑战的问题。了解幼儿面对不同困难的不同态度，尝试让幼儿说出自己的感受和体验很重要。从幼儿初始的游戏状态中，可以看到大班幼儿已具备发现问题的敏感性和解决问题的主动性，但对解决问题的多样性、适宜性的探究还不够持久和深入。因此，根据幼儿的兴趣顺势而异，激发他们主动探究问题的能力。

（三）改造"船"

由于之前老师带孩子们在水池里进行过沉浮探索的经验，当孩子们把"船"搬回教室后，便有目的地进行改造（图1-4-3），然后将改造后的"船"下水验证。当"船"刚入水就有一些水进入了"船身"，小朋友们认为他们又失败了，但是杨毅却发现"船"还是能在水里游走。梅馨怡就准备试坐，还没坐下就被郭铭浩抢先站上了"船"，郭铭浩一站上"船"，"船"便迅速被他踩在水里了，肖浩源见状马上开始检查"船"。杨毅说道："把小船放到水多的地方"。大家听后一起将船抬到水多的地方，边推边走，小船在水深的地方行驶了起来。

图 1-4-3 改造"船"

梅馨怡："现在水多了，我们人坐上去就不会沉了。"

肖浩源一听，马上问梅馨怡："你多少斤？"

梅馨怡："我 20 多斤。"

郭铭浩："我 30 多斤。"

肖浩源："我 60 多斤。"

孩子们在交谈中都发现体重太重船会沉下去，肖浩源想到用油壶装水（一个油壶装满水就是 10 斤）然后用油壶代替孩子的体重，放在"船"上实验。当第一个装满水的油壶放上船后发现船没有沉，就建议让柳沐晨小朋友坐上去实验（因为他个子小，比较轻），结果一坐上去，船又沉下去了。

郭铭浩："这个船可承受 25 斤"。

教师思考：为了支持幼儿探索，我及时准备他们所需要的材料，鼓励他们大胆在游戏中验证自己的猜测。没有一名幼儿想要放弃，这种知难而上、勇于探索、毫不气馁的品质，让我动容和欣慰。试误的过程，也正是他们不断探索塑料板和油壶的特性的过程，从中积累经验、发现问题、分析问题，通过自己的努力找到解决问题的办法。

虽然这次幼儿没有获得期望中的成功，但是他们通过尝试已经认识到：要想船能浮在水上，必须要更换更轻的材料，这让他们对沉浮有了进一步的理解。

（四）更换材料搭建"船"

这次孩子们选择泡沫板和油壶来搭建船，没一会儿船就搭建好了。船一放入水中就很明显地漂浮在水上，肖浩源问："谁来？"柳沐晨迅速坐上了船。"哇，浮起来了"。

肖浩源和郭铭浩马上推着船迅速从"桥"底下通过，刘瑞辰也坐到船上，这艘船载着两位小朋友在水中行驶着（图 1-4-4）。

图 1-4-4 水中行驶的"船"

教师思考：经过前两次的尝试和讨论，幼儿积累了丰富的经验，并已明确这一次尝试的结果：泡沫板浮力大。至此，幼儿经历了完整的"发现问题—提出解决办法—尝试行动—调整解决办法—再次尝试"的学习过程，经过三次尝试、两次调整，终于成功。他们在做中学、玩中学，通过亲身的体验和实际操作获得了丰富的直接经验，有助于形成喜欢探究、大胆尝试、勇于创新、克服困难、善于坚持等良好的学习品质，为今后的深入学习奠定基础。

三、游戏活动反思

从活动的发起到开展，都是由幼儿的话题讨论并遵循幼儿兴趣而来。孩子在自主游戏这一块有着很丰富的经验，从中班开始就一直在开展不同的自主游戏活动。

幼儿的结构游戏的表现大多来源于周围的生活，孩子的生活经验和知识经验越多，游戏的内容就越丰富、充实与新颖。在水池搭建中，老师随时观察孩子并根据孩子的不同差异提出不同的要求，使孩子们在游戏中都能做到人人参与并获得成功，从而调动孩子的积极性，培养孩子的自信心。

孩子们发现问题后都能自己找到原因，然后一起合作解决问题，最终体会到成功的喜悦，幼儿在游戏中会遇到各种各样的问题，教师营造开放式游戏环境，能够促进幼儿养成良好的思维方式，遇到问题要自己解决，提高幼儿的解决问题的能力。

教师要学会放手，鼓励幼儿自主游戏，要关注幼儿的需求，给予引导支持，提供丰富、形式多样的材料满足游戏需要。幼儿的自发游戏中蕴含着幼儿的真实兴趣和教育契机，教师要善于发现幼儿游戏中蕴含的生长点，生成幼儿感兴趣的、需要的课程，促进幼儿的游戏开展和深入探究。

5. 小沙池，大乐趣

黄梅县小池镇大桥幼儿园　王晶　商乐

一、游戏缘起

初春的某日户外活动开始了，沙池对孩子们充满了吸引力，小朋友们纷纷来到沙池里，有的用小手去摸摸沙子，有的用铲子去挖沙子，他们在沙水区里嬉戏，子杰说："这些石头都是灰色的"；立泓说："有像石头的泥巴"；俊凯大叫道："宝藏，我挖到了一个宝藏！"；振辉说"我挖到了一个金币！"（图1-5-1）。这时所有小朋友的目光都投向她。

图 1-5-1　挖到金币

二、游戏过程实录

（一）东藏西挖乐趣多

在沙水区的玩耍中，虽然个别孩子因为宝藏太少了，有点兴趣减弱，但大部分的小朋友还在沙池里挖着，等待着宝藏的出现。对本次的活动我们展开了讨论。

教师："那怎么样才能让我们的宝藏变得多起来呢？"子涵："马上挖完了的话，可以再放一点。"振辉："明天再埋一点东西。"教师："你们想放什么宝藏？"七嘴八舌中出现了宝石、手环、珍珠等声音。振辉："我知道，还有教室里的小旗子。"子涵："还有教室里的吸铁石。"于是，小朋友约好下次来沙水区时从教室里找一些宝藏来，并带上更多的挖宝藏工具。

说干就干，小朋友们把自己从教室找到的宝藏拿到了沙水区，但是当小朋友将宝藏藏好以后，他们发现自己怎么也找不到宝藏在哪里了。若涵："我就把我的粉笔放在这边边角角的，怎么突然不见了？"梓烨："你们都快挖到底啦？"书颖："我来帮你吧。"教师："为什么李若涵的粉笔找不到了？"俊凯："她肯定把粉笔的位置忘记了。"振辉想到了办法。振辉："采一点点树叶，明天可以挖宝藏，可以直接挖有标记的地方。"

小朋友们虽然意识到了问题所在，但是这次的问题超过了他们的已有经验。在发现和保护孩子的兴趣和好奇心时，我们充分用各种教育契机，帮助幼儿不断提升经验，并运用新的学习中去，形成终身受益的学习态度和能力。

（二）我们的探秘

振辉、子涵："我们的标记不见了。"教师："怎么回事？"吴优："有水啊！"振辉："我们的标记被水冲没了。"（原来这几天一直在下雨）子涵："水晒干了吗？"振辉："用水浇一下这个标记吧（图1-5-2）"。子涵："水冲走了。"振辉："不是，是被沙子吸干了。"

图 1-5-2 水浇标记

从游戏过程中发现，沙与水的结合激发了幼儿无穷的好奇心。教师要鼓励、支持并激发孩子的探究欲望，鼓励他们进行观察、实践、获取经验。在动手操作的过程中知道水去哪儿了？这种眼见为实的直观体验，能让幼儿明白是沙子把水吸干了。

（三）水的流动

小朋友们对水和沙子的结合有着很大的兴趣。乐此不疲地打水浇水，小小的身体仿佛有大大的能量。为了让游戏有更多的可能性，我决定投放新的材料，以此来提高小朋友的积极性，让他们和材料、周围的环境有更多的互动。

振辉最先发现投放的新材料，并把竹管搬到了她买埋宝藏的地方（图1-5-3）。想让水流到她的宝藏洞里。振辉："好像有点歪（进行调整……）"，把竹管摆正。再次尝试水还是流出来了。振辉："我知道了。"（开始将竹管进行垫高）心琦："我来帮你。"俊凯："好了，好了，可以了。"（再次尝试）俊凯："流过去了"；梓烨："咋不流。"（水又流不动了）俊凯："要想办法。"

图 1-5-3 搬运竹管

三、游戏活动反思

（一）自主游戏材料是支持幼儿学习与发展的重要载体

在游戏中教师要为幼儿准备充分的材料，让他们自由、自主选择所需材料，尊重他们的想法和创作，把想象的空间和权力留给孩子，我们就会有不一样的发现。小小的沙池，变为了孩子眼中好玩的"宝藏"池。在神秘的"宝藏"池中，他们尽情游戏，主动探索，大胆表达自己的想法，敢于尝试分析、解决问题，最重要的是学会了分享。作为教师，我首先是一名观察者，要给予幼儿足够的空间与时间去展开他们的探索，发现他们独一无二的闪光点。当幼儿经过多次尝试，仍未获得期待的结果时，教师应该在观察的基础上把握"最近发展区"，用一个适当的分析型提问，最大程度激发他们的思考。

（二）幼儿在游戏中的学习与发展

整个游戏过程，幼儿始终保持浓厚的兴趣，问题的不断出现成为幼儿深入开展游戏的"推动器"。在游戏中，幼儿操作探究，获得新的经验，而操作中遇到的问题则会成为下一步游戏的起源，推动幼儿进一步深入实践操作，形成"自主游戏"，实践操作—遇到问题，助推探究，想办法解决—再次游戏，提升经验的良性循环。

在进行沙池游戏时，幼儿通过不经意间挖出的物品，让他们得到了大大的惊喜，以及想要继续游戏的欲望。沙池为幼儿提供了一个自主游戏的场所，通过沙池寻宝游戏活动可以提升幼儿的注意力、观察力、思维能力以及记忆能力，而且因为有兴趣所以孩子们在这个神秘的空间里自发、自主地游戏。幼儿在游戏的过程中，会不断更换游戏的方法。在运输水的过程中找到新材料，从而发现水往低处流、水的流速这些问题，进而产生新的游戏。

（三）教师的支持策略

游戏过程中，幼儿在前，教师在后。教师敢于放手让幼儿自由探索与思考，尊重幼儿自主开展游戏，尊重幼儿的每次发现和新的尝试。在活动中，教师将空间留给幼儿，让幼儿自主解决遇到的种种问题，这些都对幼儿未来的发展有着至关重要的作用。

创设自主的游戏环境，培养幼儿在游戏中的创造力。重视自发的探究兴趣，提高幼儿在玩沙玩水活动中的交往能力。教师作为隐性的指导者、游戏的支持者，提供活动中所需的材料，让幼儿运用所学的知识，动手操作、探索研究，从而有效地获得知识。

在游戏中，教师要不断追随幼儿的兴趣，提供必要的支持策略和资源。从一个小小的挖宝游戏中，幼儿自己想办法丰富游戏环节。从简单的挖沙到埋宝石进行藏宝和寻宝的游戏，再到引水游戏，他们各抒己见，有理有据。在沙池里，孩子们真正收获到的最珍贵的宝藏是寻宝路上的更值得赞美的学习品质——好奇、坚持和探索。

6."快乐水池"施工记

英山县幼儿园金铺园区　王桢　黄锐

一、游戏缘起

玩沙作为幼儿最喜爱的户外游戏之一，对幼儿感知觉、创造能力、社会能力的发展具有重要的作用。沙子既是固体也是流体，可以给孩子提供特殊的感知觉，沙子是生活中极其常见且是变化无穷的原始材料，它激发了孩子们强烈的好奇心和求知欲，满足了孩子们生活中想要创造的欲望。

二、游戏过程实录

（一）水池初步完成记

夏天，小朋友们最喜欢去水上乐园玩耍，来到沙池边，小朋友们提议要挖一个长方形的水池（图1-6-1）。他们利用手中的工具开始"埋头苦干"，不一会儿，完成了水池的初步施工（图1-6-2）。

图 1-6-1　规划游泳池的大小　　　　　　　图 1-6-2　水池施工完成

教师的思考：在玩沙游戏中，幼儿自由发挥，根据自己的想法采取多种玩法。孩子们结合已有的知识经验建造水池，并在这一过程中积极讨论，分工合作。

（二）水池引水记

水池挖好啦，要给水池里面加水了，可是水无法储存在水池中，怎么办呢？科科提议用墙边的竹片引水，结果发现一根竹片不能将水引向沙池的中央，小朋友们一起把剩下的几片也连接起来了。

（三）开始通水了

开始通水了，可是水并没有流进水池。原来是竹片连接处漏水啦，小朋友们搬来了石块，放在了竹片下搭起了"竹片桥"，其他小朋友也搬来了石头加固水道（图 1-6-3）。

图 1-6-3　加固水道

漏水的问题解决了，水还是流不进水池。科科又提议从竹片这里开始挖一条水道和水池连起来，说完沿着竹片画了一条"路线"。

水道挖好开始通水了，水还是没有流过去，欣欣发现是这里的沙子太多堵住了水流，她开始用小手把沙子捞出来。水顺利流过去了，但是流到不远处，水竟然开始回流了。小朋友们有些着急了，这时科科说道："水是从高处往低处流的，我们要把后面的水道挖得更深一点。"于是小朋友们又拿起工具开始把水道挖得更深。

（四）水池蓄水了

水道挖好了，水流向了水池里开始蓄水了（图1-6-4）。水池蓄好水了，孩子们走进水池，开始了快乐的水上乐园时间（图1-6-5）。

图1-6-4　水池通水　　　　　　　　　　图1-6-5　孩子们在通水的水池中玩耍

教师思考：游戏在孩子们坚持不懈的思考、探索、合作中结束了，在游戏的最后，孩子们根据已有经验总结出了水往低处流这一科学道理，并且孩子们在游戏中收获了科学经验，获得了身心满足。

三、游戏活动总结

（一）游戏活动的特点

孩子们从"发现问题、尝试多种方法解决问题、多次失败、反复调整策略、成功解决问题"完整呈现了一个科学探究的全过程。整个过程中，他们合作探究、专注执着，面对一次次失败不言放弃。

（二）幼儿获得的学习

从游戏进展中的团队合作，看幼儿解决问题能力的提升。纵观整个游戏过程，孩子们能够相互合作、发现问题、解决问题。他们根据竹片对接处漏水和水流不到沙池中央的问题，想出了很多办法去解决：（1）用手帮忙引流；（2）用沙子堵；（3）用石头加高竹片对接处；（4）在竹片末尾挖沙让下面变低；（5）挖河道引流。

从与环境互动和材料使用中，看幼儿的科学探究能力的发展。孩子们在游戏中知道各种材料的特点和用途，并使用它们解决出现的问题。游戏一开始孩子们发现竹片对接处漏水、水没法通过竹片流到沙池中央，于是尝试着用沙子去堵、用手帮助引流等方法，虽然方法没有成功，但他们专注的观察、细致的比较、耐心的操作、默契的配合以及遇到困难不放弃的精神，不正是孩子们在游戏中真正学习的吗？在游戏的最后，孩子们根据已有的经验，总结出了水往低处流这一科学原理。他们通过亲身实践、直接操作、自主探索学习并验证了科学知识。

从游戏发展进程中，看幼儿学习品质的培养。在这个游戏中，梦梦执着专注、不轻易放弃的学习品质得到了很好的发展。科科、贝贝这两个小朋友善于观察、思考，敢于探究和尝试，游戏中能相互合作，一起讨论解决问题的办法。欣欣能乐于想象和创造，科科还善于总结，他们的学习品质在游戏中是显而易见的。

（三）教师行为支持的效益

我在游戏前为幼儿提供适宜的环境和材料，游戏过程中当好观察者、记录者、支持者的身份。在游戏发展推进中，放手让幼儿自由探索，给幼儿提供了主动探索的时间和空间，让他们在做中学，做中思考，不去干扰他们自己的游戏思路和进程。在整个过程中，面对孩子们一次次的失败，我采用了丁海东教授提到的"隐形支持"——注视式的默许的方法，没有去打扰孩子，而是相信孩子是有能力的学习者和沟通者，放手让孩子们自己去解决问题，以此来推进幼儿游戏的发展和幼儿的深度学习。

（四）下一步教育的契机

今天，孩子们克服重重困难将水成功引向沙池中央，但我相信，他们肯定不会满足于此时的成就。在下一步的游戏中，我会为孩子们提供有准备的材料，满足孩子们通过架桥、明渠、暗管涵洞等方式实现引水的要求。如：粗细不同、长短不同、材质不同的管道以及多种形状的积木、树墩等低结构材料，供孩子们去大胆创新、自主的探索。

7. 引水灌溉

英山县第二幼儿园　李红叶　伍嫚　江炀

一、游戏缘起

炎热的季节，幼儿园的沙水区成了孩子们最喜欢的游戏场地，每天都能在这儿看到他们忙碌的身影和脸上洋溢的笑容。一天正在玩沙的毅毅看到老师们在种菜便立马跑过来说：

"老师，你们在吗呀？"

"我们在种菜呀。"

"老师我可以帮你一起种吗？"

"这块菜地已经种满了，你们可以自己找块空地，种自己喜欢吃的蔬菜哦"，于是毅毅和小朋友们决定自己种菜了。

二、游戏过程实录

（一）组建了种植小分队

在种菜游戏正式开始前，孩子们组建了种植小分队，老师应孩子们的要求组织了集体讨论。小朋友们坐在一起，你一言我一语讨论这个话题，在小朋友们讨论完成后，老师进行了总结。种菜第一步需要松土，第二步需要平整土地，第三步需要领取蔬菜秧苗，第四步挖坑栽种蔬菜秧苗，第五步引水灌溉。

在幼儿园找到一块适宜植物生长的土地，老师准备好种子和菜苗，另外也准备了种植会用到的铲子、水桶等必备工具，此处还准备了大小不一的水管、轮胎、砖块等工具，之后在种菜过程中老师要引导配合幼儿完成这一活动。

（二）先疏松土壤

虽然孩子们做了充足的准备，但是面对一片荒地，还是有一点手足无措。毅毅开口说："我们先疏松土壤"。于是作为队长的毅毅小朋友先把队员们分成两组，站在菜地左右两边，同时开始分工进行疏松土壤。但是小朋友们一会儿就提出问题"松土的时候发现了很多石头挖不动，这些石头怎么办呢？"有的小朋友挖完了石头随手一扔又被别的小朋友挖到了，小朋友们突然就感觉石头越挖越多。

这时候天天小朋友就提出"我们把挖起来的石头用小桶收集起来堆放在一起，到时候等蔬菜种植好啦，我们可以用石头装饰我们的菜园。"天天小朋友的建议得到了大家的认可大家更是干劲十足。在小朋友们相互比赛中，手中的速度也一点没慢下来。转眼之间小小的菜园土壤已经被小朋友们疏松完成。

（三）平整土壤

这时，依依小朋友指出："老师说了，种植蔬菜，除了要疏松土壤之后，我们还要平整土壤，这样有利蔬菜的生长！"，于是拿着小钉耙的小朋友开始平整我们的土地（图1-7-1），并挑出里面了野草，小石子等。

图 1-7-1　用钉耙平整土地

毅毅小朋友带领大家去拿老师已经放好在竹筐里的菜苗。每个小朋友都选到了自己心仪的蔬菜苗，高兴地挥舞着手中的菜苗，向其他小朋友展示自己的"宝贝"。

小朋友们用小铲子挖出小坑，然后把蔬菜苗放进去，用手把蔬菜苗身边的土拍实。蔬菜小苗终于全部都种下去了。小朋友们可高兴了。但是蔬菜苗种植成功后，紫瑞小朋友说"小菜苗需要喝饱水才能存活，如果没有喝水，就会枯萎的。"于是，小朋友们纷纷拿上小水桶到水龙头旁边接水，可是只有一个水龙头。小朋友们你争我抢都要先接到水，"我先接，我先接"，小朋友们你不让我、我不让你。队长毅毅这时候走过来说："别抢了，别抢了，我们想个办法把水引到菜地那边去吧。"紫瑞小朋友这时候提出疑问："怎么把水引到菜地里去呢？"毅毅说："用水管就行了啊。"小朋友们经常看到门卫叔叔用水管子给植物浇水。所以也想到了可以用水管把水引到菜地里给菜浇水。

（四）引水灌溉

最后一步要引水灌溉了。水管在哪里可以找到呢？小朋友们别出心裁的把平时在户外活动时经常用的空心棍子当做水管；回到了菜地里把一根根中空的棍子用手连接起来（图1-7-2），等到水龙头打开了之后，发现棍子中间连接的不够紧密，容易漏水，而且小朋友们拿棍子高低不齐。水从中间的缝隙中流了出来。

图 1-7-2　用手连接棍子

1. 漏水了，漏水了

小朋友们喊道"漏水了，漏水了，我的鞋子都打湿了"，这时雨泽小朋友喊道"我们用小棍子不能很好地接水，那我们就重新去找一个更大更长的管子吧。"这个建议得到了小朋友们的一致好评，于是小朋友们纷纷放下手中的小棍子，由雨泽小朋友带着大家去找更大更长的水管。

2. "一二一"把水管抬起来

由于近段时间幼儿园在修理地下管道，所以在户外活动区留下了很多长长的黑色水管，这些废弃的水管堆在教室的后面。在雨泽小朋友的带领下小朋友们找到了黑色的水管。小朋友们发现水管的一头是直直的，另外一头有一个弯弯的接头。大家兴奋地喊道："看，是水管，我们去抬吧"。幼儿园大班的小朋友已经有了合作意识，能与同伴一起合作完成一件事情，刚开始抬水管的时候，有的小朋友高高举起，有的小朋友抱着水管，还有个小朋友喊道"我也想抬"，经过小朋友们协商之后，大家一起喊着整齐的口令"一二一"把水管抬起来，一起抬到水池旁边。

到了水池旁边。队长毅毅说："我们把水管抬上去吧"，于是小朋友们合力把水管抬上去接上水龙头，这时小队长打开水龙头，发现水都从管子旁边流了出来。队长毅毅说："我们把水管换一头吧，这头不好接水。"小队员们听从队长的指挥顺时针转动，大大的黑色水管排水管调换了一头进行接水。因为刚刚的位置变化，小朋友们经过不断的努力，终于用水管接通了水源。黑色的水管里流出了清凉的水，小朋友们高兴得哈哈大笑（图1-7-3）。

图1-7-3　水管流出水

3. 水管架起来了

可是每个小朋友都想看一看水管里流出来的水。有的小朋友抱着水管太久了，觉得好累。接着又有一个小朋友说搬不动，于是他们想到了把水管架起来，他们想到了在搬运水管的路上看到了很多的轮胎、砖块，还有梯子。于是小朋友们在队长的号令下，纷纷放下水管去找轮胎、砖块、梯子把水管架起来。

三、游戏活动小结

第一，借助以往游戏经验。在游戏活动中，我们经常组织孩子进行滚轮胎的游戏。游戏中，孩子们找到轮胎的时候第一个想到的就是把轮胎滚过来。等所有的材料都备齐之后，小朋友们进行了搭建，第一次尝试发现用梯子太高，水管并不能接通水龙头，水无法流出来。

第二，鼓励幼儿大胆尝试。小朋友们进行了第二次尝试换成了两个大轮胎，但是发现轮胎也太高了，水管并不能接通水龙头，水还是无法流出来。最后小朋友用一个轮胎进行加高水管，正好能接通水龙头，后面的水管用轮胎当作支架进行固定，最终终于成功了。

第三，反复尝试，集体合作力量大。在游戏过程中教师注重坚持鼓励幼儿，反复尝试、小组合作，一拨人转动水管，一拨人调整轮胎位置，让水龙头和水管处于最佳的位置，从而让水流顺利地通过。小朋友们还用轮胎对水管进行加重，这样能防止水管走偏，经过一次次尝试，小朋友们终于成功了。每个小朋友都看到了水管里面流出的清水。

第四，学以致用，用水来浇蔬菜，在活动中培养好品质。大家围着流出来的清水提出了疑问："这些水一直流就浪费了，我们用它来浇灌蔬菜吧！"但水流太小，不能满足所有浇灌蔬菜的需求。于是有小朋友提议大家一起挖一个大大的水池，让水流到水池里面，这样我们每个小朋友都可以用水！于是，小朋友们纷纷拿上小铲子开始挖水池，你一铲我一铲，不一会儿就挖出了一个大大的蓄水池。水池注满水后，大家进行了快乐的浇水活动。在后期的交流中小朋友们说到自己做的"引水灌溉工程"时，都流露出了自豪的表情。

8. 沙池里的小鱼塘

罗田县城东幼儿园　参与教师：黄雨薇　张攀　指导教师：吴茜

一、游戏缘起

"瞧！小鱼的家太小了，好挤呀！"成为他们热烈讨论的话题……被小鱼吸引的孩子们都聚在一起（图1-8-1），他们讨论着小鱼有几条，小鱼的颜色，小鱼吃什么……萌萌小朋友说"小鱼的家太小了，好挤呀！"。接着大家便你一言我一语地说"天气这么热，它们挤在一起会死掉的！""它的房子这么小，我们去给它找个大房子吧！""对呀和它爸爸妈妈住在一起！"

图 1-8-1　围观小鱼的孩子们

二、游戏过程实录

（一）挖大沙坑

找大房子的提议一经提出后，孩子们便在园内寻找可以利用的材料，结果没有合适的。在之后的一次沙水区的活动中，几个小朋友边玩边聊"好像可以在这里给鱼儿盖一个大房子！"于是"挖坑"计划诞生了！

要开始挖沙坑了，大家都异常兴奋，纷纷冒出各种想法，豆豆："我要挖一个长长的沙坑。"瑜瑜："我要先画一个爱心的形状，再把里面的沙挖空，到时候就有一个爱心沙坑啦"。

讨论完成后，孩子们分工合作行动起来了，他们利用小铲子、小水桶挖沙、运沙，十分热闹而又有序。当然，这期间也不乏许多趣事：他们有的觉得沙坑不够深，把木棍插进沙坑测深度；有的则用小铲子比画；有的刚挖好的坑马上又垮了；有的小朋友说沙坑旁边也不能碰，一碰也垮了……于是，孩子们又有了接下来的一番操作，他们有的用小铲子使劲将沙子拍紧，有的用双脚来回踩，还有的用小桶底部使劲压……

（二）怎样才能把水留在沙坑

经过一系列挖沙操作后，一个大的大沙坑初具雏形，孩子们迫不及待往沙坑运水。这时杰杰发现了问题"水不见了！"这一问题立即引起了孩子们的关注，他们纷纷围在沙坑旁展开了热烈讨论：

涵涵："水都流到外面去了吧！"

小楷："难道水被沙子喝了？"

萱萱："太阳太大了，被晒干了！"

果果："那怎么办？怎么样才能把水留在里面？"

问题1：用什么可以留住水？

孩子们聚在一起讨论，奕奕和同伴说："我们把小桶放在里面接水吧！"这一建议得到了小伙伴们的认同，出示OK的手势后便立马开始行动，水桶马上就装满了水。这时，孩子们发现了问题：水桶太小了。

问题2：水桶太小了，怎么办？

乐乐："沙坑这么大，水桶好小啊！"

涵涵："我也觉得小了！老师，我可以去找个盆子吗？"

"当然可以！"

大家觉得涵涵解决了水桶小的问题，一致同意用水盆。于是，孩子们又纷纷提着小桶往水盆里面注水（图1-8-2）。可当水盆装满后，水还是漫进沙坑里不见了，孩子们发现水盆也小了？怎么办？

图 1-8-2　水盆注水

问题3：盆也太小了，怎么办？

"哎呀，盆子还是太小了，老师，还有什么别的东西可以装水呀？"瑜瑜问道。

"想一想，平时生活中什么东西可以将水和沙子隔开呢？"老师适时引导，孩子们马上又展开了讨论。

文文："可以用雨伞！"

瑜瑜："雨衣！"

栋栋："可以用防水材料！"

老师："我们幼儿园有哪些防水材料？"

"透明防水布！""防水布可以把水和沙子隔开"孩子们抢着回答道。

老师："那你们知道我们幼儿园哪里有防水透明布吗？"

栋栋："小班的植物角里有！"

老师："好的，那你们去拿来吧！"

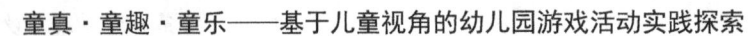

问题4：如何确定需要多大的防水布？

瑜瑜："防水布来了！我们放下去吧！"

杰杰："你们看这旁边都露出来了，水会跑的！"

溪溪："我们比一比吧！"

孩子们讨论着，一边做一边发现问题，同时也寻求着解决的办法。

杰杰跑去教室拿来了跳绳和记号笔，瑜瑜和栋栋非常默契地拉着绳子量起来。他们拉直绳子先横着拉，并用记号笔做下记号，接着竖着拉，也在绳子的一端做好记号。再来到一块大的防水布上用刚刚的绳子比一比，记一记，剪一剪，马上做好了一块稍大的防水布（图1-8-3），等再次铺上去的时候，孩子们发现防水布还是小了。

图1-8-3 使用防水布

瑜瑜：还是太小了！

"那怎么办！还要比一比吗？""难道是刚才没拉好？"

豆豆："刚才剪下的不是还有一块特别大的嘛！"

听到豆豆的话，孩子们兴奋起来了，"对了，超级大不就可以了！"

于是孩子们合作将剩下的防水布抬到了沙坑上，平铺在沙子上。

（三）大水坑完工啦

在得到老师的鼓励和支持后，孩子们抬来了防水布放在大沙坑上。瑜瑜一下子跳到防水布中间，将防水布踩到和沙坑贴合，其他的小朋友则帮忙踩住防水布的四周以防防水布塌陷。最后，所有的孩子一起动手，用石头在水坑四周压一圈，再剪裁掉多余的，一个小鱼塘就完工了！

（四）挖水沟

1. 用桶提水太慢了

防水布固定好后，孩子们就开始往沙坑里注水，可是一小桶一小桶的提水速度太慢了，而且好累呀！于是，他们又开始想办法了——找门卫爷爷借水管。

2. 拉水管时，发现水管短了——挖水沟

（1）水不见了，还是用防水布（已有前面挖坑用防水布存水的经验），先挖好沟，来引水进入沙坑。

（2）水为什么流不到坑里去？（水从高处往低处流）

栋栋："水怎么一直在这里？怎么没有流到坑里去？"

杰杰则不说话一直在用手按压沙子。

教师："杰杰，你为什么一直在按压沙子？"

杰杰："我这边太高了。"

3. 引水成功

按照水往低处流的经验，孩子们再次填挖水沟，这一次轻松成功（图1-8-4）。

图 1-8-4　引水成功

在这一环节中，小水沟挖好后孩子们直接用上了防水布，看似一个很普通的过程，实际上这就是基于挖大沙坑存水的经验而来，是一次典型的经验迁移。在后面的引水问题上，中班孩子对水从高处往低处流这一现象有了解，但表达不出来。这时，教师的有效引导就显得尤为重要。引导肯定了孩子的想法，也保护了他们继续活动的兴趣。

（五）水坑变"鱼池"

鱼池修好后，孩子们纷纷表示要用一些好看的装饰物把鱼池装饰得更漂亮一些：

芮芮："我要放一间小房子进去，这样小鱼一家就有睡觉的地方了！"

瑜瑜："植物角的绿萝可以放在里面，这样小鱼可以捉迷藏！"

奕奕："放只小龙虾在里面陪小鱼玩！"

孩子们根据自己的想法给小鱼池增添了各种装饰（图1-8-5）：有绿萝、小彩球、有鹅卵石，小鸭子……一时间，小鱼池被装饰得格外漂亮。

图1-8-5 装饰"鱼池"

孩子们通过游戏已经会自己观察、思考，并利用不同的工具和材料解决问题。同时孩子们还会结合实际的游戏，利用工具的特点选择更便捷的方法。不同能力和个性的幼儿在游戏中融合互补，促进了幼儿社会交往能力。

三、游戏活动反思

（一）活动特点

1. 充分尊重了孩子的兴趣和自主性

这是一次以孩子们的兴趣为起点，按自己的意愿主动选择的游戏。充分体现了"孩子是游戏的主人"这一理念，不管是水坑的选址，还是材料的选择到最后装饰鱼池，都是按照孩子的想法进行的。

2. 基于幼儿的经验，遵循了幼儿发展适宜性原则

在游戏中，孩子们结合生活中已有经验，由雨伞、雨衣联想到防水布，有计划、有目的的展开。每一环节的活动都是基于前一环节活动的深入探索，每一次的探索、坚持、合作都是为孩子们的下一步发展提供更多可能。每个孩子都提出了自己的想法，虽然具有差异性，但是在游戏中不断地磨合而达成一致，在整个游戏过程中，孩子们真正地参与进来，在测量防水布环节多次合作、尝试、探讨，最后通过大家的共同努力解决了遇到的问题，获得了成功。

3. 教师合理干预

教师注重顺应幼儿兴趣，充分把游戏的权利还给孩子，给予最大支持，这种支持可以是一句鼓励的话，也可以是关键性的提问，还可以是提供孩子需要的材料。在这个过程中，教师充当观察者，及时捕捉问题时刻、惊喜时刻等，进而帮助幼儿更好地"游戏"下去。同时让幼儿在这过程中能够实现自己的想法，让孩子们体会成就感。

（二）幼儿在游戏中多方面的发展

1. 知识经验的迁移

幼儿能够运用已掌握的经验来解决在后面游戏中遇到的问题。例：当遇到存水难题时，幼儿想到了小班植物角里用到的防水布；当幼儿遇到引水沟存不住水的时候，孩子们直接用上了防水布，这就是一次典型的经验迁移。

2. 对材料的探索

在挖水坑游戏过程中，幼儿从发现沙坑存不住水开始自主发起游戏，并遇到了一系列的问题，他们先后尝试用了小水桶、水盆到防水布等材料。当用桶运水又慢又累的时候，他们想到用水管等等，孩子们能自己发现问题，并就地取材找材料帮助自己解决问题。

3. 社会性的发展

幼儿的个性和社会化发展离不开人与人之间的互相交往，在这个沙水游戏中要求分工合作的点是非常多的，幼儿可以自由选择合作伙伴，同伴间互帮互助，促进幼儿不同个性的发展，也能感受到合作的快乐。在整个游戏中，栋栋和瑜瑜等几位小朋友始终都在相互配合，他们合作挖坑、找防水布、测量……到最后游戏完成，大家都非常开心与满足。

4. 创造性的发展

《幼儿园教育指导纲要（试行）》指出："应该支持幼儿富有个性和创造性的表达。应绝对尊重幼儿的意愿，不用自己的建议去左右他们的想法。"[①] 自主游戏相对而言有宽松自由的游戏的环境，主动权在幼儿自己的手中，幼儿可以根据自己的兴趣和需要，以快乐和满足为目的，自由选择喜欢的游戏、展开的形式、交流的方法，是否与他人合作。这些都极大地激发了幼儿动手操作能力、合作能力、沟通能力、表达事物的能力、创造潜能。

---

① 金晓梅. 幼儿园环境创设（第2版）[M]. 北京：北京理工大学出版社，2019.

第二章　趣味探索

1. 水车转动记

蕲春县幼儿园南门畈园区　张琦　许婧　田媛

一、游戏缘起

一次下雨天，孩子们在楼梯处玩游戏，他们用拼插积木做了各种造型的玩具，并尝试让它们向下滑动时能通过楼梯扶手与墙壁之间的横向连接杆，后来发现"十字架"样式的玩具滑至连接杆处时，会与连接杆发生撞击而产生转动的现象，从而成功通过连接杆。孩子们对这一现象非常感兴趣，纷纷制作十字架，体验它们在连接杆处发生的转动现象，也因此产生了后续一系列关于转动的游戏。

二、游戏过程实录

（一）制作转动玩具，初现水车

经过楼梯处的游戏活动后，孩子们对转动现象仍十分感兴趣，于是在这次户外活动中，我新增了泡沫球、筷子、勺子、管道玩具等材料。

他们将不同材料进行组合，制作了各种会转动的玩具造型。博林用一根筷子竖着插入泡沫球底部，并在泡沫球四周斜着向上插了一圈勺子，勺子的凹面朝里，玩具头部呈喇叭状，他边转动玩具边走向老师："老师，我想在水车上面加点水。"我立即表示支持，随即他拿来泡沫箱，并指挥同伴将水装进泡沫箱，然后将水车头部放进水中，接着用手指搓捻筷子，水车头部便在水中转动起来。

在分享环节里，当博林告诉大家他今天做的是水车时，大家都很感兴趣，都七嘴八舌地讨论着水车为什么会转动，并开始设计水车。

教师思考：这次游戏重点主要突出在玩具的制作上，孩子们对自己制作的玩具会转动有着较强的满足感，在一定程度上增加了孩子们对转动的体验，但这只是单纯地体验到玩具会转动而已，至于玩具怎样转动？为什么会转动？孩子们并没有进一步探索。当水车的出现、水利用的提出，以及小朋友们对水车转动方法的猜想、设计，我觉察到这可能是游戏的一个转折点，可以让孩子们对转动现象有更进一步的认知。

（二）初次发现水流使水车转动

基于小朋友们对水车的设计，这次游戏我投放了更多的PVC管。游戏开始时，嘉俊用PVC管和五通连接头做了一个螺旋桨（图2-1-1），并在螺旋桨把手外套了一个套筒。他握住套筒，不停转动把手，当停止转动把手时，整个螺旋桨仍可以继续转动。这一现象引来了旁边小朋友的观看。

图 2-1-1　螺旋桨

接着嘉俊开始制作水车了（图2-1-2），他用筷子竖直插入泡沫球，在泡沫球四周横向插入勺子，勺子的凹面全部侧着朝同一个方向，水车做好后，他又在筷子上套了一个小管子，随后拿起身旁的管道玩具做了"Z"字形的引水管，奔向水池。他先将引水管套在水龙头出水口上，接着将水车放在水池内，正准备开水龙头时，引水管掉了，很快他又重新接好引水管，但水车转动失败。于是他重新用弯头将一长一短的两根PVC管接在一起变成一个"7"字形的引水管，再次返回水池边，将短的管子套住水龙头，长的管子伸到水池外，水通过引水管流到了水池外边，这次水车在水流的冲击下成功转动了起来。这一行为立即吸引到了乔乔与俊宇，他们大喊"我也去做一个。"做好后返回水池并实验成功，还出现了"双层水车"。在分享环节里，我将视频定格在嘉俊的水车在水流下转动的画面，和大家一起探讨为什么水车能在水流下转动？这里面藏着什么秘密呢？

图 2-1-2　制作水车

我首先请嘉俊和瑶瑶两人上台讲述了他们水车转动的不同方式。

嘉俊："我用泡沫球、勺子、筷子插在一起做成水车，筷子上还套一个小管子。还用大 PVC 管连接在水龙头处，把水连接到另一个地方去，水流冲击水车转动起来。"瑶瑶："我用泡沫球、勺子、筷子做了一个小水车，我用手转动筷子，我的水车就动起来了。"我："现在老师来演示一下这两种转动方式。水车由轴和轮两个部分组成，轴就是把手，轮就是勺子那一部分，它们是一个整体。当我们搓动把手时，手上的力就作用在轴上，轴就会转动并且带动水车整体转动。当水流到勺子上时，水流的力就作用在轮上，轮就会转动，并且带动水车整体转动。"

接着我请小朋友回忆他们今天制作的水车是轴转动还是轮转动，并请景轩小朋友分享了他对两种转动方式的感受。景轩："当我转动轴时，我的手要一直不能停，水车才能一直转动，但是用水流到勺子上使轮在转动的时，我的手就可以不用动，而且水车转的更快。"我："当水流的力作用在轮上时，水车转动起来省力，所以转起来会更快。"

教师思考：上次游戏结束后分享经验，小朋友们发现水流能让水车转动，但对原理不理解。于是，在这次游戏中，教师通过演示和讲解，引导孩子们了解力作用于水车轴和轮会产生不同的转动效果。嘉俊尝试在螺旋桨把手上加套筒，发现转动速度加快、更省力。这是因为套筒与轴之间的缝隙减少了转动时的摩擦力。嘉俊的尝试表现出他的感受力、观察力和分析力，也为他后续给水车轴加套筒提供了经验。

（三）集体体验水流使水车转动

这次，一部分小朋友用筷子、泡沫球、勺子做水车；一部分小朋友用拼插积木做水车，水车的造型各不相同（图 2-1-3）。水车做好后，孩子们开始拼接引水管，他们互相合作，用三通连接头将管子连接成长长的引水管道，但在与水龙头衔接的过程中，出现了垮塌现象。孩子们自发找来锥桶、椅子等作为支撑，反复比较锥桶、椅子与管子的高度，调整三通连接头出水口的角度，最终将垮塌问题成功解决，所有出水口都能出水，水动力作用在水车轮上，不同材质、样式的水车，均以轮转动带动整个水车转动起来了。

图 2-1-3　集体制作水车

教师思考：这次游戏的目标是让孩子们体验水流使水车转动和轮转动的省力和快速。游戏后，教师通过图片回顾和抛出问题，引导幼儿回忆两种转动方式的感受，加深理解力作用在水车轴转动和轮转动的不同效果。当水流的力作用在轮上时，水车转动更省力，转得更快。孩子们在选择材料时不仅限于老师提供的，还能自发寻找其他材料。他们积极合作、不怕困难、敢于探索，展现了良好的品质。

三、教师小结

（一）游戏特点

丰富的游戏材料能激发幼儿的制造力

幼儿在游戏中是通过与材料的互动获得学习与发展，为了满足幼儿游戏与探索的需求，教师投放了丰富的游戏材料，有 PVC 管、三通连接头、一次性筷子、泡沫球、勺子、管道玩具、拼插积木等等，不仅种类多达数十种，而且每类数量充足，这为水车的出现、引水管道的拼搭、轮转现象的产生等提供了物质条件，成为推动游戏深入发展的重要条件。

自由地探究过程有利于科学知识的理解

幼儿的思维还不够成熟，如何让幼儿明白水车转动中比较抽象的科学道理呢？通过在游戏中反复制作水车、尝试让水车在水流下转动、讨论水车不同的转动方式、集体搭建引水管等，孩子们在一次次游戏中解答自己的疑惑、实践自己的猜想，在这种不断地实践、体验、感知的过程中，自然地就理解和掌握了水车不同的转动方式及原理。

（二）幼儿学习发展的价值

1. 在游戏中丰富关于转动的认知

在以往的游戏经验里，孩子们几乎都是利用搓、扭等手部力量，使物品转动，且仅仅只是对转动现象本身感兴趣，对其中蕴含的科学道理并没有更进一步探究。在这次游戏中，通过与丰富材料的互动，幼儿首次了解水是可以作为一种动能使水车转动，体验到了轴转与轮转的区别，知道了轮转动比轴转动省力，丰富了幼儿对转动的认知。

2. 在解惑中发展了良好的学习品质

从初现水车到最后集体成功体验水车轮转的方式，幼儿不断去思考、尝试解决水流、引水管道、玩具结构等问题，从而获取新的经验，又将新经验运用于下次游戏中。期间，孩子们积极主动、认真专注、敢于探究、坚持到底的良好品质得到了完美展现，同伴间互相学习、分工合作的能力也得到了锻炼。

（三）教师的支持与回应

1. 尊重幼儿游戏意愿，适时投放材料，满足游戏需要

教师根据游戏的变化，不断调整材料。第一次游戏后，发现幼儿对水车感兴趣，教师就补充提供 PVC 管；第二次游戏后，为了解决出水口的问题，教师又适时补充投放了三通接口。整个游戏过程，教师一直是顺应幼儿的兴趣、尊重幼儿的游戏意愿，适时地投放相应材料，满足幼儿的游戏需求。

2. 巧用游戏后的分享交流，聚焦游戏问题，推动游戏进程

教师的支持不仅体现在游戏前、游戏中，游戏后的支持与介入也十分重要。教师通过观察、分析游戏中所蕴含的知识经验，有目的开展分享交流活动，促进幼儿新认知经验的获得。

进一步的支持策略：

在游戏的最后部分，有小朋友观察到积木做的水车比泡沫球做的水车转动速度要慢很多，这是水车重量的原因？水车结构的原因？还是水流的原因呢？我们将持续追随幼儿的兴趣点，尝试增加户外水源并投放更多不同材质的材料、能比较物品重量的材料等，便于幼儿后期开展游戏探索行为。

2. 当帐篷遇到风

浠水实验幼儿园　黄文莉　江育春　刘雨露

一、游戏缘起

在四月的晨谈活动中，孩子们热烈讨论起帐篷野餐的话题。他们纷纷表示曾与家人一起搭帐篷，并且帐篷能遮阳。于是，一场搭建帐篷的游戏开始了。孩子们逐渐掌握了搭建

帐篷的技巧，他们使用不同材料如长棒、竹梯、四角梯等制作支架，有时还用布或垫子做帐篷顶。随着天气变热，帐篷成为户外游戏的"避暑胜地"。这次他们搭建帐篷时，希望帐篷有牢固的支架和完整的顶。但突然刮起的大风……

二、游戏过程实录

（一）搭三角形帐篷——初遇风

大班的子彧和宽宽很快搭好了两个三角形支架。宽宽拿来一块白布，两人一起将它往支架上搭，但一阵突如其来的大风将白布吹落，他们捡起白布继续往上搭，一阵大风将布又吹落了一半。

这时，宽宽搬来三个圆盘和一块红布，边帮子彧拉白布边问："需不需要这个（红布）。"子彧说："这个有点不需要。"于是两人继续整理白布，这时风也小了，白布稳稳地铺在支架上，子彧捡起红布将它盖在白布上说："这个布盖起来重点。"大风第三次来袭，宽宽赶紧按住一边的布，子彧快速拿来两根长棒压住另一边的白布，接着又去搬来一根带底座的长棒，还没等他放稳，长棒就被吹倒了。大风持续袭击着他们的帐篷，没一会儿布又被吹落一半。他们经过多次尝试，都没有成功。子彧继续摆弄白布想将它铺好，这时，宽宽提来两个垫子说："垫子来啦！"他们将垫子放在支架上并不断调整白布与垫子的位置，终于用垫子压住了白布。并且他们还在帐篷的周边用圆盘、长棒和接头做了三个摄像头。最后，终于成功搭建了一个帐篷（图 2-2-1）。

图 2-2-1　三角形帐篷搭建完成

教师思考：幼儿之前有丰富的搭帐篷的经验，所以他们搭建支架部分毫不费力。这次因为大风，他们在搭帐篷顶时与风展开了多次较量：用圆盘压住布的边缘、用叠加红布的方法增加重量、用长棒压，最后拿来了垫子加重和固定，三角形帐篷才终于搭建成功。在这个过程中，子彧和宽宽一直没有放弃，并且还不断尝试用不同的材料来固定被风吹落的布，这是大班幼儿思维灵活性和创造性的体现。

（二）搭大帐篷——再遇风

第二天，很多孩子在三角形帐篷里玩，子彧说："这里人好多呀，这个帐篷太小了吧！"宽宽说："我们再加一个，那我们的帐篷就更大了。"宽宽用三通接头连接长棒，不一会儿就做好了一个正方形的底。之后他将等边三角形支架上的长棒拔掉，但这根长棒十分牢固，它自己拔不动，于是他把长棒拿过来说："老师，你帮我拔一下子呗！"老师说："可以呀。"

拿到接头后，宽宽将正方形的底和高补充完整，又找来两个三通接头，将一个插在立着的长棒上，并用另一个接头加固（图2-2-2）。接着，宽宽用相同的方法在四根立着的长棒上都插上了接头。当宽宽准备将一根长棒插在两个接头中间时，没插进去，于是宽宽喊："黄老师，过来帮帮忙！""需要我怎么帮你？"老师问。宽宽比画着说："帮我把这个装上呗。""我帮你扶着是吧？"老师说。就这样，在老师的帮助下，正方形支架搭好了。宽宽正加固最后一根长棒时，又有长棒掉了，于是他赶紧加固，但又接不上去，他再次求助："园长妈妈，你能不能搞紧点，这个。"老师走近问："什么原因呢？""就是因为它。"老师追问："一直掉是什么原因呢？""就是这个"宽宽拍着接头说，刚说完插上的长棒又掉了。"我帮你扶一下，是不是没有插紧？"老师说。宽宽用力拧了一下长棒，说："你帮我装上去呗。"老师帮忙插进后问："可以了吗？"宽宽检查了一下说"可以了"。

图2-2-2 正方形帐篷搭建

教师思考：宽宽在搭支架的时候动作很娴熟，但由于宽宽的个子不够高，力气也不够大，好不容易搭上的支架一直掉，他想到了用圆盘垫脚的方法增加高度、用弯头敲打加固，但是接头和长棒还是没能连接好。于是，宽宽想通过老师的帮助来完成帐篷支架的搭建。但老师并没有直接代替孩子完成，而是引导孩子发现一直掉的原因——没有插紧，支持宽宽将它们加固，当老师发现宽宽不能插紧时，老师又适时帮助了他，最终完成了帐篷支架的搭建。

（三）搭大帐篷的顶

宽宽拿来白布搭在顶部的一根长棒上，又继续往前拉，准备将布穿过对面的长棒，但随着他的拉动，布也在滑动（图2-2-3）。宽宽拉扯了多次，布还在一根长棒上，他边拉布边说："园长妈妈，你帮帮我呗。"老师走近问："你需要我怎样帮你呀？""帮我把这个搞上去，把这个布牵一把。""我帮你怎么牵？""这个布牵到这里来。""那我们一起合作好不好？"老师还没说完，中班的瑞瑞过来，拉起地上的布往对面的长棒上搭，子彧也来帮忙，眼看三人就要成功地将布搭在顶部的两根长棒上了，布又滑落了。

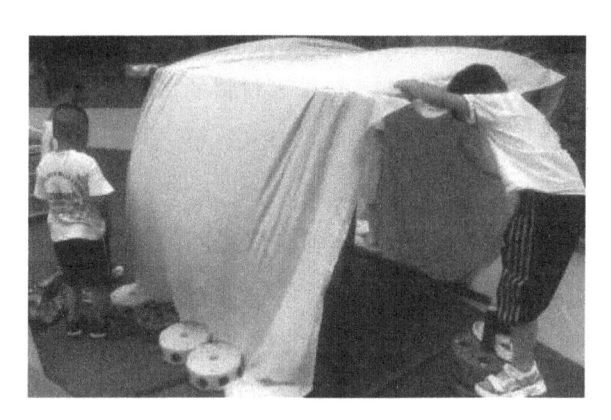

图2-2-3　大帐篷的顶部搭建

此时，风变大了，他们搬来圆盘，瑞瑞将四个圆盘摞在一起，小心翼翼地站上去，灵灵赶紧扶住瑞瑞，瑞瑞用力拉着布，提醒道："喂，那边散了！"子彧和宽宽听到后赶紧调整。此时，风刚好变小了，他们顺势将布成功地搭在了支架上。瑞瑞跟灵灵介绍："这是我和他一起合作的。"他们满足地在帐篷里穿梭。不一会儿又一阵大风把布吹得摆动起来，瑞瑞说："哎呀哎呀，又吹坏了！"大家又开始忙活起来，瑞瑞拉布、宽宽用圆盘压布、子彧拉布的边缘，经过一番"抢救"，帐篷顶终于安全了。此时淇淇拿来一块垫子扔到帐篷顶上，宽宽马上将垫子拿下来，生气地说："你干吗呀，都被压垮了，你看没看到！"宽宽还说："你们别再乱动了，这里面就要铺床了！"他们把红布铺在帐篷底下，坐在帐篷里吃饭、睡觉、玩游戏。

教师思考：中大班幼儿在游戏中的作用明显不同：大班幼儿主导游戏，中班幼儿积极辅助配合，有参与感。特别是瑞瑞，主动向同伴介绍帐篷是他和大班哥哥合作完成的，并且同伴有需要时也会及时帮助。中大班幼儿思维差异也很明显：当大风把布吹乱时，淇淇模仿大班幼儿用垫子固定白布，但忽略了帐篷顶的不同，受到大班幼儿的强烈阻止。

三、游戏活动反思

（一）幼儿坚持不懈与风较量，获得多方面的发展

幼儿在搭建帐篷时，意外的大风让他们的游戏充满了挑战，也给我们带来了无与伦比的惊喜。我们不得不承认，幼儿才是真正的"游戏高手"，他们在游戏中玩得投入、玩得智慧，在游戏中发展并提高了这种能力。

1. 自主探究，提升了发现问题、分析问题、解决问题的能力

真实的问题情境是触发幼儿自主探究学习的最佳契机。偶遇大风时，幼儿为了搭建帐篷顶，积极调动已有经验，对布、积木、垫子等材料的搭配进行多次推测、筛选和验证，才成功搭建了大帐篷。幼儿在发现问题、寻求对策、解决问题的循环往复中不断推进游戏的开展。

2. 直观体验，发现了风力、物体轻重和支撑之间的物理现象

游戏中，幼儿通过动手操作和直观体验，发现了随着风力的变化，即使增加积木的数量，被压住的布也会被吹掉，在这一过程中能感知到布轻、软、易变形的特性。还有帐篷支架的形状不同，支撑的方法也不同，这些体验为幼儿以后的物理探究奠定了良好的基础。

3. 坚持不懈，养成自主创新的学习品质

面对被风吹掉的帐篷顶，幼儿一次次尝试、调整，积极寻找对策，始终饱含热情持续探究。幼儿还展现了大胆创新的良好品质，积木可以拼搭帐篷支架、可以垫脚增加高度、可以变成摄像头等，相同的积木在他们的奇思妙想下，有着花样百出的类型。

（二）混龄游戏的独特价值

陶行知先生倡导实行"小先生制"，就是主张幼儿教幼儿。在搭建帐篷的混龄游戏中，教师放手游戏，大班幼儿操作技能更加娴熟，中班幼儿在学习、模仿过程中能力也能得到发展。中大班幼儿互相配合，积极、主动参与到游戏中，并创造性地探索各种玩法，丰富游戏内容、深化游戏主题。不同年龄段的幼儿之间有语言上的交流，也有行动上的互帮互助，这种大带小、小促大的方式不仅促进了幼儿社会化的成长，综合素质也得到了全面发展。

（三）教师的支持与回应

教师遵循"幼儿在前，教师在后"的原则，观察并支持幼儿的游戏。在游戏中，教师以观察者和支持者的身份，观察幼儿的游戏行为，并在需要帮助时给予支持。这种放手和支持的方式促进了幼儿的持续探究和发展。同时，教师可以在游戏结束后引导幼儿讨论和思考，帮助他们提升游戏经验并培养洞察力。在未来的游戏中，教师可以利用风向影响物体运动的原理，增加相关材料，引导幼儿搭建更省力、更牢固的帐篷。

3. 攀爬箱垒高楼

浠水县童之梦幼儿园　张卉　朱淼　王青

一、游戏缘起

游戏时间到了，佳鑫突然跑过来请我帮忙抬攀爬箱，他们想搭一个高楼，我问："没有老师的帮助，你能将攀爬箱垒成高楼吗？"几个小伙伴开始尝试，上面拉的，下面举着，两两抬着，上下一起用"蛮力"垒成了两层、三层的高楼，我问："垒高楼的感觉怎么样？"佳鑫说："太累了，攀爬箱太重了，手都要抬断了。"我追问："那你们能用省力的办法把攀爬箱垒成高楼吗？"就这样，攀爬箱垒高楼的探索之旅开始了（图 2-3-1）。

图 2-3-1　攀爬箱垒高楼初探索

二、游戏过程实录

（一）省力垒高楼

孩子们尝试用滑滑梯的办法将攀爬箱垒成高楼（图 2-3-2）。他们用安吉游戏的材料拼成了滑滑梯，想用滑滑梯将攀爬箱推上去。佳鑫说："上面还要有人拉。"五个孩子合作将中号攀爬箱推到斜木板上，再一起沿着斜坡往上推，坐在攀爬箱上面的子文提醒其他幼儿避开。当孩子推到最高的时候比较吃力，涵威、佳鑫连忙跑过来帮忙。在攀爬箱要脱离斜面的时候，孩子们一起合作，站在攀爬箱上面的佳鑫一直提醒，"不要倒了，不要倒了。"最后，攀爬箱终于被推上去了。他们欢呼雀跃，拍手叫好。之后，孩子们纷纷爬上两层攀爬箱，从 1.4 米的高度跳下去，玩得不亦乐乎。

图 2-3-2　省力垒高楼

教师思考：在游戏过程中，幼儿的冒险精神被不断激发，由刚开始的小心翼翼坐在两层高的攀爬箱上面，到现在直接往下跳。教师可以利用分享环节，请幼儿画出游戏过程，并通过追问："和抬上去相比，感觉怎么样？"总结出省力的办法比较轻松，鼓励幼儿思考借助其他的力量把攀爬箱垒成高楼，幼儿在讨论中互相启发，创造了互相学习的机会。

（二）借力垒高楼

孩子们开始探索如何运用跷跷板来垒高楼（图 2-3-3）。帅帅搬来四面梯，惟悦搬来长板，他们两个尝试用木板和梯子在一起变成跷跷板，皓轩搬来攀爬箱，他们都在讨论怎么样做。皓轩拿来垫子垫在长木板下面，和小伙伴一起把攀爬箱搬到长板上，帅帅坐在长梯木板上。思思把长板往前挪动，帅帅坐在梯子上指挥："有的人把攀爬箱按好，有的人把它推一下。"当他发现有三个小伙伴在按着攀爬箱，只有一个人去推攀爬箱，他就说："两个人按着不好吗？"因下面的攀爬箱没放置合适的位置，并且两块长木板做的跷跷板不容易压下去，导致第一次跷跷板爬高楼游戏失败。

图 2-3-3　借力垒高楼

于是，皓轩开始调整，他把攀爬箱从长板上撤走，在长板下面铺了两块地垫，发现长板离木板太远了，于是帅帅把跷跷板上的长木板取下来了一块，经过第二次试验，发现攀爬箱离太远了，他们决定去掉一层地垫，并把攀爬箱往前挪，和长板挨在一起，最终帅帅和小伙伴们往下压长板，部分孩子扶着攀爬箱，两层高楼垒成功了。思思感慨道："多亏有郭帅，没郭帅，我们这些人还完成不了，我们这些人这么轻。"

教师思考：在游戏过程中，有些幼儿有很强的觉察和领导能力，能较好引领游戏的发展走向，比如帅帅和皓轩在跷跷板垒高楼的游戏中，表现出了一定的计划性，他们对跷跷板如何搭建、攀爬箱如何放置，都有自己的想法。皓轩在游戏中，当发现别人铺垫子的办法和自己不一致时，他能坚持并按照自己的想法去实施。

（三）巧力垒高楼

孩子们挑战两层成功后，提出再搭一层，说干就干，帅帅还是坐在长板上，五个小伙伴把小号攀爬箱放在长板上，几个小伙伴抬得抬、举得举、推得推，把小号攀爬箱垒在了高楼的第三层（图2-3-4），"搭歪了、搭歪了。"冯钰琦边说边调整。"老师，第三层是抬上去的，好累呀。"思思说。

图 2-3-4　巧力量高楼

"我们可以用楼梯的办法试试。"皓轩说。说完就看到孩子们用垫子铺成了楼梯状，孩子们沿着楼梯一起把攀爬箱推上了第二层。

教师的思考：学习顺向迁移，他们利用安吉滚筒的游戏经验、知识与技能去解决新问题，巧妙地用垫子搭成楼梯，将攀爬箱翻滚上去垒成高楼。他们会根据着力点的不同变换人员的分布，调整同伴分工，找准切入点，调整发力点。

三、游戏活动反思

（一）活动的特点及价值

1. 游戏中不断出现新挑战，激发幼儿的游戏兴趣

本次游戏主题是幼儿自主游戏时产生的，教师灵敏捕捉到了这个兴趣点，对幼儿充分放手、积极支持，增强了幼儿的自信，激发了更多的游戏灵感。

2. 创设宽松的探索环境，支持和引导幼儿探索

"环境"不只是创设适宜的活动空间，投放充足的游戏材料，还要给予幼儿游戏时的自主氛围。对于幼儿，教师要欣赏、理解幼儿的独特想法，尊重幼儿每一次的探索体验，并支持和引导幼儿进一步探索。

3. 支持幼儿游戏需求，在自主游戏中实现多方面发展

在遇到困难时，同伴之间分工合作，有的运用体重的优势坐在跷跷板上，有的想办法搭建楼梯，合作、协商等社会性技能在潜移默化中得到了锻炼，促进了幼儿社会性发展。

（二）进一步支持策略

1. 明确教师在游戏中的角色定位

首先教师是幼儿游戏的观察者，当幼儿在自主游戏时，细心地观察可以帮助教师准确地了解幼儿在游戏中的表现，依据具体情况加以解读；其次教师是幼儿游戏的引导者，当幼儿在游戏中遇到困难时，引导幼儿自主思考，发现问题关键从而解决问题；最后，作为幼儿游戏的支持者，教师应该在尊重和支持中引导幼儿拓展游戏经验、提升能力，当孩子需要帮助时，教师应该以适当的方式提供支持与帮助。

2. 抓住兴趣、把握契机，有效生成科学探究活动

攀爬箱垒高的游戏中，幼儿通过动手操作和直观体验，发现攀爬箱走的路径不同，所用的力也不同，初步感知杠杆原理、斜面原理。通过挖掘探究式科学活动的经验，支持幼儿进一步的探索，使幼儿知道杠杆原理可以节省很多的力，探究用力点离支点越远，杠杆越省力这一原理。

3. 支持幼儿将游戏经验迁移运用于日常生活

"教育是源于生活，教育又回归于生活。"是陶行知先生生活教育理论的核心。幼儿从游戏中获得了关于斜坡滚物的经验，教师要支持他们将这些经验迁移到日常生活中，解决生活中实际问题。比如每月底换被子时，引导幼儿讨论尝试用滑滑梯的办法搬运被子，在楼梯处设置滑滑梯斜面，让被子沿着滑滑梯滑到一楼等。

4. 蝶"趣"

黄州区幼儿园　刘秀红　李梓微　汪珍荣

一、游戏缘起

孩子是天生的探索者，他们对自然有着强烈的兴趣。《指南》中指出：儿童具有与生俱来的好奇心和探究欲望，好奇、好问、好探索是幼儿的特点，自然的、熟悉的、生活中的事物是幼儿最感兴趣的，对这些事物的探究最能激发幼儿亲近自然的热情与探究的积极性。在每天的自主户外游戏中，大四班的孩子们都会来到种植园观察蔬菜的生长情况，这天突然传来了陈深思的声音："潘亦安！快看！有蝴蝶！拿水壶浇蝴蝶！"就这样，在孩子们的发现中，他们想制造"陷阱"，抓住蝴蝶，进而引发了对蝴蝶的探秘之旅……

二、游戏过程实录

（一）"陷阱"招蝶

孩子们在种植园里发现了蝴蝶，为了抓住蝴蝶，他们一起设置了陷阱，跟随孩子的脚步来看看孩子们最终利用陷阱抓住蝴蝶了吗？

把路挖平，让蝴蝶滑倒。潘亦安说："我觉得我们还可以把这挖成一条平路，等蝴蝶来了就会滑倒，而且如果我们把这条路打湿，蝴蝶碰到水就飞不动了"。

加水，让土变黏。为了抓住蝴蝶，潘亦安又想出了一个办法，他说："我们在挖的泥土上加水，就能让土变黏。"陈深思说："对呀，就能把蝴蝶给黏住了。"

继续加水，制造"黏黏液"。悦悦说："这个黏黏液很有用啊，都把我的铲子黏住啦！"陈深思说："对啊，别踩那边有泥巴水的地方，那是我们做的黏黏液。"

放石头，实验陷阱。这时候我发现陈深思在往土里放石头（图2-4-1），他说："我们又加了个陷阱，把石头放在这，蝴蝶一站上去，重力就会把石头往下压，它就会被陷进去。"

图 2-4-1　放石头

水流出陷阱，用土围住。孩子们还在往他们挖的坑里加水，陈深思说：够了够了，都流出来了，我们用泥土围着吧。"唉！蝴蝶来啦，你们看！"王珂说。

采花引蝶。蝴蝶真的来了，孩子们都很激动，潘亦安说：蝴蝶往那边飞了，往有花的地方飞去了。陈深思这时候突然采了一朵花插进泥土里说：这样蝴蝶就会被吸引过来。

情况分析：幼儿在种植园发现蝴蝶，从一开始的用水壶浇蝴蝶，到最后的挖陷阱，采花吸引蝴蝶进入陷阱，体现了幼儿思维发展的一个转变，陷阱的层层递进，体现了幼儿兴趣的萌发、想法的深入，使幼儿在完全的"真"游戏中自主游戏。

反思推进：在交流讨论环节，让幼儿观察游戏视频。

教师提问："蝴蝶一共出现了几次？为什么蝴蝶出现了你们都没有去抓它呢？"晨晨："我去浇水了，没有注意到。想去抓，但是蝴蝶飞太快了。"乐乐："要找些有很香花蜜的花让蝴蝶停下来，就可以悄悄地去抓它了。"（图 2-4-2）

图 2-4-2　师生互动

《指南》中指出，大自然和生活中真实的事物与现象是幼儿科学探究的生动内容，激发探究兴趣，体验探究过程，发展幼儿初步的探究能力。在孩子们提出想要吸引蝴蝶这一想法时，教师应积极给予幼儿回应，支持幼儿的想法，鼓励幼儿积极动手动脑去解决问题。

（二）花香"诱"蝶

在上次讨论中，孩子们说要用有花粉、有香味的花去吸引蝴蝶，孩子们究竟能不能引来蝴蝶呢？

潘亦安："我们班的植物角有很多花，我们把它搬到种植园去吧（图2-4-3）！"蝴蝶等了好久都没来，孩子们有的觉得是蝴蝶怕热，有的觉得是需要耐心地等待，这时候陈家豪提出，画一只蝴蝶让其他的真蝴蝶以为是同伴，于是，孩子们又开始了新的探索……

图 2-4-3 搬运花盆

情况分析：在第二次吸引蝴蝶的过程中，孩子们发现了很多问题：
（1）天气这么热，蝴蝶到底会不会来呢？（2）怎么样可以让蝴蝶飞得慢些呢？（3）怎么样可以让蝴蝶留在种植园呢？孩子们积极思考蝴蝶没来，后来又来了的原因，并且遇到问题会与同伴讨论，互相探讨解决问题。

反思推进：悦悦说："我们可以回家查询资料，"于是在经过讨论后，孩子们为自己制订了查询小任务，他们通过自己想到的方式进行查找，查找我们生活中常见的有哪些蝴蝶？这些蝴蝶喜欢哪些花卉、植物？蝴蝶的生活习性是什么？

孩子们带着疑惑查阅资料，求助爸爸妈妈，互相探讨解决问题。当孩子自己去寻找答案时，孩子的专注力会变得越来越高，学习的行动力也会更加强，孩子对问题和答案的印象也更加深刻。上一次的引蝶过程中，孩子们发现蝴蝶出不出现与天气、温度有关，同时他们也发现了蝴蝶是不会一直停留在一个地方的，那怎么样才能让蝴蝶能留在种植园呢？陈家豪说我们可以画蝴蝶，这样蝴蝶就会以为这是它们的同伴，停留的时间就会更长，就有可能留在我们种植园。

（三）画"蝶"引蝶

潘亦安说："现在我要画一只超级大蝴蝶，蝴蝶画好了我要找一个平的地方平稳地放上去，我们教室里有很多吸管，我们用吸管插在那个花的旁边，然后我们再放只"蝴蝶"在花上面，这样蝴蝶不就以为真是它的同伴了吗？蝴蝶制作好了，我要把陷阱浇上水，把

"蝴蝶"插上去。""哈哈！我插在花上面了！我粘在叶子上面啦！我插在树枝上面啦！"陈深思："哇！蝴蝶真的又来啦！让我们悄悄地，不要打扰它们和"同伴们"游戏……"

情况分析：在幼儿制作蝴蝶过程中，能根据自己已有经验有选择性地对材料进行筛选，在制作过程中，孩子们展现出了他们的问题解决技能、对精细动作的控制能力以及极大的耐心。孩子们有自己的想法，在遇到与其他人想法不同时，知道要如何从中调节并说出自己的不同意见。此外，在动手操作中激发思维的积极性与主动性，同时也提升幼儿的创造性。

三、游戏活动反思

（一）抓住偶发的教育契机，支持幼儿主动学习，促进幼儿在游戏中多元化发展

奇妙的大自然是孩子们学习的天然课堂。在种植园浇水中，一只小小的蝴蝶吸引了孩子们的兴趣。带着兴趣，孩子们积极主动地投入游戏中，结合当时的游戏情景，与同伴交流的过程中，逐步深化游戏。他们想抓住蝴蝶，从第一次游戏设置陷阱，到用花香吸引蝴蝶，可以看出孩子们把生活中的已有经验迁移到游戏中。在游戏中，能与同伴积极交流，合作时默契配合，灵活分工，遇到问题，能自己协商解决，使孩子们的社会交往能力得到了发展。

（二）幼儿在游戏中的自主探究，推进幼儿在游戏中的深度学习

随着游戏的深入开展，幼儿运用自主探究、主动迁移与生活经验来解决问题。如：第二次游戏花香"诱"蝶中，孩子们讨论出可以用有花香、带花粉的花吸引蝴蝶。种植园没有花怎么办？从孩子们在种植园发现的几朵花，由此想到将班级种植区的花放在种植园，这样就可以吸引更多的蝴蝶。带着对蝴蝶世界的向往，让孩子们自己寻找答案，查阅蝴蝶的特征和习性，制成调查表，主动交流分享自己的调查结果，使幼儿在游戏中进行着深度学习。

反思与不足：孩子们虽然在游戏中不一定是愉悦的，但游戏的效果一定是积极向上的。如：第二次游戏花香"诱"蝶这一环节中，孩子们经过漫长的等待，终于等到蝴蝶的时候，并没有教师想象中的那样兴奋和开心，但是孩子们知道了花香是真的可以引来蝴蝶。

第一次游戏"陷阱"招蝶中，教师发现蝴蝶来了这么多次，孩子们为什么不抓呢？这个时候教师可以适时介入，组织孩子观看视频，提出疑问。通过孩子的交流讨论，引出第二次游戏花香"诱"蝶。

没有教师的介入，幼儿也能在游戏中自我发展，如：第三次游戏画"蝶"引蝶中，如何让蝴蝶留在种植园，孩子们自己想出用画蝴蝶的方式吸引同伴，将蝴蝶留在种植园。但

教师在引导孩子们调查蝴蝶时，只让孩子停留在对蝴蝶浅显的认知上认知深度不够，如：蝴蝶的名称、蝴蝶的生物习性和生活特征等。

下一阶段的支持策略：（1）在第三次游戏时，一阵风吹来，豪豪制作的蝴蝶被风吹走了。豪豪说："看！像真的蝴蝶在飞。"教师可以抓住这个契机进行下一阶段的引蝶游戏，制作的蝴蝶还可以用哪种方式投放在种植园呢？（2）孩子们对吸引蝴蝶有着浓厚的兴趣。教师引导幼儿进一步探索蝴蝶的秘密，让幼儿观察它们吸引来的蝴蝶是什么种类？它最喜欢在什么样的环境内生存？让幼儿对蝴蝶持续保持探究的欲望等等。

5.搭建道路

浠水县南宇幼儿园　郭姣　南维　邓珍

一、游戏缘起

一天，浩浩、王子博、李雨萱用螺母积木拼搭了一辆车子，小伙伴都兴高采烈地开起了车子，一部分幼儿在前面用绳子拉动车，一部分幼儿坐在上面享受着汽车开动的喜悦。这时，瑞瑞小朋友也被吸引了过来，他说："只有车子，没有特定的车道，车子就无法在车道上正常行驶了，下次我们搭建一条真正的车道吧！"新的游戏想法诞生了！小朋友开始分组讨论设计车道。

三、游戏过程实录

（一）初建车道

各小组按照设计图分工合作，小朋友选用长度不同的螺母积木进行拼接，将车道的路线搭建出来（图2-5-1）。搭建的过程中，小朋友们想把车道架起来，变成立体的车道，于是用五孔直板螺母积木进行支撑，但木板太重了，小朋友们徒手架不起来，车道直接坍塌了。张逸灵提议说："你们可以去那里面拿一个梯子。"小朋友们搬来了许多梯子将螺母积木架到梯子上，大家一起合作，螺母积木从梯子中间穿过去，车道变稳固了，终于架起来了！

图 2-5-1　初建车道

教师思考：游戏过程中，孩子们通过已有的生活经验，搭建出弯曲的车道。孩子们为了将车道变成立体车道，便进行了大胆尝试与思考，运用"穿插"和"架高"进行二次调整搭建。在搭建的过程中，因螺母积木太重，木板直接坍塌。小朋友们差一点就砸到头，教师看到了非常担心。但是当孩子们互相提醒，这一次我们要慢一点、要抬得更高一点、我们要再试一次时，教师并没有介入。教师学会"放手"，使儿童潜能得到最大程度发挥。事后，教师也更加关注到了孩子们的安全教育问题，在平时的日常生活中抓住教育契机，时刻对孩子们进行安全教育。

在前期游戏过程中，孩子们的游戏思维比较局限，一直停留在怎么把车道搭建高一点，怎么把车道架起来。为了拓宽幼儿思维，教师需要适时介入，提问式引导幼儿："你们为什么把车道架那么高呀？车子能在上面跑吗？"让幼儿发散思维，思考如何改建车道。

（二）改建车道

教师提问："车子能在上面跑吗？"小潘和米乐儿说："这辆车太大了，而且车道太窄了，车子上不去。"王子博说："我们可以用安全箱和平衡木搭建一条更稳的道路，这样车子就可以在上面跑。"之后，幼儿开始尝试改造：一部分幼儿用平衡木、安吉箱、轮胎、碳化积木、滚筒等材料搭建车道；另一部分幼儿继续用螺母积木拼搭各种车辆。于是，王子博便邀请其他同伴一起先用平衡木、安吉箱、碳化积木来铺设路面，黄昕媛小朋友提议用滚筒进行搭建，同伴立马搬来滚筒搭建了一条长长的隧道，并搬来轮胎对隧道两边进行加固。王子博提议，将安全箱和斜坡设置在隧道旁边，方便车子行驶。将弧形螺母积木设计成拐弯的路线，把两边连接起来，变成一条又长又宽的车道。听到这一建议后小潘便搬来平衡木一起合作搭建，鑫羽拿来碳化积木，将平衡木和安吉箱交接处进行铺平。在大家的合作下，车道很快就搭建成功了。同时，米乐儿找到李雨萱说："我们可以先量一下汽车的两个轮子有多宽。"米乐儿拿着两块木板拼接在一起，量了量火车的宽度，又拿过来在平衡木上比了比说："这个木板一共要到这里才一样长，但我们的木板不够呀！"小潘也跑过来参与其中，并提议："我们可以把车子改小，用两孔木板。"便一起找到搭建车子的小组成员，说出了自己的想法，于是新的一轮车子改建开始了（图 2-5-2）。

图 2-5-2　改建车道

瑞瑞和同伴继续搭建车道，王子博、鑫羽开始用安吉箱准备搭建斜坡路面，在大家的合作下，车道很快就搭建成功了。小组成员拼搭完成了各种类型的车子，他们已经迫不及待地想要"开"着自己的小车去试一试（图 2-5-3）。车子尝试在车道上行驶，明泽宇的车子在上坡行驶的过程中差一点从旁边掉下来，接着其他小朋友也碰到了相同的问题。

图 2-5-3　车子在车道上行驶

教师思考：在搭建游戏的过程中，孩子们积极合作，大胆实践。他们选择了多种游戏材料进行车道改建，根据自身游戏需要，发挥想象，搭建出有斜坡、有弯道、有隧道的道路。这种多样化的选择满足了幼儿的不同游戏需求，从最初单一的材料进行简单的堆叠、围合，车子无法在车道上行驶，到后来幼儿逐渐探索出用多种材料进行组合搭建，让空间多样化，实用性极大增强，使车子能在车道上正常行驶。

为了支持幼儿探索以及满足幼儿的需求，教师鼓励幼儿大胆尝试，选择多样化的材料进行搭建。幼儿在游戏的构建过程中，不断积累经验，提高挑战难度。在这一过程中，不仅使他们相互合作，充分发挥自主性，还能激发幼儿的想象力与创造力。

（三）完善车道

教师适时介入提问："小朋友们，刚才看到你们的车子在车道上都跑起来了，在行驶的过程中，你们有没有遇到什么问题呀？"

教师思考：在游戏中，幼儿观察到车辆碰撞和掉落的问题。他们集思广益，尝试解决这些问题。这个过程反映了孩子们日常生活中的经验。当幼儿重新设计车道时，他们不仅在解决问题，也在学习。这个过程符合幼儿的学习特点，提升了他们的发现、合作和解决问题的能力。活动结束后，孩子们分享他们的作品，教师给予肯定和鼓励，了解他们的需求。这样的游戏环境让孩子们在自由探索中获得经验，发挥潜能。

三、游戏活动反思

（一）本次游戏活动的特点与价值

1. 幼儿自主发起的"搭建道路"游戏蕴含着丰富的发展价值

自主探究，获得发现与解决问题的契机。游戏中，幼儿先后遇到了怎样让车道架起来；怎样让车子在上面跑起来；怎样才能不让车子掉下来，走得更平稳等等问题，这些问题有的来自教师的提问，有的来自同伴的建议，更多的则来自幼儿在游戏中自然产生的需求。为了解决这些问题，幼儿不停地与同伴合作探究，多次反复操作，不断调整搭建方式，寻找合适的搭建材料，在解决问题的过程中给幼儿提供了充足讨论、尝试的机会。

2. 教师适时地支持与回应，激发了幼儿自主探索的最大潜能

在本次游戏活动中，教师对幼儿的适时有效介入和支持，主要体现在以下三个方面：第一，耐心观察，提供适时的情感支持。在对话、欣赏中回应幼儿；在支持、帮助中回应幼儿；在交流、分享中回应幼儿。第二，及时赞赏，引导幼儿不断探究与挑战。在游戏中，充分扮演好欣赏者、引导者、支持者的角色。第三，教师在游戏活动中采取有效的介入方式，用角色介入、暗示介入、情景介入等提问的方式，引导幼儿发现问题，探讨解决方法，将幼儿在游戏中提出的问题引向深入探究。

3. 自主探索游戏中，幼儿的综合能力得到充分发展

在本次游戏中，教师为孩子们创造了一个多元的探索空间，能够充分发展他们的综合能力。（1）孩子们在宽松、愉悦、和谐的游戏氛围中学会了与同伴合作交流，促进了语言能力的发展。（2）幼儿通过自主游戏，学会了解决问题。游戏是他们与同伴交往的过程，他们能够在游戏中积累生活经验，学会如何应对问题。（3）自主游戏中出现的突发事件，提升了幼儿应对生活中不确定性的能力。（4）幼儿在游戏中培养了坚韧的品质，促进了身心健康发展。他们在活动中表现出的积极态度和良好行为是宝贵的品质，对终身学习与发展都有益。

（二）存在不足之处

生活中的道路有很多种，有水路、陆路、航线等，且不同的道路有不同的交通规则和要求，在游戏中教师缺少引导幼儿深入探究，发现可生成的教育契机，应将游戏贯穿于日常生活，应用于实际生活，以此获取更多新知识。

日常生活中工程设计应按照设计文件采用规范、标准的要求进行施工。在游戏中，教师忽略了引导幼儿根据设计图纸进行规范搭建，游戏的开展应与日常生活紧密结合。

（三）进一步支持策略

幼儿对车道的搭建活动兴奋不已、意犹未尽。但生活中的车道只有这一种吗？教师将引导幼儿思考，根据幼儿已有生活经验以及设想，与孩子们进行交流探讨，画出各种各样的车道设计图。我也会支持幼儿们需求，根据游戏自身需要，为幼儿提供丰富、多样化的选择，满足幼儿不同的游戏需求，引导幼儿深入学习，让幼儿进一步思考、实践、验证。

6."钢架雪车"的坡道搭建

黄冈市园丁幼儿园　张艺馨　鲁敦琳　周凡

一、游戏缘起

2022年冬季奥运会的开展让孩子们对这次春节有了不一样的感受。寒假结束，孩子们在幼儿园谈论最多的话题莫过于冬奥会。要说孩子们印象最深刻的冬奥会项目，那一定是"钢架雪车"了。"速度好快""这个好酷"，随着"钢架雪车"的讨论热度居高不下，班上刮起了一股"钢架雪车"风。

二、游戏过程

（一）久别重逢的"钢架雪车"

区域活动时间到了，轩轩、城城等8个小朋友选择了体育区，他们发现体育区里的滑板，形似"钢架雪车"，于是他们以物代物玩起了"钢架雪车"的游戏。他们模仿运动员在操场上自由地滑行，不一会儿，他们自创了钢架雪车的玩法，曦曦倒退滑、轩轩和小付玩起了"魔力转圈圈"。游戏结束后，小付说："有的人在道上一直跑，有的人趴在那儿不动，有的人往这边跑，有的人往那边跑，方向不一致容易乱，有什么障碍物可以让我们变直？"轩轩发现操场上有彩虹跑道，他提议可以把这当成跑道。大家按照轩轩的建议开始行动起来，并寻找能够充当障碍物的游戏材料。

教师思考：玩了一会儿自由滑行钢架雪车后，幼儿不满足这种单调的玩法，觉得滑行道上十分混乱，最后提出了在赛道上摆障碍物的玩法。从搭建赛道到赛道试行，他们在一次次的试误中，最后顺利通过重重障碍物，做到人车不分离地抵达终点。

（二）对滑梯发起挑战

通过障碍物滑行成功后，孩子们又想挑战更高难度（图 2-6-1）。城城喊道"在弯弯的轨道里加障碍物和机关。"轩轩说："可以挑战坐在钢架雪车上，从滑梯上滑下来。"城城觉得钢架雪车从滑梯上滑下来很危险，尽管如此，大部分孩子们都想尝试一下。于是，我请愿意尝试的小朋友去试行。在滑行的时候，孩子们发现在滑梯上玩钢架雪车容易卡住，经过滑梯拐弯的时候很容易人车分离。轩轩说，经过拐角的时候容易分离，是因为这个时候钢架雪车速度很快，人不容易保持平衡。于是，孩子们开始试着当滑到拐角点的时候，调整自己的姿势，最后成功做到人车不分离。

图 2-6-1 挑战滑梯

教师思考：大班幼儿喜欢更具挑战性的东西，利用滑梯的坡度进行"钢架雪车"的游戏就是最好的证明。在这个过程中，幼儿从一开始的觉得危险到后来勇敢地尝试，有助于形成大胆尝试、克服困难等学习品质。当经过拐角点容易人车分离时，幼儿已经能说出速度快不容易保持平衡的总结性语言，这时候他们已经初步地感知到了速度、重心、离心力等这些物理关系了，这为幼儿今后的学习奠定了基础。

（三）挑战搭建坡道

城城再一次对滑梯挑战更高一层的难度，他开始觉得利用滑梯的坡道一点都没有意思，他想自己搭建一个坡道（图 2-6-2）。如何自己搭建坡道呢？经过激烈的讨论后，孩子们选择了大门前的台阶作为搭建坡道的地基。轩轩发现了木梯，找来门卫爷爷帮忙拿。但是钢架雪车在木梯上试行的时候却被木梯上的洞卡住了。于是孩子们开始想办法遮挡梯子上的洞，最后他们选择了长度、大小合适的海绵垫，轩轩的坡道搭建完成了。小雅则选择了用两个平衡木搭建坡道，但是康康发现这两个平衡木搭建的坡道没有坡，于是小雅和小郑利用跨栏、拱栏和轮胎两次调整斜坡，但由于坡度不够，最终还是试行失败。很快，轩轩的坡道也发现了问题，他用海绵垫搭建的坡道太软了，根本无法滑行。坡道搭建都试行失败，孩子们围过来分析原因。城城认为，第一条道不是斜坡，它是平面的，而且没有防护的东西。轩轩说："第二条道的垫子太软了，我们的重量把它压下去了。"而小付坡道长一边短，钢架雪车也无法通行。

图 2-6-2　搭建坡道

教师思考：滑梯是一种高结构材料，玩法单一，长时间的重复玩无法满足幼儿的探索欲，于是他们开始尝试自己搭建坡道。在材料的选择上，孩子们寻找足够光滑的材料，认为越光滑摩擦力越小，钢架雪车更易滑行。他们根据自己的发现和需要来调整材料，虽然最后三条赛道都试行失败，但他们能通过观察和体验，分析出失败的原因。这短短的两个小时内，幼儿的观察力、思考力、分析力在自由探究过程中得到了提升。

（四）再出发寻找最佳坡道

三条坡道搭建失败并没有打击孩子们的游戏热情，相反他们开始四处寻找新的材料搭建新的坡道。小付找来了 KT 板，曦曦和小郑选择了泡沫垫和纸箱子。城城发现了攀爬架，决定试一试。但是很快，他们发现了一个问题。轩轩说："这个太斜了，滑下去头容易撞破。"小付认为，这个斜坡接近竖行，滑速会增加，人来不及反应。最后，孩子们放弃了爬行架。

新的坡道再次搭建完成，孩子们发现 KT 板和纸盒搭建的坡道一滑就破，于是合力寻找材料在 KT 板和纸盒下做支撑点。他们最后选择木质积木作为纸盒的支撑点，可由于积木块太小、不牢固，一滑就跑，纸盒坡道试行失败。而小付选择软胶垫作为 KT 板的支撑，但 KT 板也是一滑就跑，也失败了。

轩轩这次选择用两块长木板作为搭建坡道的材料，但是也遇到了问题：钢架雪车在木板上滑行容易跑偏，人一不小心就摔跤了，城城试行后认为是因为旁边没有防护的东西。于是轩轩开始寻找能够做防护的材料。小郑和城找来了跳马，放置在木板两侧，为轩轩的坡道增添了防护栏。最后，轩轩搭建的坡道试行成功（图 2-6-3）。

图 2-6-3　坡道试行成功

教师思考：第二次搭建坡道时，幼儿能互相帮助、通力合作完成坡道的搭建，他们追求成功的同时，也能伸手帮助对手。最开始搭建坡道的失败是由于幼儿缺乏这方面的经验，而最后在一次次的试行中，孩子们一致认为轩轩用木板搭建的坡道是最成功的，这离不开他们多次的失败经验。成功的坡道需要足够光滑、有坡度，不仅需够坚硬，同时还要有防护措施，这是孩子们通过不停地试误，构建出来的新认知经验。

（五）追求坡道细节美

轩轩的坡道滑行成功后，轩轩说："我们可以同心协力做一条跑道，如果一个人有了主意，大家同意的话，可以实施这个办法可不可取，不可取的话就重新商量。"城城认为，做赛道要注意小细节，要提前做好准备，先观察，再行动。轩轩在观察现场的时候提出了一个问题：合作搭建赛道的时候，有人不同意怎么办呢？小付赶紧喊道："我不同意！"轩轩马上说自己有一个办法，同意的人一起做一个赛道，那个不同意的人自己做一个赛道。城城认为"二人同心、其利断金"，合作能作出更棒的东西。我询问小付的想法，他觉得合作的过程中容易发生矛盾，决定自己一个人做。最后，小付一个人做一个赛道，其他三人合作搭建一个赛道。搭建时，轩轩队依旧选择长木板作为坡道，并且利用跳马、跨栏等材料作为坡道两边的护栏。轩轩队三个人合力率先完成了新坡道的搭建工作，并且滑行成功。而小付单人完成的坡道，选择有凹槽的塑料平衡木和弧形木作为坡道，滑行失败。

教师思考：在最后的钢架雪车坡道搭建过程中，幼儿已经出现了围合搭建行为，搭建已经很有目的性，轩轩队通力合作的赛道有了较高的水平。从刚开始的试试，到最后搭建的坡道两边的防护材料对称，使得造型富有美感，进而也能在搭建中提升幼儿对物体对现的美感。

三、游戏反思

（一）我们为什么游戏

1. 自发生成，自主选择

整个游戏活动的开展与推进都源于幼儿的兴趣。受冬奥会影响，班上幼儿对冬奥项目十分感兴趣。幼儿在区域游戏时自主选择滑板进行游戏，在幼儿园里到处寻找材料，设计线路，拼搭跑道，形成规则，自由尝试。

2. 问题导向，纵深探究

滑滑梯坡道为什么不可行？怎么搭建坡道跑道？这些问题随着游戏过程自然出现，幼儿每次都经历了"发现问题—提出猜想—行动验证—解决问题"的完整过程，创造了最近发展区。

（二）在游戏中习得什么

1. 发展了耐心坚持、勇敢试误的学习品质

游戏过程中，虽然天气炎热，但是幼儿始终沉浸在自己的游戏里，极富耐心，经历了试误、调整、试行等过程，保证坡道的顺利通行。面对坡道不容易搭建，容易从坡道上滑落等问题，利用提供的各种生活材料和玩具材料积极开展游戏，认真搭建。

2. 丰富了关于平面和坡面滑行的认知经验

搭建坡道的过程，幼儿主动提出更刺激好玩的玩法，经历了由平面向坡面的跨越，幼儿积极调动已有经验，选择木板、攀爬架、垫子等材料搭建坡面，在坡道试行的过程中丰富了对各种物品的特性认识，如垫子太软、摩擦力不够、不易滑行，初步了解了坡面倾斜度、不同坡面的摩擦力与滑行速度的关系。

3. 体验了美育中拼搭建构的对称美

游戏最后，幼儿在坡面滑行速度更快，两侧需要保护物的前提下，主动提出想要搭建更美的坡道，教师顺应这一需求，并投放各种材料供他们选择。根据已有经验，幼儿在坡道两侧增加防护物品，虽然经过多次试行后两侧防护物有所减少，但是在搭建过程中很自然地遵循了建筑物对称的原则，让幼儿在潜移默化中感受了对称美。

（三）我们还能怎么玩

1. 增加种类多、数量充足的低结构材料

对于幼儿来说，低结构材料的操作空间大，更能激发幼儿创造性的游戏行为，在后续活动中，我将继续投放纸管、PVC管等材料，引导幼儿探索更多不同的游戏和玩法。

2. 计划—工作—回顾式的探究学习方式

在本次游戏过程中，幼儿能经过同伴讨论（口头）和实际验证（行动）的方式解决在游戏不同阶段遇到的各种问题。但我班幼儿缺乏用记录的方式总结经验。因此在后续游戏时，教师可以有意识地提供纸笔等材料，引导幼儿将自己的游戏计划和探究过程做好记录，并利用记录表和游戏活动反思游戏行为。

3. 迁移坡道经验，运用日常生活

幼儿在本次游戏中已获得了斜坡滚物的经验，习得了坡面倾斜度、坡面平滑度与滑行速度的关系，在接下来游戏中，教师可给予幼儿充分的时间和空间，支持幼儿发现生活中的斜坡，探究更多斜坡经验，了解斜坡在我们日常生活的运用。

7. 有魔力的"多米诺骨牌"效应

红安县城南幼儿园　彭静　罗雨琴　占颖

一、游戏缘起

大班的孩子们好奇心和动手能力都很强，同时思维也比较活跃。在他们平时建构区的游戏中，孩子们使用各种材料进行搭建。刚开始，大家还自由自在地用材料玩着自己的游戏，有的孩子使用纸箱"拼接"出各种组合，还有的使用纸箱和积木摆出了漂亮的城堡……只见有三个孩子用深色和浅色积木按照颜色像"种树"一样排列在一起（图2-7-1），看着像"小森林"一样，在摆放过程中董新成不小心碰倒了一块积木，结果后面的积木一个接一个地都倒下了。程思语看到后，觉得积木倒下的过程很有趣，也学着让积木"不小心"倒下，他们的游戏吸引了很多小朋友，大家开始尝试使用工具进行推倒游戏。她们选择用摆放在地上的条状积木作为工具、用力一顶，积木就依次倒下啦！原来按照一定的距离摆放可以让积木依次倒下。万承悦说："这个推倒游戏真好玩，我们再来玩一下！"

图 2-7-1　积木搭建"多米诺骨牌"

二、游戏过程实录

（一）探索玩法，"绘出"各类图形

孩子们重新摆放积木，悦悦提议说："我们摆一个很长很长的长城吧！"大家都同意这个提议，齐心协力地开始搭建起来，不过在推倒后发现最后面的积木又没有完全倒，董新成说：是不是我们摆的距离太近了呀？于是两个人调整了积木的距离，再次推倒成功！

玥玥跑过来问："我可以加入你们吗？"他们的欢声笑语，吸引了更多孩子参与进来。李熙源说："要不我们试试用积木摆出各种形状吧？"他的建议得到了大家的认可，于是孩子们开始变换形状，发现有的形状没有推倒成功，董新成认真地分析原因："我们要把里面的积木挨紧一点，外面的积木隔远一点，一点点地倾斜，一个个慢慢转弯，这样积木才能全部倒下"于是大家调整积木的距离和角度，再次成功推倒，孩子们高兴得纷纷鼓起了掌！

程思语说：要不我们再试试多加几条"分岔路"吧！于是大家一起合作尝试搭建分岔路（图2-7-2）。看着搭建好的路，欣莹有些疑惑："这里这么多积木是不是太挤了呀？"他们发现分岔路口的三块积木要同时受力才能全部倒下，于是孩子们根据经验不断地调整分岔路口积木的角度和距离，最后积木像春天的花儿一样"绽放"开来！

图2-7-2　搭建分岔路

教师思考：根据自己的游戏经历来使用各种材料进行建构游戏，是目前幼儿园游戏活动的热门主题。孩子们初次尝试推倒游戏就给我们带来了很大的惊喜，她们尝试使用简单的材料来进行游戏，在孩子们摆放直线和各种形状的过程中，初步了解到积木摆放时要注意距离和角度，这样才能使积木依次倒下并且速度越来越快。在摆放分岔路口时，幼儿能够积极思考，互相合作，乐意听取同伴的意见和建议。为了让孩子们有更好的游戏体验，我们带领孩子来到了更适宜的场地，提供了更加丰富的材料以保证他们能够获得更沉浸的游戏体验。

（二）使用多种材料，丰富游戏玩法

为了让游戏变得更有趣。孩子们从两边分别搭"路"然后在中间汇合，根据前期分岔路的经验，他们又尝试加入多种材料进行推倒游戏，并且增加了架空的玩法——在圆柱体的积木上平铺一层积木，在上面继续竖着放积木。孩子们认为这样倒的效果肯定更好看。最后大家一起商量，把不同长度的积木结合放在一条路上，并且增加了三个分叉路，在"终点"放上叠成金字塔一样的纸碗；新成更是天马行空地给"路"加上了一个积木搭成的"桥洞"。

看着自己齐心协力完成的积木作品，大家感到非常满意；这时李熙源提出了自己的新思考："我想试试不用手就把积木推倒，这样行不行呢？"万承悦想了想回答道："要不我们试一试让积木滑下来推倒吧！"李熙源和万承悦找到了可以作为"斜坡"的木板，想在起点用"斜坡"让积木滑下来。可是第一次尝试时，积木并没有把后面的推倒，这是为什么呢？万承悦说："我觉得肯定是坡不够陡不够长。"于是大家又找来一块更长的木板，在木板一侧下面垫积木来架坡，通过反复地操作大家发现，积木垫得越高，坡就越陡，滑下去的速度越快、推力就越大！

试了几次之后，孩子们发现长方形的积木老是滑不下去。思雨想起了之前的游戏经历，圆柱形的积木滚起来"咕噜噜"的，试试那个圆柱积木！于是大家找来积木试了试，可是圆柱积木在往下滑的时候总是会偏离轨道。他们试着用手给斜坡做"围栏"，但是也不能把坡的两边都围起来。大家仔细思考，终于想到了好办法：使用纸箱和大号的积木摆在两边，这样就能让积木牢牢地卡在坡上！最后大家垫高积木，让圆柱形积木的推力变得更大（图 2-7-3）。

图 2-7-3 垫高积木

教师思考：《3—6岁儿童学习与发展指南》指出："支持幼儿与同伴合作探究与分享交流，引导他们在交流中尝试整理、概括自己探究的成果，体验合作探究和发现的乐趣。"[①] 孩子们在游戏的过程中，兴趣越来越浓厚，他们结合了更丰富的材料互相合作、融合创意，

---
① 刘健.自然流淌的音符[M].沈阳：东北大学出版社，2020..

并尝试自己创造出新的排列规律。同时教师又给予了幼儿充分的自由排列创新的空间,孩子们从推倒积木的角度思考并融入了创新元素,在面对各个环节出现的新问题时,能够结合自己的游戏经验与常识给出解决办法、发挥个性创意。尤其是李熙源和万承悦联想到了之前的游戏经历,通过有效地思维建构解决了"积木滑不下去"的难题。在孩子们探索架坡的过程遇到问题时,我们要给予充足的鼓励和肯定。通过启发式的谈话让幼儿初步了解到"坡度越陡,速度越快,推力越大"。孩子们在不断地探索中建立起了解决问题的自信,同时实现了前后游戏思维的连贯性以及科学知识体系的建构。

(三)不断思考挑战,收获成功体验

孩子试着在"起点"推倒积木,但是分岔路的积木太小了倒不下去。她们想到垫高积木,积木变高就能很容易地推倒后面的积木,孩子们再次尝试,唉!这次还是没能成功。董新成发现也许是路口积木太小,受力面积不够,于是他们把"路口"的积木调整成了纸盒,并认为纸盒比原来的积木更大更高,倒下去肯定力气也更大!再次尝试后,结果纸盒太沉了倒不下去,这可让大家犯了难。这时李熙源提出自己的想法:要不我们在纸盒前面放上长条积木,长条积木倒下去的"力气"肯定更大。大家尝试过后发现力量还是不够,于是大家决定在纸盒前摆放三块积木,三块积木前再加两块积木,错缝摆放,这样积木倒下的力量逐渐增大!积木可算倒下去了。这时,在终点处万承悦大声求助老师:"老师老师,我们的金字塔没有完全倒下去啊!"于是我们老师启发孩子们开动小脑筋一起解决问题。李熙源沉思了一会儿,找出了问题所在:"我们的金字塔要搭得和前面的纸箱一样宽,这样金字塔才会全部倒下去!",于是董新成带着小伙伴们重新搭建金字塔。

"3,2,1!"起点坡上的积木缓缓滑下,孩子们随着一片片倒地的积木而奔跑着、欢呼着,在金字塔倒地的那一刻他们互相拥抱在一起,他们大声呐喊着"我们成功啦!我们成功啦!"

教师思考:《3—6岁儿童学习与发展指南》指出:"要充分尊重和保护幼儿的好奇心和学习兴趣,帮助幼儿逐步养成积极主动、认真专注、不怕困难、敢于探究和尝试、乐于想象和创造等良好学习品质。"[①] 与此同时,孩子在游戏的过程中了解了"推倒的原理,只要距离和角度摆放合适,第一块积木倒下的时候就能推倒后面的积木并且速度会越来越快",幼儿将知识经验运用于问题解决之上,体现出了幼儿在游戏中的智慧建构与综合成长。

在游戏中幼儿向老师求助时,老师应该及时给予幼儿适时、适宜、有效地支持与回应。启发幼儿讨论和思考,引导幼儿寻找问题的思路和方法,促进幼儿游戏深入和持续开展。

---

① 董吉贺. 山东省幼小衔接指导手册 [M]. 济南:山东教育出版社,2022.

三、教师小结

（一）游戏价值与成效

"推倒游戏"是基于幼儿兴趣和自主探索生成的新的学习点，在幼儿游戏中，教师应当尽可能地扮演好"观察者""支持者"和"引导者"的角色，在此次的活动中，我们为幼儿提供了丰富的游戏材料、不断优化游戏活动场地、给予了幼儿鼓励和正向支持，保证幼儿能够实现更多的创意。幼儿作为游戏中的主体，运用多种材料、逐步渐进的思路和步骤进行由浅到深的探索活动。在游戏中，幼儿获得了丰富的认知、激发了创造力和探索欲望：第一，幼儿通过推倒游戏得以熟练地使用材料来表达自己的创意和想象，能够通过积木组成各种各样的形状、丰富"游戏"的各种细节、在起点和终点处想出天马行空的玩法，实现了创新思维的培育和发展、基本动作技能的掌握。第二，孩子们在游戏过程中通过集体智慧和深入的互动沟通，使得在游戏中遇到的各种问题都能迎刃而解；借助生活经验以及前期的游戏经验，在游戏中互帮互助，使幼儿学会了探索与合作，形成了和谐的人际关系。第三，趣味游戏不仅激发了幼儿兴趣还让幼儿体验到了成功的快乐，同时也让孩子们明白了在面对困难时勇于挑战并坚持不懈才能成功的道理，逐步养成了幼儿自信、阳光、勇敢、坚强的个性品质。

（二）今后的游戏设想

今后的游戏设计之中我认为从两个方面出发能够更好地丰富幼儿园的游戏活动体系，一是从"平面"推倒游戏拓展到更加"立体"的塔形、圆柱形推倒游戏，将常规的建构游戏与多米诺骨牌结合起来，为幼儿玩耍开拓创意空间；二是在现有的游戏经验和基础之上，带领幼儿探索其他积木的利用，即用多种形状和材质的积木搭建，将建构区游戏与"美工区""体育区"等区角相结合，创设综合多元的自主游戏。

8. 探秘管道

团风县思源幼儿园　谢佳琦　方玲　汪丽君

一、游戏缘起

在一个雨后天晴的上午，我带着孩子们到户外散步。"哇，你们看！"原来孩子们看到路边堆放的黑色管子，大家都好奇地围了过去（图2-8-1）。"这些管子又长又粗，还黑黑的，这是做什么用的？"一个孩子好奇地问道。"我看到大人用这个来修建水管。"

这一次与水管的初遇,开启了孩子们的管道探索之旅……从幼儿园洗手台下面的管道,到科技室的墙面管道,都是孩子们探索研究的对象。

图 2-8-1　发现管道

二、游戏过程实录:

(一)设计管道

经过对管道的一番探究后,朵朵小朋友建议道:"管道好神奇呀!要不我们自己设计一个管道?""好呀,好呀!"其他小朋友非常赞同她的想法。于是他们就大开脑洞,开始自己设计管道。"你这里设计得有一点点高。""你看,这里和这里是连在一起的。""这里是弯弯的。""下面可以加上支撑架。"

教师思考:孩子们对于生活中的一切事物都有着好奇心,探索欲望强,水管虽是生活中常见的东西,但对于孩子来说却是极好的探索性游戏材料。教师在发现了幼儿的探索兴趣点后,能创造较自由宽松的环境让幼儿自己设计管道游戏,并提供了较丰富的材料让幼儿尝试,给予了幼儿进行自主游戏的条件。

(二)初次搭建管道

孩子们拿着自己绘制设计的管道图来到了沙水池,在器械柜里拿出了他们需要的材料,在沙池里开始了他们的搭建工程。不一会儿他们就把主体的管道拼搭出来了,但是刚架到底座上,有一处就断开了,刚把这边接上,那边又断开了。试了几次都没能成功,悦悦说道:"这管子上有沙子,我们插不紧。""那我们把上面的沙子清理干净吧。"夏夏说,"也不行,清干净了,放沙地上又会有,要不我们换个地方吧?"于是他们把搭建管道的材料都搬到了旁边的草地上。

教师思考:进入大班后,孩子们的管道积木搭建水平有所提升,掌握了拼插、组合等技能。在沙水区,PVC管道激发了幼儿对材料的探索兴趣,他们选择不同的游戏形式,自然地连接长短不一的 PVC 管道。初次在沙池里搭建，沙子使管子难以拼接，强行拼接后难以拆开。孩子们在尝试中直观地认识到 PVC 管道与沙水池游戏场地的不适宜，于是将游戏场地转移到平坦的草坪上。

（三）水流在管道中停住了

在草地上搭建管道没有沙子的困扰，使得这一次的搭建比较顺利，很快地孩子们就三三两两地在一起把管道拼出了不同的造型（图 2-8-2）。"我再去拿一截吧。""先把管道拼了，然后再连接。"

图 2-8-2　拼搭管道

过了不一会儿他们又把管道组合到了一起，然后架到高矮不一的底座上，看着拼搭好的管道，孩子们非常激动，迫不及待地想要试试搭建好的管道游戏。他们拿来了水注进管道里，但是水流到一半，在一处较低的地方停了。"不是搭高的问题，是漏水，这里漏水了。""这里需要加固！""我觉得这两个需要低一点。""先倒一点水试试。"有小朋友把管道抬高让水流出去，也有小朋友作出了相应的调整，但最后还是以失败告终。"我这边的拼好的！你的呢？""我的也拼好的，我们来试试！""倒水啦！""等等！这边还没拼好，要等等我们。"回到班上后，我把问题抛给了孩子们："你们知道为什么会失败吗？为什么水流不出来呢？"孩子们思考了一会儿后说道："管子没安紧"，"有的地方拼太高水流不出来"，"我们没有团结合作""支撑架安装不准确"等等。"那我们下次要怎么搭建呢？""团结合作，管子要安紧。""我们要用架子，从高到矮地搭。""架子个数可以从 1 到 10……"

教师思考：在第二次搭建管道的活动中，孩子们非常活跃，但他们只是按照自己的想法去操作，没有深入思考如何优化连接和方向。由于各自为战，时间和精力被浪费，最终虽然完成了，但由于管道顺序混乱，水无法顺利流出。教师发现问题后，组织孩子们进行总结，鼓励他们主动思考。孩子们通过讨论，掌握了搭建管道的方法，并开始形成自主思考和解决问题的意识。

（四）合作拼搭，水和球顺利通过管道

经过前几次的失败，孩子们积累了经验，总结了失败的原因。信心满满地准备第三次的管道搭建。这一次，孩子们学会了分工合作，自动分成了两组，一组孩子搭建主体管道，另一组孩子搭建底座架（图2-8-3）。搭建过程中，负责的小组长还时不时去检查做底座架的进度，并指导他们，"你们要从高到矮的顺序来做，10、9、8、7、6、5、4、3、2、1。"很快两组所负责的搭建工程完成了，于是他们一起合力把管道抬了起来，将底座架从高到矮的顺序，依次放到管道下面，整个管道的搭建工程终于完工啦！接下来，他们迫不及待地想拿球来试玩一下，可是球在倒数第二节管道那里停住了。发现这一问题后，孩子们马上就开始尝试解决的办法；雯雯说："这里要抬高一点。"于是悦悦及时做了调整，增加了一个底座架。这一次球终于顺利地通过了管道，孩子们都开心地欢呼起来。后面，贝贝和夏夏还提议到创新的玩法："可以用水加球一起玩。"他们先一起数着球通过管道需要多长时间，再数水和球一起通过管道的时间，通过几次实验，最后他们得出了结论："水有一定的冲力，水加得越多，球速越快。"

图2-8-3 分工合作拼搭管道

教师思考：明显可以看得出来，第三次搭建的过程是非常顺利的。从小组长、分工合作、再到一起合作中可以看得出孩子们思路是非常清晰的，分工是非常明确的。孩子们用成功验证了他们的表现。搭建成功后孩子们还能想出不同玩法，验证结果，还能用完整的语言进行总结。

（五）探秘管道，分支水流

在户外活动时，我发现他们坐在一起探讨着什么，便凑了过去。原来他们还在讨论着管道搭建的一些想法。"我想到了不同的玩法，我想试一试。""什么想法呀？""我们可以加一点其他东西一起搭建。""我知道的管子有：吸管，还有教室里玩具小管子。但是都好小！""教室里的矿泉水瓶子也好像管子，但是只有一个开口。""不行，那些都用不上。""我看到柜子里，还有不一样的管子，我想用上。""那我们去看看吧。"说

完他们就去柜子里找他们说到材料,并把它们搬到了操场上。并熟练地开始拼搭起来,边拼搭边思考着如何把不同的管子加进去。"这个管子需要接头才能连接。""直的这边可以装一个大接头,另一边装一个伸缩管的接头。""伸缩管子小,容易松,还会漏水。""把你手里的那个给我,你们看这个需不需要呢?"孩子们争论到底用哪种管子。"两边可以作出不同的路线。""伸缩管都不合适,也没那么大。"搭建过程中发现与透明管子大小不一样,连接不了。"这两边都可用这个,像滑滑梯一样,然后用两个盆子接水。"想法一致通过后,管道的搭建也基本完成了,孩子们就开始架起管道。"我们把支架要放在弯头下面。"到了最后装"滑滑梯"环节,怎样安装才更合理呢?"在这下面放个盆子。""不是,要放一个支撑架、两个支撑架。""'滑滑梯'要斜一点,水才能流下来。"为了抬高"滑滑梯",孩子们把底座支架统一加高了。"这里低了,水上不去。""低了,那就再加支架呀。"完成后,孩子们就开始装"滑滑梯"了。搭建工程终于完工啦!孩子们迫不及待地加水试玩了起来。"哇,成功啦!"这时,有两个善于观察的小朋友发现,管道分支,水也可以同时从两边的管道流出来。"管道分支了,水竟然还可以通行。而且,直管道这边的水大,分支这边的水小。"为了验证他的想法,孩子们反复试了几次。"真的,你们看,这边的水小,那边的水大。""总结哥"成成上线,总结道:"直的管道冲击力更强,水流就大;弯的分叉口不容易进水,水流就小。"管道游戏结束后,孩子们相互合作拆分管道,虽然有些吃力,但孩子们坚持完成了收纳整理工作。

教师思考:有了之前的经验,孩子们对管道游戏的兴趣持续高涨,他们讨论使用更多材料和解锁新玩法。这表明孩子们在游戏中善于探索和创新。添加更多材料后,搭建时出现了一些问题,如管道大小不一、缺少合适的连接头。孩子们通过交流、尝试和总结,解决了这些问题。他们观察到管道分支影响水流大小,并进行了总结。每次尝试不仅带来快乐,还让他们有所收获和提高。孩子们喜欢这种玩中学、学中玩的学习方式,并享受自主探索的空间。

三、游戏反思

(一)自主探究管道,充分激发幼儿的游戏兴趣

孩子们由"初遇水管"而引发的话题,激起了孩子们的兴趣。他们开始自发地在家里、幼儿园里探索一切与管道有关的事物,并且乐在其中。而探索科技室的墙面管道游戏,完全激发了幼儿探索管道的兴趣。惊叹神奇之余,就有小朋友提出想设计属于自己的管道游戏,并且这一想法得到了其他小朋友们的一致认同。孩子想象自己心目中管道的形象,并将其描画出来,以此将其与现实生活中的水管进行对比,不断发挥他们的想象力与创造力,提高其建构管道的兴趣。

（二）幼儿在自主探究管道建构游戏中，提高了游戏质量

幼儿受年龄与认知能力的限制，他们在管道建构游戏中经历以下三个阶段：第一，摆弄阶段，这时他们只是将建构材料看做成为一块"饼干"，对其没有真实的认知。第二，反复阶段，此时他们只会简单地将建构材料进行拼接或架高。第三，架空阶段，此时他们已经会进行空间上的建构。在经过前两次失败之后，教师及时暂停了游戏，回到教室后，教师反问幼儿：为什么会失败？引发孩子们主动去思考。从孩子们的回答中，可以看出孩子们是真的投入了游戏中。发现了问题，思考问题，从而尝试自主去解决问题。在后期管道搭建成功后，孩子们还能想出不同玩法去尝试，并去验证结果，再用较为完整的语言进行了总结。

（三）教师的支持与回应

《3—6岁儿童学习与发展指南》中提出的，孩子们愿意与同伴共同探索，并能相互交流，在探究中认识周围的事物和现象。在整个游戏中，我只是一个观察者、引导者，我既没有规定游戏的玩法，也没有过多的指导，在孩子们遇到问题的时候，我通过启发提问的方式，把问题再抛给孩子，让孩子自主去思考搭建过程中出现的问题，再引导幼儿相互讨论交流，找到了解决问题的办法。在孩子们创新想到不同的玩法后我也并没有急于去告诉他们结果，而是让孩子自己通过游戏，从中获取知识经验，并得出结论——（1）水有一定的冲力，水加得越多，球的速度越快。（2）直的水管加水后冲击力更强，弯的水管及分岔口水流会变小。

（四）不足之处及活动延伸

在整个游戏推进的过程中，游戏开发过少，游戏形式较单一，材料的丰富、多样性不够。在后续的游戏中，我将引导幼儿自己去发现生活中不同的管道，设计不同的玩法，进行不一样的组合搭建，适当增加游戏难度，从而让他们去挑战游戏。

9. "筒"乐无穷

黄梅县幼儿园　岳欣　冯珍

一、游戏背景

户外活动时，孩子们总是喜欢去积塑区玩彩色滚筒，有的把它们堆在一起玩打地鼠、有的连在一起变成隧道……

二、游戏过程实录

（一）初探滚筒

户外自主游戏时间到了，伴随着欢快活泼的背景音乐，孩子们奔向宽阔的操场，他们发现了新投放的材料——白色滚筒。第一次接触滚筒，孩子们都想来试一试。有的推，有的钻，有的骑，还有的把滚筒当床、木马……涵涵和好朋友越玩越起劲，在滚筒里滚来滚去、爬上滚筒骑马、玩"对战"游戏……

教师思考：对于滚筒，孩子们都表现出了极大的兴趣，在游戏过程中，幼儿会选择自己熟悉且安全的方式进行游戏，他们会关注物体的多样性，并联系生活经验，探索各种方法。

（二）挑"站"滚筒

1. 尝试上滚筒

孩子们把3个滚筒推着靠在一起，都想试着站上滚筒。师："试一试可不可以站在上面？"君鸣："我不敢上"。君鸣爬上去后想站起来，但滚筒总是在动，他弯着腰跪在上面，嘴里不停地喊："扶着，扶着！帮我扶着。"天天尖叫着站了起来，君鸣还是不敢直起身子。涛涛和乐乐想帮助君鸣，他们一直用力稳定滚筒，可君鸣还是不敢站起来，只是跨坐在滚筒上。

教师思考：滚筒对于孩子来说是比较笨重的大型器械，对力量、平衡、协调能力都有一定的要求。君鸣在平衡协调能力上较弱，因此对于不擅长的事情就表现得不敢挑战。

2. 协助上滚筒

君鸣虽然没有站上滚筒，但是听到涛涛想要人扶着的请求，便立即帮忙扶住滚筒。

乐乐："慢慢往前移动。"橙橙和乐乐扶着滚筒向前推，乐乐怕天天掉下来，时不时想牵他的手，天天在朋友的帮助下尝试了几次，终于能往前走动（图2-9-1）。小朋友们兴奋地边拍手边大喊："哇！好厉害！"他们的欢呼声吸引了更多的小朋友来尝试和体验。君鸣看到天天顺利上筒并会走动，想上但又不敢。听到老师和朋友可以帮忙，君鸣再次尝试站上滚筒，但还是不敢站直，只是在周围观看别人站上滚筒。师："君鸣来试一下。"君鸣边站上滚筒边喃喃自语："我不敢，我不敢，啊！我不敢啊！"（好不容易站起来，又掉下去了）"我扶着你。"君鸣反复尝试，刚站上去，就吓得尖叫起来，总感觉站立得不是很稳。文博看到小朋友都站了起来，还想再试试！看到文博一直蹲在滚筒上，不敢站直，我便问他："需要帮忙吗？"他点了点头。当然，其他小朋友也会试着找老师帮忙。

图 2-9-1　协助上滚筒

教师思考：君鸣、文博对于站上滚筒这一技能的认知处于尝试阶段，自己发现了问题的存在，但就是不敢站上去。他获得站上滚筒这一动作的整体认识，但只注意细节却忽略了重点——动作缺乏协调与控制。在滚筒游戏开展之初，对于放手的度很难把握。教师就应放手让孩子自己商讨解决，不急于介入和参与。

3. 借物上滚筒

有了同伴的经验，孩子们继续探索上滚筒。君鸣把滚筒推向墙边，扶着墙站了上去（图2-9-2）。他发现，扶着墙壁站上去似乎更容易。很快他又拖来一个绿色滚筒，把它立起来抵住滚筒，果然很轻松地又站了上去并走起来。一旁的小朋友也纷纷效仿，试着扶着墙壁上滚筒。

图 2-9-2　借物上滚筒

教师思考：君鸣通过一次次的挑战和尝试，从害怕上滚筒—尝试上滚筒—互助上滚筒—扶墙上滚筒—成功在滚筒上行走，这一过程中，他的耐力和坚持性得到了充分的体现。

原来张开双臂保持平衡就可以站在滚筒上向前行走，君鸣立刻笑了起来，真的向前走了！"我不用张开手臂就可以向前走！"彦博突然大喊着。小朋友们向他投来了惊奇的目光。回教室的路上，孩子们纷纷请教彦博怎么在滚筒上走那么远。回到教室后，孩子们还在激烈地讨论着滚筒区的事情。睿睿:"我踩了双人滚筒,他们一起加入了,虽然我掉下来了,但掉下的次数很少。"彦博:"他是张着腿的,要并拢。"楠楠:"我跟彦博一起站在滚筒上,我不敢就跳下来了,彦博还在滚筒上行走。"孩子们的想法各种各样,简单地向前行走已经满足不了他们,于是我们开起了滚筒游戏大挑战。

教师思考:彦博是一个运动能力较强的孩子,经过多次游戏后,能熟练控制滚筒的速度和方向,动作反应速度也加快了。他对滚筒充满探索热情,目的性不断增强,专注力也得到了提升,此次活动成功让他增强了自信心和成就感。

(三)相约"筒"上

孩子们变得更勇于尝试,每天都有让人眼前一亮的玩法:可能一人单筒向前、滚筒比赛、双人滚筒、一排齐走、滚筒互换、滚筒换方向……有了前期的经验积累及同伴的榜样力量,孩子们不断创新变换玩法,勇于挑战自己,并能与同伴相互合作。活动结束后,孩子们赶紧把自己的玩法记录下来,互相分享交流。

1. 互换滚筒

文博:要向前跳,不能向后,向后看不到的!彦博:文博,我要到你的滚筒上面去,我们交换吧!君鸣说:"我们要一起走,速度就要一样,不整齐就会摔下去的!"

教师思考:一次次的挑战激发了孩子的探索欲望,和同伴一起共同游戏的愿望,在游戏前孩子们有了明确的目的,他们勇于探究多人滚筒的方法,保持平衡,并追求游戏的结果,尝试出更多新的玩法。

2. 滚筒大王比赛

将近一个月的滚筒游戏,孩子们玩得乐此不疲,楠楠建议把滚筒推到一起并排来玩滚筒大王比赛(图2-9-3)。孩子们都很激动,聚在一起制订玩法和规则。经过几次比赛后,孩子们发现君鸣虽然走得慢一点,但最后他也能稳稳地赢得比赛,而在筒上走得快的彦博,虽然速度快,但有时会掉下来。

图 2-9-3 滚筒大王比赛

教师思考：幼儿从最初的单独游戏到后来的合作游戏，极大地推进了游戏的深入进行，同时平衡能力和协商合作能力也得到了进一步提升。游戏中教师始终以观察者的身份参与陪伴，充分尊重相信幼儿，鼓励幼儿实践探索。

（四）滚筒遇见

孩子们找到了更多的游戏材料，在一次次探索中呈现出更多的新玩法。户外活动又开始啦！楠楠找来晨练器材——三角筒和长棍组合在一起，当成篮球架。君鸣拿着球想要上筒投篮，可他一拿到球就失去平衡，好不容易摇摇晃晃地上来了，又一次掉下去。最后他找来三角桶抵住滚筒，不断地调整上筒方法，最后终于成功地完成筒上投篮。经过几次试玩发现，球一投进去，"篮球架"就容易倒，但楠楠很快想到了解决办法，但试了几次都失败了，我及时提醒，引导她发现问题。后来，她又去搬来彩色滚筒，将"篮球架"放进彩色滚筒里面，这次，总算成功了。

教师思考：游戏材料是开放的，没有限制孩子拿取，无限的组合，多变的游戏，使得孩子们的注意力从滚筒上逐渐转移，转移到了别的材料上。教师应给幼儿提供丰富的材料，鼓励幼儿不断探索。

三、游戏活动反思

（一）幼儿在快乐游戏中发现可贵品质

幼儿在玩乐中，既体验到诸多快乐，又展示并磨砺了可贵的精神。

1. 富有想象力的创造精神

幼儿凭着可贵的童心和神奇的想象力，从单人单筒到多人单筒，从两人走到三人走再到交换走，利用现有材料开发滚筒新游戏，无不展现出幼儿可贵的创造精神。

2. 富有勇气的挑战精神

幼儿在新事物的探索中，除了好奇心的驱使，更需要勇气的加持，敢于直面挑战。幼儿在这一活动中展示出自己的个性，并通过尝试、实践，收获了成功的快乐。

3. 富有合作意识的协作精神

活动中体现了幼儿可贵的合作意识，互相协作，展示出同伴之间的纯真友谊与团队观念。

（二）教师在创设活动时扮演多重角色

教师是幼儿活动的引导者、记录者、观察者。

第一，始终坚持以幼儿为主体、教师主导的原则。教师的主要任务是观察、记录幼儿在活动中的表现，发现每个孩子的闪光点。

第二，始终坚持适时、适度地介入引导的原则。老师在观察中适时地引导，适度地介入，及时提供必要的支持。

第三，始终坚持用爱去教育、智慧思考的原则。在活动中，要倾注爱心，把教育放在心上，聚焦在眼底，智慧地思考。

（三）为游戏提供全方位的支持

《指南》强调，要最大限度地支持和满足幼儿通过直接感知、实际操作和亲身体验获取经验的需要。教师在理解幼儿的学习方式和特点的基础上，追随幼儿，解读幼儿的滚筒游戏，促进孩子深度游戏。在后期材料投放上，应更注重材料的多样性和整合性，让幼儿能更大限度地去组合使用材料探索更富创意的游戏，使玩法更加多变。

10. 滚筒变变变

黄冈师范学院附属幼儿园　徐阳　詹琳琳

一、游戏缘起

幼儿园新采购了一批户外活动器材，对于新鲜的事物孩子们总是充满好奇的，其中又高又大的滚筒率先引起了孩子们的注意。

在初次运用滚筒游戏时孩子们兴致高涨，都喜欢钻进滚筒里面，跟随滚筒来转动（图2-10-1）。但在搬运滚筒时遇到了难题，滚筒只有一面可以在地面上滚动，可以直着向前却不会拐弯。孩子们陷入了僵局，基于此问题，我组织孩子们展开讨论并实验，成功完成滚筒转弯的操作。

图2-10-1　钻滚筒

二、游戏过程实录

（一）滚筒"隧道"

在经过前期的游戏经验准备后，孩子们对滚筒的操作越来越熟练了。运送滚筒、合作游戏、滚筒转弯，这些都难不倒他们。突然我发现霏霏和月月意外把两个滚筒滚到了一起，原本短短的滚筒变成了长长一条滚筒，孩子们把它变成了"隧道"，在"隧道"里来回穿梭（图2-10-2）。由于"隧道"只有两节，穿行的速度很快。霏霏和月月一伙在穿梭了几次"隧道"后，便对它没有了兴趣。还有两个伙伴被别的组合吸引过去了，于是"隧道"游戏终止了。

图2-10-2 滚筒"隧道"

金桥和荆齐在操场上推着滚筒跑来跑去，两个滚筒忽然撞在了一起。滚筒又变成了孩子们喜欢的工具，比拼着谁的力气更大，并且都开始呼喊伙伴来帮忙。游戏的氛围越来越热闹，操场上的其他孩子听到声音也推着滚筒过来了，所有的滚筒都被孩子们加入了比力气的游戏中。

教师思考：在充分熟悉滚筒后，孩子们能利用滚筒玩出更多游戏。但由于前期游戏都过于简单，没有挑战性，并且游戏时间普遍不长。教师在这个环节没有马上介入游戏，而是选择暂时观察，等待孩子们表现出游戏兴趣点。果然孩子们马上又发现了新的游戏，并且由于是孩子们自发开展的游戏，因此挑战性更强，自主性更高。

（二）滚筒"桥"

在五个滚筒都聚集到一起后，突然有孩子尝试爬到滚筒上面去，其他孩子看到了也纷纷效仿，争相爬上去。在三个小朋友爬上滚筒后，凯凯突然叫道："快下来，滚筒它要跑啦！"

原来上去的小朋友多了，滚筒没有办法固定住会从两边滚走，该怎么解决这个问题呢？霏霏想到"只要有小朋友像刚刚我们玩比力气游戏时在两边推它，就不会跑啦！"金桥和漫漫主动站在滚筒两边帮忙固定，让其他孩子都顺利爬上了滚筒。

但是一个小朋友的力量有限，滚筒还是会因为上面的孩子动作而滚动并不稳固。帮忙固定的小朋友也想一起玩，怎么办呢？凯凯和金桥发现了操场旁的木头长凳，把它摆在了滚筒的一侧，惊喜地发现长凳阻拦住了滚筒，固定住了它就不会滚动啦！工具的利用给了孩子们极大的启发，开始纷纷寻找起操场上散落的各种器材，开始了浩浩荡荡的"搬运"工作。孩子们拉来了小火车、轮胎、木头长凳等，把它们堆积在滚筒的两侧，用来固定滚筒，滚筒稳固后，就有孩子已经迫不及待地爬上滚筒开始游戏，也有的孩子觉得滚筒不够稳固，继续搬来各种器材。

孩子们在滚筒上游戏时，一个轮胎意外被放在了滚筒上。孩子们看到后又有了新主意，要在滚筒上面增加障碍，把五个并在一起的滚筒变成一个障碍赛道。

教师思考：游戏渐入佳境，从兴起的偶然发现，到努力解决的游戏难题。教师把自己隐入暗处，充分给予幼儿想象思考的空间，从简单的力气对抗，到滚筒桥。最大的难题就是如何稳固，不使滚筒散开。孩子们发挥自己的创造思维，在发现人力支撑没有办法稳固滚筒时，凯凯和金桥马上发现了身边的物品，并加以利用。所有孩子自发地开始寻找能够稳固滚筒的器材，一起使游戏继续进行下去。

（三）设计滚筒赛道

在上一次游戏活动中孩子们突发奇想，准备利用滚筒来制作一个障碍赛道（图2-10-3）。但由于经验不足，轮胎没有办法在滚筒上稳固住，赛道的制作陷入僵局。我及时停止游戏，并带领孩子们回到教室进行修整，总结游戏经验，引导孩子发现本次活动没有继续进行下去的原因。培源说："因为滚筒老是在晃动，没有办法一直固定。"芮芮说："我们不知道还有什么材料可以用来固定和制作我们的赛道。"

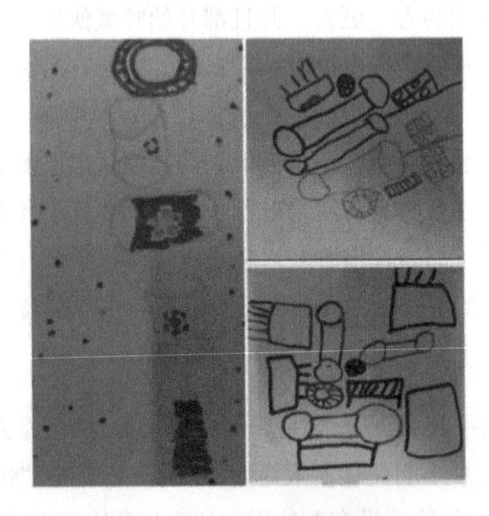

图2-10-3 设计滚筒赛道

针对孩子们提出的问题，我带领他们回顾操场上的运动器材，丰富知识储备。再请孩子们在纸上设计自己的赛道模样，一起讨论出最好的设计稿，在下次游戏时就可以根据设计稿进行搭建。孩子们拿起画笔在纸上设计出千奇百态的赛道，并介绍用到了什么器械。

教师思考：滚筒赛道的搭建在刚开始时陷入了僵局，教师在发现孩子们因为已有经验不足，还不能完成游戏时，及时地暂停了游戏。回到教室进行游戏小结，引导孩子发现问题，并解决。在发现对于器械种类不够了解后，教师带领孩子们回顾操场的器械。并请孩子们先设计，再绘画，然后一起讨论方法的可行度，并推选一个最佳方案以供下次游戏时实施。

（四）再次搭建滚筒赛道

在经过讨论评选后，孩子们对搭建的滚筒赛道已经有了初步的想法。再次来到操场后，孩子们首先解决的是上次如何固定滚筒的难题，他们找来了攀爬用的木制梯子，几个孩子为一组搬来了几个大的架子和木梯子用来固定滚筒，搭建赛道的雏形。

在初步搭建后，几位实验员来验收赛道合不合格。验收时他们遇到了第一个问题，木架子固定住了滚筒不让它滚动，但是它中间的缝隙太大了，攀爬时没办法直接跨过去。而且由于太高了，凯凯从木架子的缝隙掉下去了，而漫漫有点恐惧不敢过去该怎么解决呢？我站在一旁没有出声，木架子的器材我们玩过几次，孩子们的前期经验是足够的，不知道他们能否自己解决难题。玥玥发现了这一情况，马上从器材收纳架里找到了一块小的木板，俪昀帮忙一起放在架子上。这样架子中间有了一块小桥，可以安全通过了！

赛道的起点处已经搭建完毕，已经有孩子忍不住开始体验了，在走到赛道中途时发现了第二个问题。滚筒过后的赛道连接处东西太多了，没办法安全穿过。而且东西杂乱行走也不安全。怎么办呢？孩子们马上作出了决定，全部拆掉吧，重新再搭建！拿掉滚筒和木架子之间的障碍物，这下就能安全进行游戏了！赛道继续搭建，终于在孩子们齐心协力地努力下全部搭建好了！

教师思考：孩子们再次进行游戏时遇到了两个难题，"固定滚筒的木架子中间太宽了，没办法直接跨过去怎么办？"和"滚筒另一边固定的物品太多太杂乱了，没办法安全通过怎么办？"

第一个问题因为孩子们有玩木架的前期游戏经验，所以问题马上解决了。让我惊喜的是他们遇到的第二个难题，在发现因为物品过多而没办法继续游戏时，孩子们没有犹豫，果断地选择了拆除。在游戏中摧毁远远比建造要容易，许多孩子在搭建积木时往往都会因为别人不小心破坏搭建而发生冲突。这次的游戏搭建中，孩子们却能主动提出拆除，让还在担心游戏进程的我非常开心。孩子们不会因为一时的挫折而放弃，而是能够马上发现问题、解决问题。这让我越发期待孩子们在今后的游戏过程中的良好表现。

11. 轮胎嗨翻天

英山县县直机关幼儿园金铺园区　徐柳　张泺　沈汨

一、游戏背景

生活中任何的废旧材料经过改变都能成为儿童喜欢的玩具材料。为了拓展低结构材料的玩法、给幼儿提供丰富的游戏材料木板及游戏空间，我们将废旧的轮胎经过简单加工投放给孩子。希望幼儿通过自主探索去发现它的多种玩法，从而实现促进身体机能协调发展的同时，引发幼儿在探究过程中的深度学习。

二、游戏过程实录

（一）怎么玩轮胎

户外活动时，孩子们在草坪上看到轮胎，他们很感兴趣地围了过去，并尝试着用不同的玩法玩了起来。

教师的思考：通过观察初次活动，发现小朋友通常都是单个进行简单重复的探索。在老师一次一次地提问和促进下，小朋友进行了创意玩法，在玩的过程中他们逐渐体会、感知到了玩轮胎的技巧、方法。

（二）探索轮胎新玩法

经过一段时间的自主探索，孩子们的兴趣减退，老师引导道："那想想其他玩法吧！"孩子们都踊跃发言。"我想到了，可以把轮胎立起来钻过去"大家听了很感兴趣，于是将轮胎推了过来，形成了一个隧道式的山洞。

过了一会，孩子们发现做山洞的轮胎都自己滚开了，这时，一个孩子提议："我们需要扶住轮胎"，"那扶轮胎的小朋友该怎么玩儿呢？"经过讨论后小朋友们发现需要轮流进行游戏。

每两个小朋友为一组，扶住一个轮胎，两位小朋友出发，钻出山洞后去到最前面交换第一组幼儿，以此类推，依次进行交换。玩了一会儿，一个小朋友想到在山洞轮胎的两边放两个轮胎扶住，这样就可以让所有小朋友一起来玩钻山洞的游戏！

教师的思考：此轮游戏涉及了两个人和多个人的合作。在这一时期同伴合作的游戏形式更能促进小朋友们相互学习，教师的介入也避免了幼儿进行重复的低水平的游戏，提高了游戏的难度。

材料调整：由于单独玩轮胎时间较长，容易变得枯燥，经过小朋友们与老师的讨论，开始在幼儿园内寻找材料。

（三）轮胎的"N+1"种玩法

长时间地玩轮胎，大家的兴趣丝毫未减。这一次，老师把小朋友们发现的材料收集到一起，让小朋友们自由选择进行创作。探索出了轮胎的第"N+1"种玩法。

教师的思考：轮胎和木板的组合带来了创意，在操作中轮胎发挥了不同的功能。通过"轮胎和木板一起做游戏"等问题让幼儿观察感知、亲身体验、动手操作获得了丰富的经验。

（四）"轮胎嗨翻天"

经过几轮的游戏，小朋友们开始自己探索摆放和搭建，探索出不同的玩法。

关卡一："独木桥"。

关卡二："翻山越岭"。

关卡三："过阵地"。

片段一：xxx和几个男孩子将梯子和木板搬到轮胎旁边，搬最后一个梯子时xx发现梯子摆放两头大小不一致，这时一个男生抬起梯子的另一头作为支撑点，xxx则将梯子的另一头关起来，旋转之后把梯子用力往前推，很快就把梯子摆放整齐了，开始玩梯子。

片段二：玩了一会儿，几个小朋友尝试着将轮胎垒高后爬上去玩，他们先铺好第一层，再摆第二层，摆的时候还会留出一点空隙，就像台阶一样。他们发现当第二层和第一层轮胎数量一样时，就没有空隙了，只能减少轮胎的数量搭建。搭建到第四层觉得太高了，他们就停止了。搭建好后，才翻过去一个小朋友轮胎山就倒了，经过商量，孩子们把大轮胎放下面，小轮胎放上面。

片段三：有一片轮胎平放在地上，几位小朋友发现了新玩法，他们有的手脚并用爬过轮胎；有的踩着轮胎的边缘走过梯子；有的从轮胎的中间洞中走过去，开始"过阵地"。

教师的思考：随着整个游戏的逐步推进，根据游戏计划和需求增加新材料，保持幼儿的探究兴趣、探索需求，进一步提升幼儿发现新问题与解决问题的能力。小朋友们通过游戏，懂得谦让守秩序，克服困难，增强互动并体验创造性游戏带来的快乐！

三、活动特点及价值

（一）变废为宝，丰富了幼儿园游戏器材

幼儿园教学活动的材料应来源于生活，体育活动中的器材也应如此。我园充分利用当地资源，利用废旧轮胎开展游戏，让其变废为宝，丰富了户外体育游戏器材。

（二）本游戏活动符合幼儿的学习方式和特点

在游戏活动中，对幼儿年龄特点与兴趣的把握至关重要。只有充分尊重幼儿的年龄特

点，读懂幼儿的兴趣点，才能使幼儿在游戏中发挥自己的想象力，玩出各种有创意的玩法。"轮胎"是幼儿比较熟悉的一样东西，选择幼儿日常易见的废旧轮胎作为活动器械，不仅满足了幼儿对轮胎的好奇心，还激发了幼儿对活动的探索欲望，创造性地发现了多种玩法。

（三）有助于培养幼儿的创新精神和合作意识

幼儿是在与材料相互作用中主动学习和发展的，"轮胎嗨翻天"游戏活动激发了幼儿对活动的探索欲望。玩轮胎活动中教师"站"在幼儿的后面，以观察者的身份观察幼儿的游戏，让他们自由地发现轮胎的各种玩法，让幼儿自行发现其中的关键因素，从而使幼儿在游戏中主动尝试，进而培养他们与人合作的意识，使其敢于创新，增强自信。在整个活动中，老师针对不同能力的幼儿采取不同的鼓励引导方式，让所有幼儿都能快乐地参与到游戏中，团结协作地完成游戏，并通过游戏促进幼儿自主性、创造力的发挥，培养了幼儿勇敢、团结合作的品质，使整个活动独具特色。

12. 未来城市

武穴市永宁幼儿园富桥园区　郭俊丹　阮小燕　吴梓微　夏勉

指导教师　戴安　徐海

一、游戏源起

开学初，幼儿园新开设了一间多功能室，并添置了一批扭扭建构材料，小朋友们对此非常感兴趣。在一次游戏中，泽凯所建构的"时光机"激发了小朋友的思考，在讨论中小朋友们得出：时光机可以去未来，那么"未来城市"有什么呢？这一问题的产生，从而萌发了幼儿建构"未来城市"的话题，搭建一座"未来城市"的计划悄然而生……

二、游戏过程实录

（一）"时光机"引发的思考

建构游戏时间到，小朋友们正在集中精力搭建自己的建筑作品，只见浩然、小翊、泽凯围着自己搭建的作品兴奋地欢呼起来，同时吸引来了旁边的小朋友（图2-12-1），汉仪："你们这是搭的什么呀？"浩然："我们搭的是时光机！"汉仪疑惑地问："什么是时光机？""时光机可以去未来，你不知道吗？"小翊若有所思地说："未来？那未来的城市是什么样子的呢？好想去看看！""那我们搭一座未来城市吧！"小朋友们点点头，纷纷拿出纸和笔设计图纸，就这样搭建"未来城市"的计划开始了……

图 2-12-1 被围观的"时光机"

教师思考：建构活动乐趣十足，幼儿喜欢玩，愿意玩是它最大的优势。通过观察，幼儿从自主建构"时光机"到萌发建构主题"未来城市"，整个过程秩序井然，他们自主讨论、设计图纸、规划分工，能够很好体现出"我的游戏我做主"。

（二）"平躺"的大剧院

随着图纸的诞生，几个小女生使用长条片、圆弧片、三角片等多种材料用摆放的方式呈现了平面的大剧院，和现实生活中的立体剧院大相径庭，我发现后便以游客的身份参与进来。"你们的大剧院好漂亮，可是我想进去参观怎么去呢？"我好奇地问。"可以从这个门进出呀！"瑾希说着用手指向"躺"在地上的门，我便提出疑问："我个子这么高，你的门躺在地上我该怎么进呢？"果果像是受到了启发雀跃地说："对了，可以把门立起来！"一边说她一边尝试着把"圆弧片"的门立起来，发现无法站立，之后，为了解决这一问题，小朋友们开始尝试用各种方法使门立起来，却都没有成功。这时嘉韵提出添加方块及螺丝等材料，用螺丝将圆弧片和方块拧在一起可以使门立起来，说着就去拿材料开始尝试，终于"大剧院"的门立起来了，找到办法后，小朋友们决定添加材料将"平躺的大剧院"改建成"立体大剧院"。

教师的思考：游戏中，幼儿能根据图纸搭建出大剧院，体现了规划意识，但由于经验不足与技能的欠缺，她们只会使用平铺材料的方式来搭建，不知道添加辅助材料，最开始只能呈现出"平躺"的大剧院。虽然建构游戏的过程十分简单，但其教育过程并不是随意进行的，教师应该激发幼儿产生更多思考，所以在发现问题时教师要及时介入，在与老师的讨论中幼儿也从中发现了问题，并尝试自主解决问题，最终呈现出了"立"起来的大剧院。

（三）会"飞"的车停哪里

景行、尔成、宇卿、晓晨根据分工负责搭建会"飞"的车，由于他们前期技能经验比较强，很快他们就建构出许多辆形状不一，且长了翅膀的车子，"可是这么多车该停在哪里啊？"景行感到很困惑，"我们的车子长了翅膀应该停在天上！"那么空中停车场该如何搭建呢？

在孩子随后的讨论中，得出需要用到积木作为停车场的底柱使它能立在空中，同时将EVA板采用平铺的方式铺在底柱上作为停车位。说干就干，泽凯用方块积木通过垒高的方式，首先搭出了停车场的底柱，景行将长条积木垒在底柱上以此来承受住车的重量，之后浩然拿来EVA板平铺在停车场顶端，就这样一座空中停车场就建好了。小翊激动地将之前搭好的会"飞"的车停在停车场上，却发现哪里不对劲。"这个空中停车场太小了，我们这么多车都没地方停，看来需要更大的停车场才行！"其他小朋友似乎也想到了这点，开始不约而同地去拿材料扩建停车场。因为已经有了搭建停车场的经验，不一会儿空中停车场就完成了（图2-12-2）。

图 2-12-2 搭建空中停车场

教师的思考：兴趣不仅能促进幼儿学习和探索，还能将有着共同兴趣的幼儿凝聚成一个小团体。在搭建会"飞"的车时，景行、尔成、宇卿、晓晨几个幼儿对会"飞"的车有着强烈的兴趣，这促使他们成立小组并顺利完成搭建任务。建构虽然完成了，但他们的兴趣却没有就此止步，建设"空中停车场"成了他们的新计划。在此过程中，他们发现问题、讨论问题并尝试自己解决问题，很好地提高了他们建构技能及合作交往能力。

（四）"未来城市"缺什么

随着汉仪、果果完成未来城市的新房子搭建后，大家都开心地欣赏着自己的作品。这时泽凯好像发现了问题，拉着浩然说："你觉得我们的未来城市是不是缺了什么呢？""缺马路、路灯！""缺高铁！"……小朋友们你一句我一句地说着，并一致决定扩充"未来城市"。小朋友开始自主分工，并各自去材料区取需要的材料，大家有商有量，有的建马路、有的建梦工厂、有的建智能路灯，在大家的共同合作之下，完整的"未来城市"很快就建成了。

教师的思考：未来城市到底缺了什么呢？幼儿通过自己的生活经验进行讨论。他们对"未来城市"充满了美好又奇妙的幻想，对设计未来城市充满了兴趣和热情，会飞的车、空中停车场、梦工厂……在这些细节中体现着幼儿心中对未来城市有着环保、高科技等意识。

（五）庞大的未来城

"未来城市"搭建计划完成了（图 2-12-3），孩子兴奋地欢呼着，并请来老师参观，他们一一向老师介绍着"未来城市"的规划，浩然："这里是空中停车场，上面停着会"飞"的车，下面还有地下乐园。"小翊："这里是大剧院，人们可以在这里观看表演"泽凯："这里是梦工厂哦，可以生产人们想要的任何东西！"在孩子们你一句我一句的介绍中，他们眼神里都流露出了对未来城市的渴望与期待！

图 2-12-3 "未来城市"搭建完成

教师思考：本次建构游戏中，幼儿积累了丰富的游戏经验，使搭建作品的细节越来越丰富，还创造性地搭建除了大剧院、会飞的车、空中停车场和未来的房子以外的建筑。这些创意引发了幼儿更多的奇思妙想，他们搭出了城市中的马路、路灯以及梦工厂，实现了自由搭建。并且还从个人搭建发展到合作搭建，从单元搭建发展到场景搭建。随着游戏的深入开展，幼儿的计划意识和想象能力也越来越强。

三、教师小结

教育，就是一种遇见。在教育工作的过程中，我努力停下脚步、蹲下身子、静下心来。在一次次的观察中发现幼儿，在一场场的对话中走近幼儿，我感受到他们成长的无限、快乐的源泉，也许这就是教育的魅力所在。

（一）"计划——实施——分享"，支持幼儿做游戏的主人

幼儿园"以游戏为基本活动"的教育原则，是作为幼教人的准则。在自主游戏中，要充分体现孩子在游戏中的"自主"，游戏的自主性体现在多个方面，它是多维的。

在游戏开展前，幼儿以组为单位，自主商量讨论规划着"未来城市"的整体布局。游戏中幼儿自主选择材料和伙伴，教师充分尊重幼儿的游戏意愿，支持幼儿做游戏的主人，通过观察了解他们的想法，只在必要时给予必要的支持。游戏后，幼儿通过自主分享环节，再一次回顾游戏过程，从而积累解决问题的方法和途径，成为推动幼儿发展的关键点。

（二）以"问"为引，用探索作答

《指南》中指出，教师应通过提问等方式引导幼儿思考并对事物进行比较、观察。纵观整个建构活动，教师的"问"起到了至关重要的作用，游戏中，当幼儿因为对空间位置关系的感知欠缺时，是教师的"问"将幼儿引回了探究之路。而幼儿也用自己的实际行动，对问题进行分析、想出解决对策、动手动脑建构给了教师一份满意的答卷。

（三）积极拓展，深度挖掘游戏价值

以往的建构游戏活动中，幼儿总是在重复建构，建了拆、拆了建，活动时间没有得到有效利用。在本次游戏建构会"飞"的车时，幼儿因为搭建的较为顺利，在多余的时间里，幼儿发挥充分的想象力，积极拓展和深化，在已经建好的作品基础上延伸出了新的想法——空中停车场这种避免往返重复的活动，更深入的发展了幼儿的综合能力，真正做到"建"有乐趣，"构"有深度，做建构游戏的主人。

13. 涂呀涂鸦

黄州区幼儿园　余雯怡　夏靓　范苏

一、游戏缘起

有一天，龙言熙很着急地跑来和我说："老师，有人在墙壁上画画了，涂得乱七八糟的。"胡明玥也跑过来"告状"："老师，我看到李林翰用笔在黑板上乱涂乱画。"在这一问题的基础上，我们进行了一场关于"乱涂乱画"的讨论会，张紫陌说："这样做是不对的，可以在纸上画画呀"；綦韵涵："他就喜欢到处乱画！"南亭序说："到处画很好玩呀！"李林翰说："我还想在树干、树叶、水池上画呢？"为了尊重孩子们意愿和兴趣，于是，我们决定带他们去户外可以让孩子们随心所欲涂鸦的地方——户外涂鸦区，就这样涂鸦的故事开始了……

二、游戏过程实录

（一）信手涂鸦

户外游戏开始了，孩子们像小鸟一样高兴地来到了涂鸦区（图2-13-1）。在老师的帮助下，他们穿好衣服，摆好工具车，迫不及待地拿起画笔，就要涂涂画画。老师发现孩子的绘画并没有主题也没有构思，而是天马行空地用画笔随意涂抹，绘画得非常抽象。在涂鸦的过程中，能听到孩子们对自己涂鸦的无尽想象……

图 2-13-1　涂鸦区

1. 调出漂亮的粉色

老师:"哇,张紫陌你画的气球粉粉的,真独特!"张紫陌:"刚才就是用的这个粉色。"老师:"哦,你发现粉色和白色可以调出浅浅的粉色。"

2. 印画五环

李林翰发现胡明玥打翻的蓝色颜料罐在地上印出了蓝色圆圈,于是他拿起颜料罐在画板上印了一个五环(图2-13-2),还自豪地向伙伴介绍方法。李林翰:"老师我做了一个五环,是用这个瓶子做的。"李林翰是一个聪明的孩子,语言具有一定的吸引力,他发现颜料罐倒在地上印出圆形,便马上联想到了奥运五环,积极地和身边的小伙伴分享自己的收获。

图 2-13-2　印画五环

游戏分析:

(1)环境与幼儿:涂鸦区的大画板对幼儿有强烈吸引力,他们愿意根据自己的想法进行不同的涂鸦。在游戏中孩子们边创作边和小伙伴交流,积极主动地进行游戏,全程投入享受游戏的快乐。

(2)发现问题:游戏中材料的投放不够丰富,影响了幼儿游戏的进行,同时也会降低幼儿对再次涂鸦的兴趣。

（二）花样涂鸦

1. 快乐涂鸦

孩子们开心地画着，南亭旭将颜料都涂满手掌，刘宣岑看到了说"你都弄到手上了"，"对啊，我要把我的手掌印在这个上面"，说着围绕滚筒一边走，一边有节奏地拍打着，最终画出了一幅手掌花边画。接下来，他意犹未尽地在传声筒、树叶、洗手池上不停地印画。龙言熙是一个善于观察，但是专注力不集中的孩子。看到别的小朋友在传声筒上涂鸦，直接被吸引了过去。姚沐妍是一个执着的孩子，她一直有自己的目标，一直在用不同的工具探索不同的涂鸦方式，如软管、酸奶杯印画、牙刷点画……

2. 清洗泡沫软管

另一边，张紫陌和南亭旭蹲在滚筒边尝试着如何把沾满颜料的泡沫软管清洗干净（图2-13-3）。张紫陌：拿出你的手把这个拿着，放进去然后拿出来，拿出来放进去，放进去，再拿出来。

图 2-13-3　清洗泡沫软管

南亭旭："洗白了。"张紫陌："你旋转，全部都放进去泡一会，手拿出来！不然它会更脏，浸泡一会。"

游戏分析：

（1）激发兴趣，大胆探索。通过前期的涂鸦，幼儿已经能够大胆在画板上展现自己的想法和创意，并逐步形成一些与生活经验相联系的事物与想象。这一阶段幼儿能用完整的语言表达自己的感受和需要，在活动中他们对涂鸦行为充满兴趣。他们发现涂鸦不局限于画板，也可以在传声筒的管道、树叶、洗手池、滚筒等地方自由涂涂画画，幼儿将此行为看作一种美的表现，并能够大胆创作，将这些地方赋予了新的色彩和图案。老师作为幼儿游戏的观察者以及支持者，应当以多种方式鼓励引导幼儿在游戏中能够积极大胆地探索尝试。

（2）发现问题：颜料变少了怎么办？幼儿结合自己的生活经验，想到用西瓜、火龙果、树叶等自制颜料。

（三）提色涂鸦

南亭旭将树叶放在白色的棉布上不停地敲打，发现树叶总在移动。于是他摘来了更多的树叶，把它放进保鲜袋，加上水，捏住袋口，另一只手用石头不停地捶打树叶。经过不断地尝试后，他发现因为袋子里面的水太多，树叶在水里漂来漂去，石头总是打不到。于是他试着倒掉一些水后，树叶很快被打烂，袋子里的水也变绿了，兴趣被激发后，他又接连用西瓜和苋菜尝试制作不同的颜料。

1. "颜"研究所

南亭旭说："我想搞个袋子把它装起来，然后装点水，再把它放进去，但不知道用啥工具了。"老师："那你就到材料筐里去找找吧。"

南亭旭："这需要一点大工程，我第一次还不是特别熟悉所以全搞错了。是比较不简单，又比较简单，因为它只要把水搞到里面再把树叶打碎，再让水漏出来，绿色颜料就好了。"

2. "布"涂鸦

张紫陌说："我竟然做出了肉色。"綦韵涵说："我也作出了好好看的颜色。"孩子们制作自然颜料，并用颜料在白布上作画，他们乐在其中。涂鸦就是从自然中来到自然中去的过程，孩子们的整个涂鸦过程乐此不疲！

游戏分析：

（1）探究与交往：从观察中可以看到，孩子们沉迷于看到事物从一种状态变成另一种状态，理解"变换"图式的力量，他们用多种工具去探索蔬果树叶研磨的过程，通过亲身体验和动手操作，发现蔬果树叶的奥秘，比如：火龙果不仅可以吃，它的汁水还可以代替颜料，进行水粉画，这些宝贵的经验都是他们经过探索得到的。兴趣是孩子活动的驱动力，商讨、实施制作颜料的计划过程，激发了孩子探索颜料制作的兴趣，使他们能够有目的制作颜料，使涂鸦活动从"漫无目的"成功转变为"目标明确"。

（2）发现问题：孩子们通过尝试，找到了粉碎蔬果树叶的方法，但是怎样制作颜料水呢？

三、游戏反思

（一）活动特点及对幼儿学习与发展的价值活动特点

1. 自主性

活动中幼儿自由选择涂鸦内容、形式、材料、场地和方法，给予幼儿自由充分地体验和表达。在游戏中，幼儿出于自身涂鸦的兴趣，自发自愿地进行涂涂画画，充分体现了幼儿游戏的自主性。

2. 挑战性

当幼儿遇到涂鸦颜料不够的问题时，教师引导幼儿结合自身生活经验预设出解决方案，并收集相关材料，鼓励幼儿不断尝试解决颜料提取问题，而幼儿也表现出较好的坚持不懈、主动思考的品质。幼儿通过不断尝试，最终取得了成功，并增加了自信。

3. 创造性

第二次游戏中教师积极创设自由宽松的气氛，引导、启发、鼓励幼儿根据自己的经验，大胆地运用艺术材料来游戏般地体验创作与表达，比如：蓝亭旭将红色颜料涂满双手，并要求同伴在掌心点画蓝色，他将此行为想象成钢铁侠……创造性地表达自己对涂鸦的理解与思考。

（二）教师的支持行为

1. 提供自由自主的绘画环境，鼓励幼儿大胆涂鸦

教师鼓励幼儿大胆地根据自己的想法涂鸦，不做过多干预或把自己的意愿强加给幼儿，在幼儿需要时再给予具体的帮助。如在涂鸦墙自由地涂涂画画。同时也尊重幼儿的创作意图，并不会简单地用"像不像""好不好"等成人的标准来评价，而是引导幼儿学会初步的自评与他评。

2. 尊重幼儿的分享，促进反思性学习

教师在每次游戏后都会开展回顾分享，如涂鸦工具太少，怎么办？颜料不够怎么办？帮助幼儿发现问题，在分享中寻找解决问题的方法，理清从中获得的知识经验，形成新的认识。

3. 运用多种支架，支持幼儿的深度学习

教师整个游戏过程中，利用多种支架，如问题支架、建议支架等支持幼儿进行深度学习，如利用自然材料制作颜料及启发性提问等，对幼儿日后独立学习起到潜移默化的引导作用，使他们在必要的时候，可以通过各种途径寻找或构建支架来支持自己的学习。

（三）进一步支持的策略

继续组织幼儿参与涂鸦，跟随孩子的兴趣点，使孩子们感知色彩间的融合与变化。

拓展涂鸦内容，让涂鸦更有主题性。如以美丽的遗爱湖为主题进行涂鸦。

可以使用自然物整合进行装饰，进行多元化的创作，提升幼儿的综合绘画技能。

14. 山坡滑车 "坡"为有趣

武穴市实验幼儿园　查静　库志绍　刘娜 叶诗雨

一、游戏缘起

小山坡是一个充满挑战、充满乐趣的地方。孩子们开始都是在山坡到处跑跳，随着游戏的开展，杭杭想从小山坡上滑下来，于是，孩子们尝试了各种玩法：像坐滑滑梯一样滑下来，让蔚蔚推一下自己（图2-14-1）。此外，他们拿来了平衡板、体能棒、木板等材料玩起了山坡滑车的游戏。孩子们在游戏中不断尝试、不断调整、不断创新，游戏也随之变得越来越精彩。

图 2-14-1　山坡滑梯

二、游戏过程实录

（一）怎样顺利从山坡上滑下来呢

"怎么坐在山坡上滑不下来呢？"杭杭自言自语说道，正当他感到困惑的时候，他看到有几个小朋友拿着平衡板，于是杭杭灵机一动，去跟其他小朋友借来平衡板。他把两块平衡板拼接在一起，连接成一个轨道，杭杭坐在平衡板上面，手上借助体能棒在地上撑一下，像滑雪一样向前滑动，但是滑不动。

这时候，彦彦大声喊道："哎呀！不行，要粗一点的"他们发现了轨道太窄了，把轨道进行加宽后，杭杭上去试了一下，刚滑动一下，轨道就散了，这时候杭杭决定用自己的办法尝试一下。他拿两块平衡板踩在脚上，两手拿着体能棒准备像滑雪一下滑下来，可是根本就动不了。杭杭和昶昶发现平衡板拼搭的轨道太短了，容易散。于是他们决定换一种材料来建造轨道，他们找到了长木板，把木板抬到了小山坡上，又重新拼搭了一个更长、更稳定的轨道。

新的轨道拼搭好了，他们加了几块平衡板叠在一起，把木板轨道的坡度垫高了，杭杭坐上去，尝试用两根棒子做支撑向前滑动，还是滑动得非常困难，尝试完杭杭大声喊道："再垫高点"。他觉得是因为平衡板不够高，所以坡度还不够陡，不能一下子滑下来，于是他又召集小朋友们一起加平衡板垫高坡度。

再次垫高之后，杭杭第二次尝试把平衡板踩在脚上，准备像滑雪一下滑下来，结果刚站上去，垫高的平衡板由于不稳定，轨道一下就倒塌了。但是他们依然没有放弃，继续把平衡板垫高想再试一试，杭杭又试了一下，依旧不能顺利滑下来。

（二）加上"车轮"，小车可以滚动了

几次尝试后，蔚蔚发现，在平衡板下面放上几根体能棒就能滚动起来啦，就像汽车的车轮一样！刚一说完，几个小朋友就把体能棒放在轨道上，杭杭坐上去试试，"哇！真的能滚动呢。"他们好像找到了新的方向，小朋友们拿着体能棒在轨道两边准备着，杭杭拿着平衡板坐在上面，开始第一次尝试向下滚动（图2-14-2），可是滚动到一半"滑车"就偏离轨道了。期间，他们也在"滑车"下面加几个车轮，尝试了几次，但是每次"滑车"都会偏离轨道，几次尝试之后，他们发现是不是因为轨道太窄了，所以"滑车"总是容易跑偏呢？

图2-14-2 平衡板"滑车"初尝试

于是，他们又搬来了几块木板，加宽了轨道，增加轨道稳定性。经过他们几番调试，觉得轨道很平稳了，之后几个小朋友一起把"滑车"搭好，杭杭上去试一试，第一次把四根棒子放在平衡板中间一起滚下来，结果刚滚一下，就停了，平衡板离开了体能棒就动不

了了。第二次，他们想到小汽车前面有轮子，后面也有轮子，于是他们决定在平衡板的前面、后面各加两根体能棒，就像汽车的车轮一样，这样可以让"滑车"更快、更稳定地向前滚动。杭杭上去试试，结果"滑车"一下就滚动起来了，滚到了终点。"哇~成功啦！"孩子们激动地叫了起来，几个小朋友一起合作，初步打造了"山坡小滑车"。

教师思考：孩子们在小山坡上游戏，以想从山坡上滑下来为契机，通过这一个小举动，从而引发了这一系列的滑车游戏。从第一次用平衡板实验，到用滑梯、滑雪等方式，从山坡上滑下来。再到想办法让"滑车"滚动起来，孩子们通过多次尝试，互相商讨解决方案，在动手中动脑思考，最终解决了一系列问题。孩子们在游戏中遇到困难，老师并没有马上进行干预，而是让孩子们自己去沟通、尝试、想办法解决，提高了孩子们解决问题的能力，实现了充分放手让孩子们自己去玩、自己做主，在玩中学、学中玩。

（三）加大"山坡滑车"的难度

第二天户外活动，孩子们依旧兴致勃勃地继续昨天的"山坡滑车"游戏。在昨天游戏的基础上，又加长了滑车轨道。当两块木板拼接起来后，细心的宸宸、蔚蔚发现了两块木板的拼接处翘起来了，这就会造成轨道不平稳，滑车肯定不能顺利滑下来，这时候其他小朋友也发现了这个问题，他们商量后把轨道往上移，一起解决了这个小问题。开始滑车游戏啦，他们依旧跟昨天一样：前面两个"轮子"、后面两个"轮子"。杭杭坐上去试了试，发现轨道加长之后"滑车"到一半就停了，并且也不是很稳定，试了几次都不行。突然，他想到了平时乘坐的高铁、火车的轨道是分开的，于是，大家把山坡滑车的轨道也分开了。

轨道分开之后第一次尝试，还是以失败告终，滑车还是滑了一半就停了。杭杭发现轨道前半部分有体能棒就能滚动起来，后半部分没有体能棒就滚动不了，就像车子离开了车轮就动不了了。于是他让几个小朋友在轨道的后半部分也放上几根体能棒，把整个轨道都铺满体能棒，让"滑车"能顺利在轨道上滚动起来（图2-14-3）。第二次尝试，这次"滑车"顺利从轨道上滚下来啦！孩子们都激动地跳起来、喊起来："成功啦，成功啦，山坡滑车成功啦！"孩子们都去试了试自己搭建的小滑车，都感受到了相互合作、胜利、成功的喜悦。

图 2-14-3　铺满体能棒的轨道

教师思考：第一天的山坡滑车游戏已经成功，孩子们初步确定了建造滑车的方法。在第二天的游戏中，孩子们加大了游戏难度，通过这次游戏也知道了怎样让轨道更稳定，怎么样让滑车能从更长的轨道上滚动下来。通过多次不断地尝试，他们终于收获了成功，使得滑车能顺利从小山坡上滑下来。孩子们在游戏中不断探索、寻求解决问题的方法，无形地激发着孩子的求知欲，使得孩子在游戏中发展出有思考问题、解决问题、相互合作的能力和经验。

在游戏过程中，孩子们成为游戏的主人，我尽量做到不干涉，遇到问题，让孩子自己解决问题，例如：轨道不稳定、谁来坐小车、没有人来拿体能棒，从意见不统一，到有商有量的一起完成。在游戏中不仅要保证幼儿主动性、积极性、创造性地发挥，还要注重幼儿之间协商、合作能力的培养，从而使游戏的教育价值和作用得到充分发挥，无形中启发了孩子的思维，这为以后养成尊重他人的处事态度播下了健康的种子。

三、教师小结

第一，《纲要》明确指出游戏在促进幼儿身心发展方面所起的作用，强调了游戏在一日生活中的重要性。户外游戏作为一种促进幼儿全面发展的手段，具有不可替代的重要作用。当前，在坚持"以游戏为基本活动"的大背景下，幼儿园户外游戏进入了一个全新发展的时期。大班幼儿不再满足于摆弄现成的玩具，他们更愿意根据游戏情节的发展，按照自己的意愿选择。户外的山坡游戏是孩子们喜欢的游戏之一，在游戏当中不仅能开发幼儿的智力，还能促进幼儿的各方面发展，例如：空间知觉、观察能力、创造能力、想象能力、解决能力、语言表达能力、人际交往能力、收纳能力等。因此，我园现在对户外山坡游戏开发了一系列的主题课程，将山坡游戏融入日常活动中和户外自主游戏中，使孩子们在自主山坡游戏中得到更多的发展。

第二，把幼儿推在前面，支持幼儿自主解决问题。在了解幼儿的游戏过程之后，我让孩子们自己去实验、尝试不同的方法、不同的材料，让他们自己解决问题，创造同伴之间互相学习的机会。案例中，孩子们起初因为想从山坡上滑下来这一想法，从而引发了一系列的山坡滑车游戏，并且，在没有老师干预的情况下，孩子们自己在不断设计游戏，加大游戏难度，也是老师没有想到的，确实不能低估了孩子们自主游戏的能力。

孩子们的每个思考过程，都是幼儿对生活经验的梳理，这让他们在不知不觉中学会自主发现问题、自主探究问题、自主解决问题。这些经验反映到游戏中，自然地促进了游戏内容的丰富和游戏水平的提升。

第三，在自主游戏中实现多方面发展，让教育回归真实生活，让幼儿回归自然的环境，这是《幼儿园教育指导纲要（试行）》和《3-6岁儿童学习与发展指南》中的理念。我园有一个得天独厚的自然土坡，是幼儿接触自然最真实的场所。土坡和"小滑车"的结合，激发了幼儿想要在土坡上也建造一个"小滑车"的兴趣，他们选择不同的材料、工具尝试着从土坡上滑下来，玩得不亦乐乎。

我们通过户外游戏不断地挖掘和探索，让幼儿在自然环境中用肢体和心灵去接触大自然，激发幼儿主动思考、学习的热情，支持幼儿在"大自然中大社会"中学习、生活，养成幼儿自主快乐的探索习惯，并从中获得学习和成长。

15. 趣味"宠"粉小世界

红安县八里湾镇幼儿园　张萍　汪露琳

一、游戏源起

我们幼儿园一直很注重游戏活动的开展，并结合游戏活动开展了《幼儿在益智区开展自主游戏的实践研究》的课题研究。我们幼儿园每个班除了创设常见的生活区、科学区、数学区、美工区、语言区建筑区等不同形式的区域活动，每个班还结合本土文化资源创设一个特色区角。面粉作为一种食用材料，广泛使用于各种食品制作，孩子们生活中常会见到各种面食，也吃过多种面粉制作的食物，所以对面粉有一定的了解和兴趣，基于这些要素，我们班将面粉作为主要材料，投放于角色区制作"美食坊"。

二、游戏过程实录

（一）干面粉大作战（初步感知面粉的特性）

活动开始孩子们选择好材料开始自己的操作（图 2-15-1）。吴梓恒把袋子里的面粉倒进夏沫的模具，方梓晴说："你倒太多了，"于是他们一起用手把洒出来的面粉放回模具并按压。

图 2-15-1　干面粉大作战

方梓晴第一个模具装满了，没有马上倒出来而是又去拿一个模具，郭睿诚看到说："你已经有一个模具（可以把这个借给我吗？）"，然后伸手去拿她的，方梓晴说："嗯，我的"，于是拿回了自己的模具。郭睿诚说："你不是已经有了一个模具吗？"郭睿诚说："原来你是做两种口味的（月饼）。"吴梓恒拍打着双手走到老师面前说："哇，原来手变白了，真好玩！"转身对李脉凡说："现在你可以把它倒出来"，李脉凡按压了一下自己模具的面粉说："我这个还没有装满"。吴梓恒看刘子衿已经把模具的面粉倒出来了，就拿走了她的模具说"我想要（你的模具），行吗？"刘子衿说："哎，这是我的。"吴梓恒说："我也想要"。李脉凡听到了他俩的争执就对吴梓恒说："你在那里（柜子里）去拿一个呀！"转身走向柜子，刘子衿说："一起玩。"李脉凡拿来一个簸箕，让吴梓恒给他倒一点面粉，吴梓恒说"不对，不对，这（簸箕）是装做好的月饼"。李脉凡还是把面粉倒在簸箕里，郭睿城在一旁小声说"月饼才可以放到里面"。

教师思考：幼儿在操作中通过看、摸、闻、拍等方式感知面粉的外部特征：如白色、无味、轻轻地、会黏在身上、手上。想拍掉手上沾着的面粉发现面粉飞得到处都是（轻轻的），他们没有印出想要的小动物月饼，因此当老师问成型了没有，孩子们都回答没有成型，也总结出面粉装进模具倒出来不成型是因为太软了，并在老师提问下正确说出如果想要凝固成型需要加入水。整个游戏过程幼儿都是自主选材、自主游戏，游戏氛围很好，孩子们有互动有交流，孩子会表达出自己的想法和需求，虽然没有实现想法，但是孩子一直没有放弃继续探究。

（二）和面大探究（幼儿动手探索水和面粉揉成面团）

根据孩子们上次的要求，这次活动准备了水，当幼儿知道有水后异常开心，纷纷去找容器装水，吴梓恒将水加入面粉用手揉搓面粉黏在手上（图2-15-2），他说："黏糊糊的，像棉花。"郭睿城说："加多一点点，加多一点点。"他便一直往自己的碗里加面粉。刘子衿说："我的不黏"，郭睿城说："是水太多啦！（我的）面粉好粘手。"老师听到他们对话说："水太多了那怎么办呢？"吴梓恒回答道："我们可以把水倒少点。"听到吴梓恒的话刘子衿操作的时候提醒着自己："我要倒少一点点水，"郭睿诚对吴梓恒说："（你的太湿了）可以加一点点面粉。"郭睿诚说："水都变白了，好像牛奶"，看吴梓恒和的面粉抓起来稠稠，郭睿诚便说："（你的）像酸奶一样，（你的已经和好了）可以装模了"，吴梓恒说："等一下我这还没有做好，可以给我倒点水吗？"吴梓恒说："我的手像雪人爪子"，郭睿诚说："我手上有果酱，"吴梓恒把自己杯子的面粉糊倒进郭睿诚的模具，郭睿诚说："你做得啥也不是，"吴梓恒说："不过要把它烤一下。"郭睿诚说："哦，还要加一点馅料才好吃。"看游戏时间快到了，老师便问孩子："水太多了面粉会在模具里成型吗？"，孩子们纷纷说："不会，太湿了"，老师继续问："那怎么办呢"，吴梓恒说："可以加面粉变干一点。"

图 2-15-2　面粉加水——和面

吴梓恒摸一摸、抓一抓李脉凡和的面说："你这就可以成型，黏糊糊的，这个很好很好，"李脉凡说："对呀！就是这样的。"游戏时间快结束了，老师开始引导孩子总结经验，猜想验证自己做的面粉是否能成型，怎么样才能看到它成型，有的孩子说要烤一烤，有的说要放一放或晒一晒，由于没有烤箱，大家便将自己的作品放置在区角柜上进行晾晒，等一下再来看结果。

教师思考：过程中孩子们反复操作，吴梓恒、郭睿诚在观察面粉时能主动说出面粉的颜色和触感，说明他们在调动感官，认真观察探索的对象。其他孩子愿意跟随并说出自己的意见，体现出能力强、与同伴间的互动。教师还观察到有的孩子一直加水，有的孩子一直加面粉，说明他们正积极地探索水和面粉之间量的关系。虽说都没有成功，可他们迈出了探索面粉如何变成可以做成模型的第一步，开始思考面粉和水的配比问题，这是他们的最近发展区。

（三）百变面团（幼儿自由探索操作）

游戏前老师让幼儿拿出上一次晾晒的模具，尝试脱模（图 2-15-3），小朋友开始铲、倒、敲，但无论怎么脱模，面团就是不能完整脱模，于是老师问："为什么晒干了还是没能脱模成型"，吴梓恒说："是因为上次和的面粉太黏了，沾在模具上了，所以取不下来。"

图 2-15-3　面团脱模

吴梓恒说："老师这做好之后也可以挖着吃，不过没煮熟，"郭睿诚小声说"里面有没有芝麻酱啊，"吴梓恒："我们要加一些料在里面，不过你们知道怎样让料进去吗？我有一个好办法，只要把它（面团）压扁，馅料放在上面，把他们一搓就好了，就像之前（美工课）老师教过我们那样。"看他们对馅料已经产生极大兴趣，但又没有人去主动寻找适合做馅料的材料，好像等着老师提供现成的馅料，于是老师问："那你们看区角里有什么东西可以做馅料。"吴梓恒说："橡皮泥"，老师说："行你去拿吧！"，吴梓恒立马去区域柜里拿了几包橡皮泥，吴梓恒一包包分给小朋友后，说："最后这绿色就是我的啦！因为我喜欢绿色。"

小朋友拿到"馅料"后，便继续完成自己的创作，方梓晴把馅料包在面饼里做饺子，吴梓恒拿来擀面棍使劲擀了几下面皮，然后把擀面棍放下说："我不做了。"又去区域柜找来一包黑色超轻黏土，"我们可以用这个黑色可以做芝麻酱呀，因为黑色是芝麻酱的颜色"，郭睿诚说："那么黄色是花生酱""紫色是葡萄酒""绿色是青苹果酱""红色是草莓酱"他们时而你一言我一语讨论，时而安安静静认真做美食。最后，众多成品展现在我们眼前，有汤圆、饺子、荷包蛋、面团等等。

三、游戏活动的价值

在游戏过程中，教师认真观察幼儿感兴趣的内容，分析游戏对幼儿深度学习的价值，培养幼儿解决问题的浓厚兴趣和积极探索的勇气和解决问题的方法，不断提升幼儿在游戏中解决问题的能力。在游戏中增强幼儿对社会的认知，提高小朋友对问题的认识和处理问题的能力，促进幼儿之间主动交流合作，甚至养成良好的行为习惯、发挥创造力，获得更多的社会技能，增强自我意识和社会道德感。

四、教师思考与总结

幼儿在操作活动时大多能正确使用操作工具。我们的活动以自主游戏为主，自主游戏可以帮助幼儿全面发展。教师提供数量足够的游戏材料支持活动地开展，并让材料具有安全性和可操作性。

分享是教师推进游戏进程和幼儿深度学习的重要环节。幼儿在分享环节中自信地、清楚地表达自己在游戏中的一些情景或碰到的问题，给了孩子极大的操作探索机会。

在后续游戏中教师将提供更多的材料帮助孩子将自己做的面食加工为熟食，也提供颜料、画笔等让孩子进行面食彩绘用黏土加工。

16. "风"狂行动

武穴市直属幼儿园花桥园区　苏萍　朱凯　陈建伟

指导教师：鲁文楠　郭小瑛　朱莉莉

一、游戏缘起

在一次户外活动中，我们班小朋友经过水池旁，突然发现水池里的落叶在动。一个孩子问"为什么水里的叶子在动？"乐乐说："那是因为有风。"此话题一出立刻引起孩子们的共鸣。大家一起说："是呀，今天的风好大呀！"茜茜说："我们一起去看看吧。"于是，一场关于风的游戏拉开了序幕。

在这场游戏里，他们对风的形态有了各自不同的理解，通过大自然环境与创意手工制作了解风。他们尝试用手抓住风，用面庞感受风。为了对风有更进一步的了解，他们用塑料袋等物品捕捉风，用彩条观察风的方向，并用树枝和树叶制作风向标来判断。此外还通过制作风筝，与风进行了一场有趣的互动。有的孩子用彩笔在塑料袋上绘画，有的孩子用颜色不一的彩纸剪成美丽的形状装饰风筝，甚至有的孩子通过组队集思广益，运用集体的智慧分工合作完成别具一格的风筝作品。

二、游戏过程实录

到了小树林后，有的小朋友听到树叶被风吹得沙沙响的声音；有的小朋友发现地上的落叶被风吹起又落下；有的小朋友捡起地上的袋子迎风奔跑；有的小朋友发现树上的彩条被风吹得到处飞舞；有的小朋友……到底发生了什么呢？我们一起去看看吧。

（一）初次感受，自主发现

梓锐和萱萱拿着塑料袋边跑边捕捉风，两人的塑料袋同时飘起来。梓锐说：快把袋子口抓紧，别让风跑了！萱萱听到立马将袋子口扎了起来，他们发现袋子里面鼓鼓的，萱萱开心地说道："我的风比你的多，你的袋子比我的小！"梓锐不服地说道："那咱们比一比！"。

这时风停了下来，萱萱说："现在没有风，怎么比呀？"梓锐听到跑过来说："你跑的时候袋子就鼓起来了！"萱萱顿悟："那我也试试吧！"于是孩子们奔跑在草坪上，用不同的方法捕捉风，渐渐地，他们找到了捕捉风的技巧，开心地比起赛来。

教师思考：捕捉风对幼儿来说既是一次与大自然亲密接触的过程，也是激发幼儿思维的一种活动。怎样才可以捕捉到风呢？每一步都需要幼儿去探索和实践。风停了他们并没有气馁，而是通过改变思维为自己创造条件去捕捉风。孩子们在捕捉风的过程中，通过比赛激发了他们的探索欲望，最后成功地找到了捕捉风的方法和诀窍，整个过程充满了趣味和挑战。

（二）再次体验，自主探索

梦梦和梦宸发现树上的彩条在飞舞，她们马上取下并拿着彩条随风奔跑（图2-16-1）。梦梦说："为什么彩条拿在手上也可以飞起来呢？"梦宸回答道："是因为刚刚有风，风把彩条吹得高高的。"梦梦和梦宸拿起手中彩条一端捏在手中，观察彩条的状态。

图2-16-1　随风舞动的彩条

两个人的彩条时而被风吹地飘起来，时而落下。她们发现有风的时候，彩条会随着风摆动，没有风时，彩条就会落下去。梦梦和梦宸通过观察彩条飘起的高度和飘起的时间，发现了风有大有小。

教师思考：大班幼儿已经具备了一定的观察能力，梦梦和梦宸通过彩条来观察风的大小是怎样的，对风有了进一步的了解和认识。该游戏对幼儿的观察能力有所考验，幼儿要通过细致地观察和对比才能得出他们想要的结论。

（三）尝试体验，自主创作

为了进一步探究风的方向，她们举起手中彩条，从而测试风的方向并进行记录。玲玲说："你这个箭头是什么意思？"琪琪说："箭头朝前代表彩条向前飘。"这时琪琪说："彩条很软，如果它只往一个方向飘就好了。"玲玲灵机一动："上次老师教我们做了小风车，我们也可以自己做一个试试看！"说完他们开始寻找材料，捡起地上的树叶和树枝开始制作。琪琪开心地说道："风车转了，如果可以飞起来就好啦！"玲玲说："我们可以做风筝啊！"

教师思考：孩子们在探索风的方向过程中，学会了观察并利用记录的方法来验证自己获得的经验。孩子们能结合自己的生活经验与同伴合作制作出风向标，进一步提高了幼儿的动手创造能力。并在已有经验习得的基础上对游戏提出了更高的要求，说明幼儿已具备挑战能力。

（四）创意想象，动手制作

孩子们开始讨论怎么做风筝。梓锐说："我放过风筝，他们有各种各样的图案！"萱萱说道："我知道有蝴蝶风筝、蜜蜂风筝、金鱼风筝。"梓锐说："还可以用彩纸来做它的身体！我记得风筝下面还有一根长长的线！"萱萱说"我喜欢粉色，你喜欢什么颜色？"梓锐说："我喜欢蓝色。"萱萱说："那我们一起用彩色的纸来做风筝吧！"说完，孩子们便开始制作风筝（图2-16-2）。

图 2-16-2 制作风筝

风筝制作好后，萱萱开始放风筝，但是风筝只在天上飞了几秒，很快就掉落在了地上，萱萱说："太软了，我的风筝飞不起来呀？"一旁的宸宸说道："你的风筝都没有骨头，能飞起来才怪呢！"萱萱说："对呀，人都有骨头才可以走路，风筝没有骨头当然飞不起来了！"梓锐说"我们找一些硬的东西，树枝或者竹签。"萱萱说："那我们试试！"说完，她们便开始了第二次制作。可是在第二次试飞中，风筝依然没有成功飞到天上。这时睿睿跑过来问我："老师，为什么我的风筝飞不起来呀？"此时教师适时介入并进行小结，可以让幼儿初步了解制作风筝的方法以及飞行的原理。

第三次，孩子们更换了材料和方法，并且对风筝的骨架进行了再一次的调整和固定，她们的风筝终于飞了起来。

教师思考：制作风筝是一项难度极高的创意手工活动，孩子们可以根据自己的喜好来作出属于自己的风筝。在制作风筝的过程中，我们发现孩子们的动手能力各有千秋，对风筝的调整与修补也体现出孩子们解决问题的能力。在制作风筝时，孩子们根据自己已有的放风筝经验来设计风筝，能在遇到困难时主动寻求教师的帮助，突破游戏难关，并从失败中获取经验，坚持不懈地调整与尝试，最终获得了成功。

（五）体验成功，分享快乐

制作完风筝后，孩子们都跃跃欲试，他们努力地奔跑，想要将自己的风筝飞起来（图2-16-3），一旁的小朋友也为他们加油鼓劲。

图 2-16-3　放风筝

教师思考：在放风筝的过程中，孩子们都积极地参与其中。他们能够总结出跑起来风筝会飞得更高的经验。因为跑起来风更大，说明他们能够通过已经获得的经验来解决问题。可见游戏来源于生活，又回归到生活中，能够帮助他们解决实际问题。

三、教师小结

该游戏以风为主题，贴近大自然，符合幼儿年龄兴趣特点，并融合创新、动手、思考、实践、观察等能力，让幼儿在遇到困难和挑战时可以独立应对，学会与同伴一起沟通协商解决问题，全面地提高了幼儿的综合能力。

（一）充分利用低结构材料，促进幼儿的发展

本活动的主要材料——塑料袋、树枝等，不仅易收集、造价成本低，而且富有可操作性、探索性和层次性，属于低结构材料。在感受、寻找风的游戏环节中，幼儿用塑料袋收集风，先后进行沟通和结果的对比来得出收集风的技巧与要领，这一过程幼儿不仅发展了思维与实践能力，并以相互比赛的形式激发了幼儿的求知欲与探索欲。而在测试风的游戏环节，幼儿通过仔细地观察和比较，得出彩条会跟随风的方向、大小发生变化，从而认识风不仅有大有小，还有方向。到了制作风向标环节，幼儿更是就地取材，利用自然环境下的树枝和树叶，并结合已有的生活经验制作出简易的风向标，并利用风向标来测试风的方向、大小、频率。最后到了风筝的制作环节，每个孩子都通过自己的想象力，亲自动手创造实践，最终作出了别具特色的手工风筝。在制作过程中，幼儿都遇到了一些问题和困难，但幼儿并没有气馁，而是通过相互讨论与沟通，找到解决问题的方法，即使最后依然有部

分幼儿没有成功制作，但在这个过程中，幼儿的想象力与创造力、动手等能力都得到了激发。并在最终放飞风筝的过程中，体验到了自己的劳动成果所带来的成就感与喜悦。

（二）在游戏中，关注幼儿综合能力的养成

由于游戏、材料的可变性，让活动具有了很大的随机性和不确定性。活动中，幼儿通过自己思考，动手完成一项手工风筝，这激发了幼儿的创作能力。在制作过程中，幼儿之间的相互探讨与沟通也锻炼了幼儿的表达能力与沟通合作能力，在沟通的过程中幼儿会相互借鉴，提出解决办法，进行一场头脑风暴，这不仅拓宽了思维，还促进了幼儿的全面发展。

（三）找准定位教师角色，支持和引导幼儿开展游戏

教师始终以"幼儿在前，教师在后"的理念指导游戏行为。在生成、开放、非结构的游戏中，教师积极顺应幼儿的意愿和兴趣，找准自己的角色定位，给予他们自主活动和支持。在整个游戏过程中，教师并没有过多地介入与干扰，始终以发现者和观察者的身份去发现、记录幼儿的游戏行为。当幼儿需要帮助时，教师以支持者和游戏者的身份参与其中。如：睿睿问为什么我的风筝可以飞起来，而他的风筝却飞不起来时，教师并没有直接干预或指令性要求他如何制作风筝，而是引导睿睿可以试试其他材料，教师始终以合适的角色给予幼儿最适宜的支持。

17. 城关"造船"记

团风县团风中心幼儿园城关园区　张凡　朱锐

一、游戏缘起

最近美工区开展了简单折纸游戏，孩子们从开始的不会、不熟练，到最后能看图折纸，进步的速度令人惊叹。近期他们在美工区折纸船时，想让纸船下水试试速度。看着孩子们如此感兴趣，结合当下的教育契机，我带着孩子们到戏水池里游船，而后孩子们又发现纸船不能长时间漂在水面上。为了激发他们的探究兴趣，准备了一系列的材料供孩子探究，继而发生了后续一系列造船游戏。

二、游戏过程实录

（一）纸船初"探"

在区域活动即将结束时，张俊成和好朋友让纸船假装游了起来，其他小朋友也纷纷效仿他们，于是他们便将自己折好的纸船纷纷放入戏水池中，让纸船自由漂浮起来。子轩对

依依说"你的小船彻底打湿了。"明轩看着自己的小船说:"哎呀,我的小船里面进水啦!"俊成拿起自己已经散开的船很可惜地说:"哎呀,我的船都湿透了。"

就小朋友讨论纸船打湿这个问题我发起了提问:"你们的船为什么会打湿呢?"孩子们开始了思考活动,他们说是因为这是纸做的船,纸遇到水就会被打湿的。我又接着问道:"怎样才能使船不被打湿呢?"有的说用铁造船,有的说用砖块造船,有的说泡沫板造船,有的说竹竿造船,我想这些回答是来自他们的生活经验,但是小孩的记忆往往是记得快忘得快,于是我提议他们用纸画下来。

教师思考:小朋友们在美工区里对于折纸已经熟练了,他们就会寻找新的游戏,把纸船放入水中就是他们的突发奇想。作为老师的我们应当是给予支持的,所以尊重孩子理解孩子,放手孩子,让他们去尝试。看着他们意犹未尽的时候,我发出提问引起他们的思考,通过结合生活经验进行讨论。

在成功地引起孩子们的思考后,我又发出提问,再次引发他们思考并让他们做好记录。我一边和孩子们交流,一边引导孩子思考,适当的时候还会帮助他们进行材料的记录和梳理。

(二)尝试沉浮

在操场上小朋友经过一番讨论过后,他们迅速回到教室里拿起画笔,分工合作画着可以造船的材料,有的说用雪花片,有的说用泡沫板,有的说用塑料瓶等等。他们有的画,有的说,另一边的子轩画了一块布上去,但是他又突然问我,"老师,我不知道是布做船帆好,还是衣服做船帆好?"这时我没有正面直接回答他,只是鼓励他等会去实验就知道了。

孩子们拿着自己的图纸、带着笔,再次来到了戏水池,只见他们把材料都扔下去,专心致志地看着材料是否会沉浮(图2-17-1)。这时他们发现雪花片沉下去了,木片、泡沫板上都是水渍,孩子们想了想,对我说,虽然木片、泡沫板都是可以浮起来的,但是上面还是被水打湿了。只有塑料瓶不会被水打湿,我们还是用塑料瓶做个船玩吧!

图 2-17-1 尝试沉浮

教师思考：他们通过动手尝试，直接体验到了沉与浮的变化，我根据幼儿的兴趣顺势而导，触发幼儿的主动探究兴趣，为幼儿后面的游戏开展奠定了基础。幼儿通过木板、雪花片等多种材料的互动，培养了对观察事物和发现事物变化的能力，对科学现象沉浮有了初步的感知。他们通过尝试和分享经验，已经认识到要想船不被水淹没，仅仅借助外力是不够的，关键是要找到不会被水打湿的材料。

（三）小船试航

经过一番实验过后孩子们决定用塑料瓶造船，由于他们就原来的分工，有些不满意，这次互换了角色，男生来画图，女生出方案。子轩说虽然泡沫板很薄容易沾上水渍，但还是可以浮起来的，我们就把它放在瓶子下面吧，这样船底是平整的。另外一组这次也没有争论，男生想着造船，女生装饰着船，他们分工合作分外融洽。

来到戏水池里，孩子们又因为谁下水赶船起了争执，都想下去，最后他们一致决定一队派出一名队员去赶船，就这样，其他队员在水池边喊起了加油，加油，加油！最后孩子们的船都不同程度地散架，或者漏水了。发现问题后我立刻引导孩子思考问题："你们的船为什么会散架、下沉呢？"俊成："因为他们挖了一孔，所以水进到瓶子里，承受不了水的重量，所以下沉了。"子轩："早知道就不该用泡沫板了，泡沫板就直接断掉了。也不能用纸来做旗子，这样一碰到水就破了。"

俊成："我本来想着这样可以冲刺，没想到它成了防御的。"

教师思考：孩子们"造船"游戏已经持续了一周了，每次活动过程中孩子们都有沟通、交流、猜测、验证，这次他们确认了想法，塑料瓶不易被水淹没。即使小船在下水的时候会散开，漏水等，他们也没有气馁，而是在接下来的活动中发现原因，船体会散开是因为胶带没有绑紧，船会下沉是因为船窗口挖得太大了，船身结构太矮，导致水进到船身了。在分享讨论中"你问我答"，不仅开阔了孩子的思维，更让他们有了充分表达自我的机会。

（四）船儿快跑

他们结合上次的经验，瓶子上挖窗户如果遇上风浪就会沉船，所以这次他们在设计时，图纸上就没有了窗户，但是孩子们也想体验游船，于是他们就把自己的自画像画出来充当自己也坐上了船（图2-17-2）。这次孩子们又重新进行了分组，男生一队，女生一队，看来他们又会擦出不一样的火花。

图 2-17-2 游船体验

果不其然，男生们讨论得热火朝天的，画的设计图也是结构形式的，而女生们画的设计图是彩色的，看起来就很漂亮。他们在一起制作时也突显出不同的特质，男生更加倾向于架构形式的造船，女生们更加注重船身的美观性，各有千秋。去往戏水池的途中，他们突然停下脚步，玩起了石头剪刀布，原来是想公平竞争赶船的岗位呀！在一轮赶船结束后，他们还觉得不过瘾，要求三局两胜，这样他们每队队员都能轮流赶船（图 2-17-3），每个人都能体验赶船的快乐。

图 2-17-3 赶船比赛

最终男生队以两局胜利赢得了比赛，虽然比赛结束了，但是孩子们的思考却没有停止，幼儿们事后还及时分享了为什么会赢得此次比赛，以及女生队的问题出现在哪里，他们都对此作出了思考。

教师思考：各组小朋友们他们在游戏中有商有量，展示了大班孩子之间的团队合作精神，也体现了尊重同伴的社会情感。游戏中男生们的思维更在乎的是这个物体本身的特性，女生更注重的是外观性，我们作为教师，只有遵循儿童的大脑发展规则，才能激发孩子天生具备的学习能力的发展。征求他们的意见，适时地为他们提供支持和帮助。这也让我们认识到：即使没有高科技的技术，但是只要给予幼儿充分的自由，他们就能想到各种各样的挑战，反复尝试，并从中获得学习和发展。

三、教师小结

在此次游戏中让他们在不断地尝试中获得成功的体验。在实践过程中，幼儿多次感受到纸是会被水淹没的。此外造船游戏对于孩子的手部协调能力具有较大的挑战。例如，折纸、粘胶、摆放木棍、泡沫板等都需要一定的思考，幼儿在实践中反复练习，提升了手部动作协调性和精准性。

在不同的场景下，我采取了不同的支持方式，当幼儿遇到纸船淹没的问题时，引导他们慢慢发现问题，探究问题。借助家长的力量收集了许多塑料瓶供幼儿使用，在面对我们怎样才能在水上游船这个问题时，我以小组形式，让幼儿先合作探究，用经验迁移来解决真实问题。当幼儿造船成功时，我抛出问题"怎样才能获胜"，目的是激发幼儿大胆联想，将游戏体验进一步提升。

教师需发现幼儿自发游戏中的教育契机与生长点，促进幼儿在游戏中发展。

18. 有趣的树叶

黄梅县幼儿园苦竹园区　　孙桂霞

一、游戏缘起

秋天是一个充满丰收和变化的季节，对于3—6的儿童来说，秋天是一个宝贵的学习和探索时期。在这个季节里，自然界发生着许多有趣的变化，比如天气变凉、树叶变黄、果实成熟等。因此，我们希望通过开展秋日探秘之有趣的树叶活动，让孩子们能够亲身体验秋天的魅力，观察秋天的变化，培养他们的观察力、探索精神和科学思维。

二、游戏过程实录

（一）树叶作画

上午的户外活动时间到了，老师带着孩子们来到了操场，地上铺满着金黄色从树上掉落的叶子，好像下了一场树叶雨。于是，孩子们的注意力被树叶吸引去了，他们蹲在地上找到自己认为好看的叶子（图2-18-1），并且还要再炫耀一下自己的叶子哪里好看，每个孩子都收获满满。我捧了一大把树叶向天空抛去，树叶落在孩子们的身上，他们兴奋极了。

图 2-18-1　蹲找树叶的学生们

孩子们把自己收集的树叶带回班级和小朋友们分享，大家争先恐后地展示自己的叶子。看到孩子们对树叶的好奇，我准备了画纸和彩笔，让他们用自己捡到的叶子，展开想象，"这些形状不一的叶子，在我们的纸上可以变成哪些我们生活常见的物品。"孩子们兴高采烈地拿着画笔和纸，开始了他们的创作（图 2-18-2）。孩子们熟练地把双面胶贴在叶子背面粘在画纸上，有的孩子画了小女孩，树叶就是女孩的裙子，他们把银杏叶倒过来贴在女孩的身上，漂亮的波浪花纹就是女孩的裙边。还有把长长的竹叶当做海草，画的海底世界，很快孩子们的绘画就完成了，大家都争先恐后地给老师展示自己的作品，树叶在孩子们的手中变成了美丽的画卷。

图 2-18-2　树叶创作

（二）树叶拓印

为了让孩子们更清晰地感受树叶的脉络，我布置了亲子作业，鼓励家长在家带着孩子一起给树叶涂上各种颜料（图 2-18-3），让它们在纸上绽放自己。完成的家长们也都把作品一一分享在班级群里，从照片中我感受到了孩子和家长们的共同参与和努力，这次活动也增加了孩子与家长们的亲密关系。

图 2-18-3　树叶拓印

三、教师思考

陈鹤琴先生指出："大自然是我们最好的老师，大自然充满了活教材，大自然是我们的教科书。我们要张开眼睛去仔细看看，要伸出两手去缜密地研究。"[1] 秋天的树叶来自幼儿生活，为幼儿所喜欢。因此我们利用了大自然的树叶变化这一自然资源，在活动中以"叶子"为载体，让幼儿探究、观察、比较、创作。

树叶无处不在，是连接幼儿与自然的桥梁，很高兴能在这秋叶飘舞的日子里，与孩子们一同收获、一同成长、一同前行。

19. 迷宫乐翻天

红安县永佳河镇第二幼儿园　汪玲　徐燕玲　方圆

一、游戏缘起

班级阅读区刚补充的迷宫书吸引着孩子们的注意力，他们对不同迷宫的线路、情节、玩法等产生了浓厚兴趣。在玩游戏中他们有更多发现和想法，愿意尝试设计、摆弄迷宫。于是我们引导幼儿开始了挑战迷宫。一系列关于迷宫的自主游戏拉开了帷幕。

---

[1] 卢清. 幼儿教师在职培训中的思与行 [M]. 成都：西南交通大学出版社，2018.

二、游戏过程实录

（一）纸上迷宫初体验

自从活动室里的阅读区补充了几本图书《迷宫大作战》，他们对迷宫的多样造型和复杂的线路就表现出了强烈的探索欲。

这天，美工区里传来了有趣的对话："为什么你这个路堵死了呀？""那我们重来画一条线吧"，原来，孩子们开始在美工区划迷宫，作品完成后，涵涵还激动地分享，然后他们进行了讨论："迷宫里要有死路和活路，不能都堵了""用箭头表示起点和终点"，大家都开始尝试将画好的迷宫给同伴走一走，分享自己的成果。有的孩子发现："岔路都好短啊，一下就发现不能走，太简单了！"随即我们及时介入，抛出问题"怎样才能画出成功的迷宫？"

他们思考后决定带上自己的迷宫图再次到书中找答案，同时看看书里的迷宫跟自己画的有什么不一样，将迷宫游戏进一步展开。

教师思考：

（1）在充分感知的基础上，帮助幼儿梳理迷宫构造的关键要素：起点、终点和线路。

（2）对幼儿发现的问题展开讨论："怎样让迷宫变得复杂？想让大家去挑战？"

（3）探究画迷宫的关键技巧：如何划分岔路。将孩子们产生的问题和解决办法用图表示出来，提供更加丰富多元的材料供孩子们选择使用，支持他们对迷宫的探究活动。

对孩子们设计的迷宫给予充分的肯定和赞赏，进行介入，引导他们观察画面，发现岔路如何从一道变两道甚至多条道路，支持他们进行深层次的探究和尝试，使得设计线路更清晰、迷宫更丰富。

（二）实摆迷宫再探索

这时小朋友们不满足设计"迷宫"，而是进入了下一个阶段，开始了团队搭建。按照图纸拼积木迷宫（图 2-19-1），积木迷宫搭建成功后，幼儿们开始了试玩，并在游戏中收获了快乐与成就感。

图 2-19-1　搭建积木迷宫

在积木搭建成功后，老师重视活动后的交流，把该解决的问题抛给孩子，让孩子一起讨论、交流，使孩子们知道问题所在，同时教师也在引导幼儿互相评价，鼓励幼儿将自己的想法和老师、同伴分享，从而提升幼儿自主游戏的能力。

教师思考：通过谈话活动，帮助幼儿理解单纯的迷宫只是迷宫，只有想办法让迷宫变得越复杂才会越有挑战性。运用碳化积木材料来充实迷宫场景，创造性地设置障碍和分岔路，建构出充满情境的迷宫，使迷宫变得更加真实。在这一活动中，教师要引导孩子们看到自己创造力和合作能力，充分尊重他们的搭建意愿，鼓励他们不断创新并大胆尝试，从而创造出迷宫系列有趣的、新奇的内容，进而推动游戏的深入开展。

（三）户外迷宫乐无穷

孩子们的思维是丰富多元的，他们这次计划去外面玩，于是，搬运来需要的纸板，在操场上协同合作开始搭建。一阵风吹过，一排纸板倒了下来（图2-19-2），皓宸大喊："啊！纸板倒啦！那里没固定啊""全都倒了，该怎么办？"他发现是纸板下面都没有固定，便告诉其他孩子下面都要按一下，雯馨也接着提出了可以拿椅子把纸板靠住的好建议，于是纸板的稳固问题得到了很好的解决。

图2-19-2　倒下的纸板

搭建成功后，艺珂自告奋勇地当起了小队长，手持小红旗，带领孩子们探索迷宫。刚玩了一会儿，有孩子说："太简单了，我们设置一点障碍吧"，新一轮的游戏完成，孩子们迫不及待开始了尝试，游戏时间结束，他们意犹未尽，表示明天还要继续进行这个游戏活动，更有孩子说想要爸爸妈妈一起玩。基于这是孩子们的自主游戏，于是，我们有了新的想法：决定邀请家长入园和孩子们一起装饰游戏材料，通过参与游戏环境的创设，给孩子们户外迷宫的搭建来一次全新的体验。在户外活动时间幼儿偶然发现新的迷宫游戏场景，他们看见滑梯有了新的想法：把迷宫搭到滑滑梯里。下午游戏开始，孩子们用拖车将画好的纸板拉到滑梯旁，运用已有的经验，成功搭建出了和滑梯一体的大迷宫（图2-19-3）。

图 2-19-3　大迷宫搭建完成

在游戏中，思维活跃的语涵主动当起了小参谋，建议大家来埋宝藏和找宝藏，改变迷宫的玩法，情境的加入，使得迷宫更具挑战性。就这样，孩子们一步步实现了用更多的材料来建构更大迷宫的愿望，在他们的努力下，这次的迷宫系列自主游戏价值也得到了体现。

三、游戏活动反思

（一）顺应幼儿兴趣，实现游戏价值

迷宫搭建系列活动以幼儿兴趣为引领，激发其想象力。孩子们反复设计、试验，从简单到复杂迷宫，由平面至立体，由室内到室外，每一过程都获得丰富经验。他们自主选择材料、场地和伙伴，持续优化游戏，挑战自我，成为游戏主导者。在合作中整合资源，创造精彩，实现小游戏的大价值。

（二）让幼儿主动探究，推动幼儿多元发展

在搭建中，孩子积极解决问题，培养思考与沟通能力。通过迷宫线路的观察和操作，增强了逻辑思维。他们创意设计迷宫，并用日常材料创造多样造型，提升想象力和创造力。游戏中分享和合作，强化了幼儿的交流、协作技能。

游戏阶段出现问题，幼儿的解决办法与幼儿发展：

阶段一：纸板方向不对，孔不齐。孩子们调整方向，锻炼观察力。

阶段二：纸板固定不稳，易倒。孩子们上下同时固定，增强思考与合作。

阶段三：迷宫路线不通。孩子们移除障碍，运用经验解决问题，增设难度提升想象与创造力。

（三）教师支持行为的适宜性及不足

教师在游戏过程中放手让孩子自主探索，尊重他们的创意。教师作为支持者、合作

者与引导者，不急于介入，而是以观察者和倾听者的角色鼓励孩子们使用各种材料进行创新设计，从平面到立体，从室内到室外，肯定孩子每次尝试，满足他们的兴趣，激发探究欲望。

反思活动中教师的支持行为，我们总结了以下不足：
（1）幼儿空间意识需强化，单层次线条作品仅限于二维空间。
（2）规则意识不足，需教导迷宫墙不可跨越，障碍需规避，让障碍关卡有出现的价值。
（3）发散性思维需提升，材料使用单一，应促进材料整合。

（四）进一步的支持策略，寻找游戏教育的契机

幼儿在活动过程中表现出的积极态度和良好行为倾向是终身学习与发展所必需的宝贵品质，游戏中的新挑战是维持幼儿持续搭建游戏的关键，对于迷宫游戏的开展，我们有了这样的思考：
（1）如何通过改变材料和空间布置，增大迷宫规模和趣味性，从而增强挑战。
（2）探究如何进一步增强幼儿规则意识。
（3）如何在日常活动中强化空间思维培训。

我们的大型建构游戏"迷宫乐翻天"还将继续开展，让孩子们在游戏中探索建构世界更多的奥秘。

20. 小船诞生记

罗田县城东幼儿园　　教师：张攀　徐杨　指导教师：周甜　吴茜

一、游戏缘起

近期幼儿在区域游戏时学会了折纸，尤其对折纸船特别感兴趣。在玩折小船的过程中小鱼说："我觉得这样不好玩，我想把小船放在水里试一试。"教师作为幼儿学习活动的支持者、合作者、引导者，对于孩子们有了新的想法教师肯定是支持的，于是，孩子们纸船玩水之旅开始了。

二、游戏过程实录

（一）纸船放到水里去会怎么样

在提出把纸船放在水里玩之后，孩子们便迫不及待地拿着自己的纸船，到水池区将纸船放到水池中玩，一会儿，芮芮就发现纸船散架了（图2-20-1）。

图 2-20-1　散架的小船

教师思考：幼儿天性喜欢玩水，为满足幼儿要把纸船放在水里玩的需要，便一起来到了水池区。玩着玩着，孩子们发现纸船散架了。反映出：孩子们用"散架了"来描述沉船现象。这说明孩子们对于纸船下沉产生了兴趣，并且提到"纸碰到水会散架"，说明知道纸船下沉与所用的材料有关。这时，孩子们想让纸船在水中浮起来，教师要充分尊重孩子们的游戏意图，把主动权交给孩子，让孩子在活动中能充分发挥主动性和积极性，使得活动进一步开展下去。

（二）探讨哪些材料能让小船浮起来

孩子们围坐在一起，你一言我一语地开始讨论起来，哪些材料能让小船浮起来呢？小鱼：能不能把泡沫板放到小船下面呢？雯雯：我们能不能用那些泡沫棒和雪花片，试一试沉不沉得下去？瑞瑞：能在船下面放两个轮胎吗？师：小朋友们想了这么多的办法，那你们自己去试一试吧。说完，孩子们就去园内各地寻找材料，小鱼和芮芮在草坪上找来了海绵棒，奕奕和琪琪从教室里找来了雪花片，晨晨和溪溪运来了轮胎，小杰和栋栋拿来了废旧油桶。一声"集合"，材料都找齐了。

教师思考：《指南》中指出，游戏是促进幼儿学习与发展的重要途径，要重视幼儿和生活的独特价值。案例中幼儿结合自己的经验，猜想泡沫板、雪花片等材料能不能让小船浮起来？对于孩子们提出的猜想，教师给予引导，让幼儿自己寻找材料，去发现与探究。

（三）实验记录之材料的沉浮

琪琪跟晨晨说道，泡沫棒去水里试试吧。"哇"的一声，发现泡沫棒浮起来了，溪溪说道："泡沫棒全都浮起来了，那我记录一下子"。她们围在一起，在记录表上的泡沫棒下方浮起来的位置，画上了√（图 2-20-2）。接下来的孩子们分组进行了实验记录。孩子们积极探索，寻求答案，并将探究结果进行了记录和分析。实验结束后，孩子们围坐在一起回顾刚刚的实验。瑞瑞："雪花片可以浮起来，那我们把小船放上去应该也可以浮起来吧。"琪琪："刚拿的是海绵棒，我们把它扎起来试试吧。"小杰："轮胎沉下去了，那我们试试别的东西吧。"讨论完，小鱼这一组的小朋友就将小船放在泡沫板上，发现泡沫板可以让小船浮起来。溪溪这一组将小船放在两个海绵棒上时,发现海绵棒遇水会分开,小船放不了,于是,孩子们想到可以绑起来这个办法。他们将小船放在能浮起来的材料上开心地玩了起来。小鱼:"好想坐到小船上去玩一玩呀。"豆豆:"那我们就做一个小船吧。"

图 2-20-2　实验记录

教师思考:记录作为"做中学"的重要组成部分,是幼儿园科学活动中相当重要的一个环节。用勾画这样的符号记录,既一目了然又符合幼儿年龄特点。在记录过程中,幼儿知道了哪些材料能浮起来或是沉下去。观察、比较猜想结果和操作结果是否有不同,如:开始猜想的轮胎能让小船浮起来,但实验发现轮胎是沉下去的。在幼儿需要胶布绑海绵棒时,教师及时提供相应材料,推动游戏的后续发展。

(四)合作造船欢乐多

1. 船底做好了

在决定要造船之后,孩子们便迫不及待地找来造船材料,运用刚刚实验了解到泡沫板、泡沫棒等能在水中浮起来的知识,将海绵棒用连接器拼成一个个圆圈(图 2-20-3),这该怎么固定呢?豆豆想到胶布来固定。另外几块泡沫板孩子们也用同样方法缠绕固定。豆豆说:"把这上面连起来吧。"于是,孩子们将海绵棒以圆圈的形式固定,之后将泡沫板拼起来,船底做好了。芮芮:"要不然我们加点东西把它变成一艘大船吧。"小鱼:"我觉得我们可以在下面再加一层泡沫圈呀。"其他小朋友认为这个主意特别好,于是孩子们将船底抬出水面,继续寻找材料。

图 2-20-3　造船

教师思考：《指南》中指出，幼儿学习探索过程不仅强调动手做，还强调动手动脑。动手操作的学习方式符合大班幼儿思维行动和具体形象感知这一特点，在实际操作、亲身体验的过程中，让造船经验得到快速内化，主动表达自己的想法。在自主探究过程中，小鱼会想到再加一层泡沫圈来变成一艘大船，这表明他已具备解决问题的能力。

2. 给船身加固

在女生找来海绵棒后，男生们提出帮忙，一起来做泡沫圈。有的撕胶布，有的固定船底，齐心协力进行加固。雯雯："我觉得我们可以把海绵棒当作围栏，这样会更坚固一点。"奕奕："我们把海绵棒多加几层吧。"大家团结协作，我撕胶布你来剪，我拿海绵棒你固定，没一会儿，就加固好了。这时，瑞瑞将体能棒拿来当作船杆，插在船前，小鱼找来国旗粘在船杆上，全部完成后，大家夸赞道：好帅呀好帅呀！孩子们将小船抬了起来，一起往水池走去。

教师思考：在探究活动中，"帮助幼儿不断积累经验，并运用在之后的探究活动中，形成受益终生的学习态度和能力"[1]是《指南》中所提出的建议要求。幼儿在游戏中，一次、两次，甚至多次的自主尝试，不满足于让小船漂浮起来，而是想站在船中玩起来，这个过程他们会尝试新的游戏行为，会想到用瓶子加固小船后又能想到再用海绵棒当围栏，孩子们乐于在动脑中寻找方法，让小船更坚固。在这过程中，教师给予幼儿足够的时间，鼓励幼儿进一步思考，鼓励幼儿自己解决问题，在解决问题的过程中不断反思、总结经验。

（五）小船成功下水

在小船下水后，发现小船在水面上漂浮起来，这一次的成功下水，诞生了真正的小船，孩子们兴奋极了。玩着玩着，小鱼发现可以拿个棒子当船桨，自己就可以让小船动起来。大家都尝试了坐在船中漂流起来的感觉，玩得可开心了。

---

[1] 王先达. 幼儿园科学教育探究 [M]. 长春：吉林人民出版社，2021.

教师思考：《指南》中指出：幼儿在与同伴交往的过程中，不仅学习与他人如何友好相处，也在学习如何看待自己、对待他人，不断发展适应社会生活的能力。在幼儿划船游戏过程中，他们分工合作不争抢，这是他们社会能力有所提高的一种表现。两个人坐在船中，另一些人在船边推动小船。在游戏过程中，实现了生活经验的迁移。一位小朋友尝试用棒子划船，萌萌见状也用海绵棒划船。这表明幼儿同伴之间的学习正在发生，主动思考的品质已经开始发芽。

三、游戏活动反思

（一）活动特点

这是一次开放式的自主探究活动。造小船游戏是幼儿通过在区域活动中玩折纸小船而自然发生的。游戏中幼儿始终围绕感兴趣的小船开展探究，不断提出问题，并寻找解决办法，充分体现幼儿自主探究问题的过程，这是一次具有挑战性的游戏活动。从纸船放在水里会怎么样到哪些材料能让小船浮起来再到造小船，幼儿每一次遇到不同的问题，都需要思考，去迁移知识，对于大班幼儿来说，是有一定挑战性的。这是一次回归幼儿的游戏活动，造小船是由幼儿发起、主导的活动，教师在游戏中捕捉幼儿的游戏兴趣，放手让幼儿自主选择游戏内容，在游戏过程中信任幼儿，适时给予幼儿支持，引导幼儿进行思考和决策，帮助幼儿实现游戏愿望。

（二）对幼儿学习发展的价值

发展自主探究的能力。幼儿重复着"发现问题—提出方法—实践研究—解决问题"的过程，从中了解了材料的沉浮，提高了动手能力，而且不仅发展了自主探究能力，还培养了幼儿的团结协作精神。随着游戏的不断深入，造船时幼儿之间的讨论协作贯穿始终。在活动中幼儿体会到了互帮互助、团结协作而成功造出小船所带来的快乐，培养了幼儿良好的游戏品质。尽管造小船遇到了一个个的问题，但幼儿没有中途放弃，完成了成功造小船的愿望。在活动中，幼儿逐步养成认真专注、不怕困难、坚持到底的良好品质。

（三）教师思考

教师以包容心态引导幼儿主动探索，提供材料激发探究欲望。遇到问题时，引导幼儿主动解决，加强手指动作和创造性思维。游戏中侧重引导幼儿发现自身能力，建立信心，展现创造力。教师应发现每个孩子的闪光点，让每个孩子在游戏中体验乐趣和成功。这样孩子们才能在轻松愉快的游戏氛围中得到发展。

第三章 快乐扮演

1. 滑板一家人

黄冈市春晓幼儿园　郭银　程琳　王立山

一、游戏背景

（一）活动缘起

最近园内新购置了10个滑板。晨间活动时，博博、淳淳最先发现了这些滑板并好奇地问我："老师，那是什么呀？我们可以玩吗？"我笑着回答："这是滑板，当然可以玩呀！"于是他们各拿了一个滑板走向操场。淳淳边走边说："我们去找宝贝好吗？"博博说："好呀！"

没多久，淳淳开心地说："宝贝在这里！"原来，两人在操场上的白色圆圈里找到了宝贝（芯芯）。看到这个情景，让我想起他们之前经常以"一家人"的身份在区角玩"过家家"游戏。博博当爸爸，淳淳当妈妈，芯芯是宝贝。这一次，"一家人"又会发生什么故事呢？我充满期待。

（二）游戏环境与材料

游戏环境：幼儿园户外操场开放式大环境。

游戏材料：滑板、体操垫、体能圈、积木等，游戏材料种类丰富，幼儿可自主选择和取放。

二、游戏过程实录

（一）场地之争

1. 不速之客

"一家人"正坐着滑板在白色圆圈里聊天，这时煌煌滑着滑板过来了（图3-1-1）。

图 3-1-1 在白色圆圈里聊天的"一家人"

煌煌:"这是我的家,你们怎么来我的家啦?"

"这是我们的家!"爸爸生气地说。

煌煌指着幼儿园大门的方向说:"你们去那个门口的地方。"

宝贝环顾四周后,指向另一个地方对煌煌说:"你看,那边的房间很大,我给你买了一个新房子呀!"

于是,煌煌骑着滑板去到了宝贝所说的"大房子"。

2. 被迫搬家

没过一会儿,又有小朋友骑着平衡车想进入他们的"家"。

爸爸双脚拦住车轮,大声说:"这是我们的家!"

妈妈也说:"这是我们的家,我们(位置)不够。"

"我们换个地方过吧!"宝贝突然说。

妈妈指向升旗台说:"好的,那有地方我们去那里吧!"

于是,"一家人"又拖着滑板走向升旗台,去往他们的新"家"(图 3-1-2)。

图 3-1-2 被迫搬家

3. 家里没有"门"

不一会儿,"一家人"发现白色圆圈里的小朋友离开了。于是,他们再次回到最初的"家"(白色圆圈)。可是不久后,骑平衡车的小朋友又来了。

"啊！又来了这么多人，我要把你们拔掉！"爸爸皱着眉头，手脚并用试图拦住这群"闯入者"。

一旁的煌煌说："你们这里又没有门。"

听了煌煌的话，宝贝说："算了，这是你的家，住在这里吧。"

一家人又一次拖着滑板寻找新"家"。他们来到操场花坛旁坐了下来。这时，妈妈发现了一个体能圈，把它放在身旁当做"门"，爸爸骑着滑板用手敲了敲"门"，妈妈微笑着边开门边说："哈哈，快进来吧！"

教师思考：结合前后三次矛盾中幼儿的表现，我发现：三班部分幼儿已初步具备一定的自主解决矛盾冲突的意识和能力。他们能够根据游戏情节发展的需要，运用简单的语言、行为表达自己的意愿与想法，且幼儿以物代物的行为有了一定的发展。但由于该年龄段幼儿语言、思维、情感发展的局限性，幼儿协商解决问题的方式还比较单一。

（二）抢板大战

"滑板一家人"的游戏吸引了更多的孩子，他们有的在观看，有的在跟随。平时一向好奇心强的一哥也很想参与，于是他对"滑板一家人"说："我力气很大，我来当哥哥吧！"

说完一哥就去找滑板，他瞄准了小泽手上的滑板并准备直接抢走。两人力气相当，都紧紧地抓着滑板僵持不下。突然，小泽生气地向一哥吐口水，一哥大声尖叫并对围观的子凡说："子凡，快来帮我（图3-1-3）！"

图3-1-3 "两人"抢板大战

子凡立即过来帮助一哥，旁观的七喜则出手帮助小泽，原本两个人的拉扯变成了四个人的"战争"（图3-1-4）。游戏陷入僵局，并且双方暂未出现任何协商的迹象，这时我决定介入。

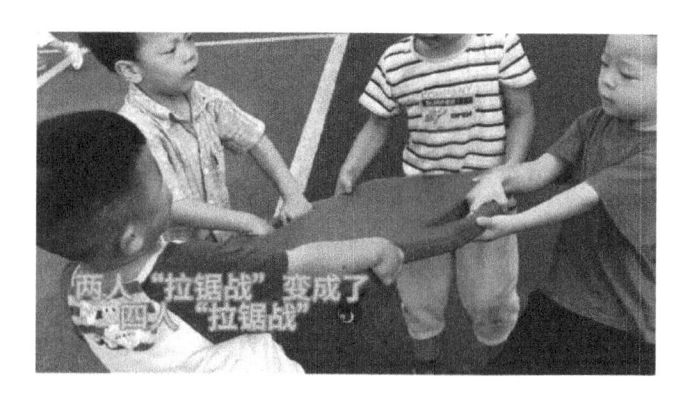

图 3-1-4 "四人"抢板大战

我说:"你们这样一直抢,待会儿时间结束了就都玩不了。"

听完我的话,所有人停顿片刻之后一哥突然用力扑倒在滑板上,小泽见状扯出滑板就跑。

可见,我的介入并没有起到想要的效果,于是,我决定进行第二次介入。

"有没有什么办法大家都可以玩?"我说。

一直围观的小粉说:"你们可以石头剪刀布,谁赢谁先玩儿!"

大家听取了小粉的建议,第一局小泽赢,但一哥依然不想松手。

一旁的煌煌说:"应该让小泽先玩儿,他已经赢了。"

一哥说:"再比第二局。"没想到第二局还是小泽赢,一哥又开启了耍赖模式,要求比第三局。这一次,小泽理直气壮地说:"我已经赢两次了,这个滑板就是我先玩。"

"我也想玩怎么办?"一哥皱了皱眉头说。

这时,小粉对小泽说:"我们一起推他(一哥)吧!"

小泽犹豫了片刻说:"好吧!你先玩,我们来推你。"

一哥坐上滑板,小泽和小粉推滑板,推着推着大家都开心地笑了。

教师思考:在"抢板大战"中我有两次介入,第一次我提醒幼儿游戏时间不够,本是为了启发幼儿思考更合理的解决冲突的方法,但事实上可能由于我的引导不够有针对性,从而以失败告终。第二次介入,我通过提问启发幼儿思考:是否有办法让大家都可以玩呢?小粉建议"用石头剪刀布来决定谁先玩",这个点子让我十分惊喜。这说明,游戏中教师适时有效的引导促进了幼儿自主解决"到底谁先玩滑板"的冲突,发展了幼儿通过协商解决问题的能力。

(三)集体讨论

游戏后的集体讨论环节我播放了"抢板大战"视频片段。

我问大家:"一哥和小泽之间发生了什么?"

小粉激动地说:"是他(一哥)先抢的!"

"我只想要蓝色的，不想要黄色的。"一哥赶紧解释。

我继续提问："我们想要玩别人的玩具可以去抢吗？"

大家异口同声地说："不可以！"

"如果我们想玩别人的玩具，应该怎么做呢？"我又问。

博博："我们可以问一下别人，可以给我玩吗？"

芯芯："没有经过别人的允许就不可以玩！"

一哥："他说可以就可以，不可以就不可以。"

我笑着对一哥说："看来你看了游戏视频之后，又有了更好的解决问题的办法。"

教师思考：我借助游戏现场视频，让参与和没有参与"抢板大战"的幼儿都能更加直观的了解矛盾冲突点，大胆表达自己的感受与体验。教师通过提问，引导幼儿在表达、倾听、反思中建构新的游戏经验——想玩别人的玩具时，要友好地提出请求，未经他人允许不能抢夺。可见自主游戏的场景给幼儿提供了真实的自主思考和解决矛盾冲突的机会。

（四）更大的家

随后，孩子们观看了"滑板一家人"的游戏视频，大家纷纷表示想要加入这个"家"的游戏。

我借机问小朋友们："如果你们想要加入这个家，那你们是家庭成员里的谁呢？"

于是，堂堂说要当舅舅；小泽说要当爷爷；小粉说要当奶奶……这时，宝贝疑惑地说："这么多人，我们家里位置不够大呀！"

妈妈立即说："我们可以去做一个更大的家！"孩子们高兴地欢呼起来："我们要一起去做一个更大的家呀！"

"我好期待呀！"我兴奋地说。

孩子们行动了起来。他们在室内找来了帐篷、地垫等材料；在室外找来了滑板、轮胎、体操垫、体能圈、大型积木等。孩子们用彩色积木和KT板做厨房；用体操垫做床；用体能圈做围墙；用推车做宝贝的玩具箱；用彩色球做汤圆等，并衍生出了做饭、睡觉、照顾宝宝、一家出游等更加丰富的游戏情节。

活动结束之后，孩子们还一起分类收整了所有材料。

教师思考：新家搭建过程中，幼儿使用的材料不再局限于滑板；游戏角色不再局限于三个人；游戏内容也不再局限于之前单一、重复的角色扮演。教师给予幼儿充分的信任，在观察和倾听的基础上通过适时适宜的支持和回应，激发幼儿参与游戏的欲望，拓展幼儿游戏内容，也助推了幼儿更深度地学习和丰富了幼儿的情感体验。

三、游戏活动反思

（一）幼儿自主对家庭成员角色的元认知

真实的家庭生活让幼儿对"家"的概念、家庭成员的认知有了初步的理解。这为游戏在后续开展过程中，幼儿充分表达角色扮演中蕴含的情感以及为"做一个更大的家"而丰富家庭角色、游戏内容、交往行为等奠定了基础。通过游戏，满足了幼儿对于有关"家"的角色扮演的游戏需求和社会性交往需求。

（二）以物代物，幼儿想象力创造力以及表征能力得到较好发展

幼儿将滑板当汽车；将体能圈当门；将体操垫当床等，创造性地反映了其对家的印象和生活经验，这种以物代物的象征性行为正是幼儿发散思维得到发展的表现，这有助于幼儿想象力、创造力以及表征能力的发展。

（三）教师充分放手，适宜的回应与支持创造出了机会让幼儿在游戏中情景中进一步学习

本次游戏中，三次"场地之争"以及围绕"想要玩别人的玩具应该怎么做""想要加入这个家，那你们是家里的谁"问题的讨论，让幼儿在游戏情景中对"家"及家庭成员的了解更加充分。在解决问题冲突的过程中，幼儿自主协商的意识和能力、合作能力、语言表达能力、社会交往能力以及规则意识也在不断提高。

2.骑行区里的小故事

黄冈市黄梅县幼儿园　　王敏　　胡雪　　陈文娟

一、游戏背景

园门口的马路旁有一个通道棚，这使得此处的通道变得十分狭窄，加上混龄活动人数较多，小班孩子规则意识不强，撞车、弃车事件频发，以致出现交通拥堵等系列事故。这天又到周三开展定点式户外混龄的日子，孩子们背着水壶、戴着帽子直奔骑行区，骑行区车辆早就"一扫而空"，两个没有车辆的小朋友在车棚等了一会儿，便决定守在一处通道口当起交通警察，还解决起"车辆遗弃案……"，由此我们开启了一场关于骑行区交警游戏的探索。

二、游戏过程实录

（一）路口堵住了

"这是谁的车,把路口堵住啦!"浩然看到一辆被遗弃的车喊着,通道内其他孩子听到后,抬头看着浩然,好像用眼神告诉他:我也不知道是谁的。"走!走!"没办法,浩然跨在车上很生气地喊着,其他孩子一个个穿过通道,没有理会他的呼喊。豪豪看到车辆越来越多,跑到进口处喊:"米粒,小米粒!"想找她帮忙。

活动结束后,大家一起交流:骑行区里发生了什么事?

佳佳说:"警察没有手势,他发现堵车时,像暴躁的小朋友,会让司机很害怕。"

桐桐:"他没有警察衣服,别人都不听。"

文柏:"他们不知道他是警察。"

幼儿对交警话题的兴致很高,自发讨论起遇到的各种问题。

教师思考:幼儿能够主动发现骑行区里的问题,原来别人不听"小警察"指挥,是因为他没有警察服装,不知道他是警察。幼儿在生活中对交警形象已经有了基本认识,通过讨论增强了对交警角色的认识。

（二）嘿!注意安全

"红绿灯撞坏啦!""超速啦!"……考虑到安全问题,我们暂停了活动。

睿睿:"我当警察时,有人闯红灯,我没看到他的模样,我开警车去追他。"

厚文:"警察不能骑车去追,警察是管理开车的人。"

小美:"等他转一圈回来再和他说。"沛霖:"分头行动,一个人在通道棚,一个人在我们教室那里,一个人在小班教室门口。"

睿睿:"可以装监控找到他。"

教师思考:交警游戏才刚开始,骑行区混龄人数较多、各班对幼儿要求不同、孩子规则意识薄弱等,导致出现各种状况。在幼儿讨论过程中,厚文提出警察不是骑车的人,而是管理好开车的人,体现了孩子初步的角色分工意识。教师遵循少说话、少干预的原则,通过观察分析,引导幼儿思考解决问题,给幼儿自发的话题予以支持,提高了幼儿思维能力和解决问题的能力。

幼儿根据话题继续讨论,各抒己见。

厚文:"爸爸妈妈乱停车,警察会贴罚单。"

小美:"会收车,没收驾驶证。"

老师:"在生活中,交通事故时常发生,交警叔叔会贴罚单,那幼儿园里有罚单吗?应该贴哪里?"

汐宝:"可以用红色卡纸,撕下来。"

厚文："贴在小朋友身上。"
睿睿："第一次超速提醒贴红牌，第二次就没收车子。"
对于罚单的使用方法，孩子们也有自己的想法。
小美："超速，闯红灯就贴红牌。"
沛霖："那个人很聪明，撕下来了怎么办。"
图图："可以躲起来，看看他撕了没有，要是撕的话就没收车子"
沛霖："偷偷在他后面再贴一张。"
这个问题交给你们游戏的时候解决，当有狡猾的小朋友把"红牌"撕下来了，看看用刚才的方法能不能解决？
教师思考：睿睿和沛霖都是很有想法的孩子，语言表达能力和逻辑思维比较清晰，能够大方表达自己的观点，并提出解决问题的方案。幼儿通过激烈的讨论，提出罚单和驾驶证的问题，表明幼儿已有了解决问题的能力，在这个过程中孩子的角色意识已经和生活经验相融合。

（三）我来显身手

几个交警在通道口提醒小朋友，不能走通道棚，并用安全标志引导他们走旁边的通道。另一边路口斑马线处，几个交警用手势提示过往车辆遵守红绿灯，志愿者也自发加入，协助交警维护秩序。沛霖将标识摆在马路中间，想要引导车辆直行，但挡住了道路，佳林看到位置不对，便帮他重新摆放。马路对面的小美和桐桐从教室美工区拿来了即时贴，作为罚单，贴给乱停车的人。正当交警专注地守红绿灯时，一名小班幼儿趁机把车骑到草坪区，眼尖的小交警看到了，马上过去引导他骑到马路上来。

小交警们能够主动维护交通，但同时他们自己也出现标识随意乱放、在马路上来回走动的现象，因此我们就地讨论：交警的职责到底是什么？

孩子们都说"指挥交通，不能乱跑。"

小美："保护世界，不让世界堵塞！"

教师思考：游戏中新元素的加入，让幼儿的游戏情节更加丰富。小交警对于自己的角色非常认可和自豪，能够主动引导司机走旁边的道路，红灯时会引导车辆停到斑马线后。孩子们清楚交警的职责，也乐意维护交通，但幼儿发展水平不同，角色稳定性也不够，所以出现标识随意摆放、自己在马路上来回走动的情况。这一过程教师没有直接教孩子应该怎么做，而是引导幼儿再次思考交警的职责，让幼儿自己发现问题，真正让孩子决定自己的游戏，成为游戏的主人。

（四）"幼"见交警

骑行游戏持续进行中，小交警们对交警职责、手势、标识等有了一定的了解，游戏时发现闯红灯的小朋友，想要贴罚单，但他不服气，不让贴，小美便偷偷在他衣服后贴了一张，并告知旁边交警，交警这才放行。刚回过头，小美发现一个女孩把车停在路中间，赶紧提醒她把车还回去。

教师思考：丰富的游戏材料激发了孩子对交警游戏的兴趣，也加深了幼儿对交警角色的认识，从中可以看出幼儿是热爱交警工作的，也乐意为别人服务，这是难能可贵的学习品质。游戏来源于生活，游戏中幼儿学到的经验是最直接的。幼儿的交警故事来自生活中对交警认识的原有经验，当串起这些认知经验后，他们又玩出了属于自己的童真童趣。通过游戏，幼儿更加熟悉交警这一角色，孩子们也在问题发现和讨论中，一次次与角色磨合，更加了解交警的职责和社会责任感，同时也为幼儿心中的警察树立了正直、高大的形象。

（五）骑行道上趣事多

混龄活动不是一个班的事情，而是全园幼儿共同的游戏，于是我们开始鼓动全园幼儿积极讨论"交警应该怎么做""我喜欢的骑行游戏"等话题，发掘幼儿感兴趣的游戏内容，并做成展示牌，让所有想参加骑行"小社会"游戏的孩子，都能明白相应规则，共同遵守。

根据孩子们的讨论，我们发动家长收集各种材料，以供幼儿自主生成更多的主题游戏。

收集齐材料后，加油站、警察局和快递驿站很快就开张啦！骑行区的孩子当交警的当交警、加油的加油、送快递的送快递，大家忙得不亦乐乎。

教师的思考：游戏的深入开展需要多方面的资源，需要各班老师的相互配合、家长朋友的加入，让幼儿感受到"大人很支持我们的行动""我们可以帮骑行区解决问题。"幼儿能够充分发挥自主性，主动探索、思考、讨论游戏的规则和玩法，体现了幼儿对于骑行区活动的坚持性，他们能够充分利用自己的社会经验，模仿生活中的角色，并呈现出来。

三、游戏活动反思

（一）共感体验：游戏中教师的支持

活动中，幼儿是自主自发的游戏，他们自己选择角色，自己设置安全标志。在游戏推进的过程中，"教师如何发挥作用"是我们需要思考的问题。心理支持是第一步，教师首先应对幼儿聚焦的问题产生共鸣，对幼儿讨论和探索的行为给予充分肯定；其次是探索的时间、空间和人际支持；最后是巧搭支架，调动幼儿对问题探究的热情，使探究在师幼共同体验中不断发展。

（二）规则体验：游戏中安全意识的形成

幼儿参与规则的建立。户外混龄区域是幼儿的一方自由天地，幼儿可以自由选取材料和游戏伙伴，教师只是在关注幼儿安全的前提下，不作过多的干预和指导。在这里，幼儿是独立的个体，幼儿自由讨论并思考规则和要求，并在实际活动中探索规则和要求的合理性。

幼儿体验遵守规则带来的便利，安全快乐活动。遵守规则不等同于把幼儿管得很死，让幼儿失去自主发展的机会。但过分强调自主，没有规则的约束，教育也无法发挥应有的作用。因此，应让幼儿在骑行活动中亲身体验遵守规则给大家带来的便利和乐趣。此时的规则对幼儿来说不再是一种束缚，而是幼儿安全快乐活动的保护伞。

（三）积极体验：游戏中力量的生长

当幼儿具有一定的问题意识后，需为他们提供尝试的机会，只有在尝试中，幼儿才会有自己的判断和思考，教师要鼓励幼儿和同伴交流，在互学中生成新的经验，在解决问题的过程中得到自我效能感的建构，这些都是积极的体验。"我当交警时，我觉得我有责任维护交通安全""我敢和不遵守规则的小朋友说不""我和朋友一起改变了只能骑行却没有规则的骑行区，给大家带来了更多快乐和规则意识。"

当幼儿建立"我是环境的主人，我可以改变环境，我可以像大人一样尝试很多有挑战的事情"等观念时，他们内在的力量也在开始生长。

3. 小戏迷成长记

英山县县直机关幼儿园　查捷　张炼

一、游戏缘起

何梓睿小朋友是英山县直机关幼儿园内人人皆知的"戏曲小明星"（图3-3-1），经常被作为"特邀嘉宾"应邀在园内各个班级表演区巡回表演。他声音清婉动听，唱腔精准，还有那翻转自如的兰花指、轻盈矫健的圆场步、灵活转动的眼睛和摇头晃脑等极其协调的一招一式，绝不亚于一个专业的戏曲演员。

图 3-3-1 "戏曲小明星"

"戏曲小明星"睿睿被戏曲吸引感染着,一有空就吵着叫妈妈播放戏曲视频跟着哼唱、模仿摇脑袋、甩甩手,圆场………

二、游戏过程实录

(一)制作戏曲道具

自主游戏时,睿睿在尽情表演戏曲《梨花颂》,"小观众们"为睿睿的表演喝彩。雅雅提议请睿睿教大家唱戏曲,睿睿当老师,其他幼儿认真地学唱。

活动结束后,孩子们交流在游戏中遇到的难题,大家各抒己见,何梓睿提议画道具图纸。随后孩子们开始设计道具图纸(图 3-3-2)。

图 3-3-2 道具图纸设计

为了让孩子更直观了解戏曲道具,老师带领孩子们去黄梅剧院观赏戏曲道具。

第二天回园后,孩子们深受启发,提议动手制作戏曲道具。他们在美工区找来了各种材料开始制作起来。孩子们用自制的头饰、面具、披肩进行装饰,并表演《夫妻双双把家还》。

教师思考：

（1）孩子们对戏曲表演有着浓厚的兴趣，能持续专注于自己的想象进行戏曲表演。教师则要无条件支持孩子运用各种资源来丰富戏曲表演，促进其更具创造性的表演，满足和尊重幼儿的发展需要和兴趣爱好，为幼儿提供良好的游戏氛围，做幼儿在游戏中的支持者、观察者、记录者。

（2）培养幼儿对戏曲艺术的兴趣，弘扬民族传统文化。

（二）筹备戏曲舞会

睿睿提议举办戏曲舞会，孩子们拍手赞同，同时也获得园长妈妈及老师的支持。之后他们开始自主做好舞会的准备工作：设计观影戏票、座位号、搭舞台、戏曲彩排、邀请观众。

教师思考：

（1）孩子们能发挥自身特长和优势，促进共同发展。

（2）鼓励孩子遇到问题会协商自主解决。

（3）丰富的生活经验，为开展自主游戏奠定了良好的基础。

（三）小舞台走上大舞台

台前小朋友搭舞台、准备座位、发戏票，台后小演员们戴头饰、化妆、换戏服，做准备。何梓睿自主推荐当主持人，他们也要表演《女驸马》《卖水》（图3-3-3）等节目。戏曲演员们精彩的演出，得到了"观众们"的好评和掌声。

图3-3-3 表演《卖水》

活动延伸：

在六一儿童节时，他们自编自演的戏曲"粉墨登场"走上了黄梅戏剧院的大舞台。

更多幼儿迷上戏曲，自主游戏时，表演区尤为热闹，鉴于孩子们的兴趣和发展需要，教师在班级开设班本课程《戏曲之乐》，同时班级环境也增加了许多戏曲元素。

教师思考：

（1）在游戏过程中，孩子们发现问题，不畏困难，持之以恒，勇于探索和实践，努力寻找解决办法,在游戏过程中,学会合作、交流,培养了他们的语言表达、动作发展、逻辑思维等能力。潜移默化地树立了幼儿的民族自豪感,弘扬仁爱、礼让、勤劳、勇敢等传统美德。

(2)戏曲表演对幼儿的影响力是深远的。今后在自主游戏中,我们将持续开展形式多样的戏曲表演活动,带领孩子一起丰富班级戏曲环境,尊重幼儿兴趣和独特感受,创造机会和条件,支持幼儿自发的艺术表现和创造。

三、游戏活动反思

"小戏迷成长记"是幼儿根据自己的需要和愿望,感受美、表现美和创造美的游戏活动。幼儿能从中体验唱戏的快乐。

(一)激发幼儿兴趣与意愿是自发产生游戏的动力

睿睿小朋友对戏曲表演十分热爱,并且他也有着优秀的戏曲天赋,他不仅对表演区情有独钟,同时也会在班上、在园里带动一群人玩转舞台唱戏。

(二)了解戏曲文化是自主游戏深入开展的快乐源泉

丰富的经验是"小戏迷成长记"游戏开展的保障。通过图片、视频、情景表演,让幼儿熟悉戏曲的种类、服饰,更多了解戏曲文化。借助外部环境提供游戏经验,利用与隔壁黄梅戏剧团的有利条件,带小朋友到剧团道具间进行观赏,让剧团专业人员介绍各种戏曲脸谱和头饰道具,给孩子积累戏曲道具制作的前期经验。

(三)丰富的自主游戏促进幼儿身心的全面发展

首先,在服饰制作和舞台创设搭建上,将决定权留给孩子,幼儿是自由的,开放的,只有这样,才能真正调动幼儿的积极主观能动性和合作意识。再次,老师要鼓励孩子自己去完成角色的扮演,进而使得幼儿在游戏与实践中得到全面发展。

(四)教师的多重身份,凸显润物无声的教育效果

老师与小朋友一起讨论分享"小戏迷成长记",老师作为一名参与者,欣赏者,要及时为孩子们自主准备材料、作服饰道具进行表扬与鼓励。

4. 嗨！一起"趣"野战

蕲春县第三幼儿园　余文娟　张坤　夏璠　张金萍

一、游戏缘起

2021年秋，我们结合建党一百周年开展了"传承红色基因，赓续红色血脉"的主题教育活动，带着孩子们走进离我园仅几百米的高山铺战役纪念馆，感受当年红军战士的爱国情怀与坚韧勇敢（图3-4-1）。回园后，孩子们经常在幼儿园小山坡玩起打仗游戏。追随幼儿在兴趣和学习方面的需要，我们依附幼儿园自然小山坡，与师幼共同打造了户外野战区。每学期我们都会利用高山铺战役纪念馆这份得天独厚的教育资源，开展相应的红色主题教育活动，并且幼儿的兴趣仍旧是十分高涨。我们的野战区环境创设也在不断完善，游戏也在不断升级。本学期我们在户外运动区新投放了一批安吉的滚筒、箱子、长短板，发现孩子们在野战游戏中又有了新玩法。

图3-4-1　参观高山铺战役纪念馆

2023年4月10日，天气一放晴，我们大六班的孩子就来到了期待已久的野战区，一场蓄势待发的野战游戏便拉开了帷幕……

二、游戏实录

（一）看，这是我的游戏计划

今天要去野战区开展游戏了，出发前孩子们为今天继续玩野战区做着详细的游戏计划。

游戏计划分享环节陈丽颖说："这边是山坡，山坡上面有轮胎，轮胎可以让我们爬上去，这是绳索，也可以爬上去，那边是滑滑梯队，滑滑梯和山坡中间有条河，我画了一座桥，这样子的话滑滑梯队就可以到山坡那里去（图3-4-2）。"

图 3-4-2　游戏计划分享一

汤甜说："这是我的游戏计划，分为两组，这边是山坡队，这边是滑滑梯队，搭了一个桥，我们拿好自己的武器，保护自己的领地（图3-4-3）。"

图 3-4-3　游戏计划分享二

教师反思：《指南》中指出：幼儿会用一定的符号表示事物，玩游戏之前有自己的计划。经过两年来的自主野战游戏活动的开展，大六班的孩子具备了发现问题并尝试解决问题的能力，他们共同商量后制订了野战区的规则，根据规则，孩子们自主选择组合分队及个人想扮演的角色。幼儿计划能力的培养是一个长期、循序渐进的过程，我允许孩子们"先做后想"积累前期经验；也可以"边做边想"及时反思；还要学会"先想后做"，培养计划性、目的性和思维的缜密性，形成幼儿良好的个性和学习品质，最终把游戏推向更高的水平。

（二）怎样搭建又大又稳的坦克

在搭建中，王明阳首先做了具体分工。王明阳说："我们一起搭大一点，首先你去拿两个滚筒，你可以去拿零件当带子，你可以去拿炮筒，你去拿箱子，然后我去拿那个板子。"小朋友们纷纷从材料区搬来需要的材料。王明阳说："我来组装大滚筒，熊欣语别抬太高，就做上次的那个，上面需要两样东西，你们去把那两个箱子拿过来。"底部搭建好后，王明阳准备上去搭建炮筒，王明阳说："我上去板子又翘起来了，不知道怎么上去？"。安吉箱搬运的过程中，因为过重，遇到了麻烦，管宇航及时向在一旁观察的夏老师求助："老师，你可以过来帮忙吗？"夏老师问："要往哪里搬呢？"王明阳说："搬到上面去"。在夏老师的帮助下安吉箱放好了，这时夏老师做了安全提醒："这样有点不稳哟"。王明阳得意地说："拉一下（迷彩垫子），我故意把这个东西（绿色小垫子）放在这里做支撑。"坦克做好了却发现炮筒塞不进去怎么办？队长王明阳说："等一下重建把这个拿远一点。"可是过一会儿王明阳在搭建炮筒的时候还是发生了炮塔滑倒事件。王明阳跟小朋友说："我刚从上面翻下来了，这里好危险。"管宇航发现了问题说："我知道为什么会滑下来，这个垫子歪了，像滑滑梯一样滑下来。"重新搭建时王明阳再次调整前面垫子支撑，完成了这一项"大工程"（图3-4-4），孩子们心满意足的准备进入后面的对垒战役。

图 3-4-4 搭建坦克

教师反思：在这一次的坦克搭建中，我们更多的落脚点在于幼儿认知和学习品质上的发展：在认知方面发展幼儿的高阶思维能力、问题解决能力；在品质方面，发展幼儿主动、专注、坚持的学习品质。王明阳在几次坦克搭建中的能力和学习态度让我十分惊喜，在游戏中他就是一个主导者，创造者。坦克的搭建还将继续，我会继续关注孩子们在下一次游戏中的探究和发现，持续关注幼儿在游戏中的深度学习。

（三）嗨！一起"趣"野战

按照孩子们的游戏计划，又大又稳固的坦克终于搭建成功。接下来他们开始准备枪支炮弹，于是彩砖成了手榴弹，水管变成了机关枪，战斗开始打响（图3-4-5）。

图3-4-5　"战斗"开始打响

"开战！"队长王明阳一声令下，孩子们互相用彩砖手榴弹投掷起来，个个神勇无比，不甘示弱。新搭建的坦克"砰砰砰"的发射弹炮；幼儿有的手持"弹药"向"敌军"扔去，有的趴在瞭望塔（滑滑梯）在侦查，有的趴在战壕里瞄准投击。越过山坡，进入"战壕"在独木桥上匍匐前进，进行激烈的战斗。瞧，爬、滚、翻、趴……孩子们一个个身手敏捷，俨然成了一个个小战士，浴血奋战，冲锋陷阵，战队中有人被"打中"，躺在草地不敢动弹，野战医院的医生就会及时出来救助，齐心协力抬到临时搭建的医院进行救治。

三、教师反思

游戏中，幼儿积极参加游戏，幼儿的角色意识与规则意识也得到了极大的增强。他们知道根据服装进行组队，穿迷彩服的是山坡队，不穿迷彩服的是滑滑梯队；在游戏中被重伤的幼儿懂得了要倒地等待医生的救助，救助之后还能继续投入战斗。幼儿也懂得在战斗中合作，利用沙包进行躲避，知道要互相配合进行躲避与攻击。然而由于天气炎热，临时搭建的医院空间小，比较闷热，伤员担架抬进去后，幼儿没有实质的救助，只是躺了一下就出来了，情景就比较欠缺。

（一）顺应幼儿的天性——"趣"味浓厚

整个活动的开展来源于野战区是孩子们特别喜欢的游戏场地，这里有各种各样的枪以及军人迷彩服、护士的服饰、弹药、炮弹等。他们有的扮演医生，有的扮演敌人，每次游戏他们都玩得不亦乐乎。这种兴趣促使他们能在较长的一段时间持续地参与到野战游戏中来。在活动中，幼儿不再满足于已有的作战材料，在本该属于角色区的野战营开始一场搭建游戏。他们自己搭建了训练营、战地医院、战壕、机甲坦克，并开展了一场激烈的战役。他们的活动计划性很强，都是幼儿自主完成的，让我看到兴趣的力量与培养幼儿游戏计划的重要性。作为老师，看到幼儿对这些活动感兴趣，首先想到的是顺应他们的兴趣，支持和引导他们开展活动。

（二）积极支持和引导——"趣"事巧成

幼儿有一百种语言，一百双手，一百种思考。作为教师，我们首先应放手，鼓励幼儿发现问题，不错过每个可能的精彩时刻，帮助幼儿建立问题意识，包括建立对问题的持续兴趣和探究欲望。

一起"趣"野战吧的游戏从开始的搭建到最后的战役，每个游戏环节由幼儿自主推进。在搭建训练营，寻找可用材料，高低摆放、安全测试方面，主导权完全属于幼儿。在搭建战地医院时，利用经验的迁移，就地取材，把打地鼠的半圆、迷彩服、地垫、木板结合，成功搭建出天然的战地医院。在战壕的搭建中她们主动出击：搬沙袋、滚轮胎、抬来长短板、梯子。搭建独木桥时，幼儿关于桥的稳定性有争议，我只是抓住时机提了醒，最后孩子们也能商量自主解决。在搭建中，幼儿为让坦克更稳固，加了更多的材料支撑，这一次次的探究行为背后，实际上就是材料与幼儿之间的互动，不同种类的材料带给幼儿不同的能力，也带来更自然、更深度的合作。

（三）提供进一步支持——"趣"味无穷

环境是自主游戏的重要支撑，环境的机构预示着游戏的深度。能触发探索、创造和改变的环境是较好的课程资源，所以去野战区野战是游戏的出发点。目前的材料中，已经投放了很多材料，为了支持幼儿进行深入探究和学习，我们会增加更多的主题材料部分。户外野战区域活动是自主活动，幼儿在游戏的过程中会生成许多游戏内容，后期我们继续推进游戏的发展，使其成为幼儿生成活动的支持者，即教师"支持"策略。如户外野战区中幼儿自然而然生成了"机甲坦克""战地医院""沙袋城堡"等建构主题，生成了"抢夺山头""抗洪救灾""救灾运粮"等主题意义的游戏，但幼儿能力有限，这时教师必须"推"幼儿一把，拓展幼儿游戏的内容，不断丰富有关的经验，并用获得的新经验来建构自己的游戏，从而推动幼儿生成游戏的发展。

野战游戏还在继续，孩子们"乐"在其中，"趣"在其中，"发展"在其中，我们还会继续追随幼儿的脚步，做好幼儿游戏的观察者、支持者、欣赏者，去发现幼儿更多的精彩。

5. 野趣"农家乐"

黄冈市实验幼儿园　刘斯　吴泉林　陈汶琳

一、游戏缘起

野趣活动是孩子们非常喜欢的游戏。幼儿园户外改造刚结束，一口"遗留"在"沙水浴场"里的锅便引发了孩子们兴趣（图3-5-1），一次有关野趣的"农家乐"角色扮演游戏就这样自发、自由、自主地悄然诞生了……

图3-5-1　"遗留"在"沙水浴场"里的锅

二、游戏实录

（一）有锅无灶怎么办

一口锅，一个轮胎就是一个简易的"灶台"，沙子、石榴花、树叶就是"美食"，元元和妍妍化身为"小厨师"，手挥锅铲翻炒，自然生发了一场烧饭的游戏。

沙池一旁，小桦正在做菜，洺倬也想加入其中："我们一起，好吗？""可以呀，帮忙加点蔬菜吧。"源钰则手持平底锅做饼，只见他先后用石头、锅铲将锅中的"饼"压平，并献给老师："老师，这是你的饼。"由于时间关系，第一天的游戏就结束了，但孩子们要求明天继续。

次日，又来到了沙池，元元在沙池里挖了一个洞当火炉，并将锅放在火炉上煮牛肉和虾，三宝和妍妍正在灶台上煮"青菜瘦肉面"。而另一边因灶不够，源钰、瀚景和八哥找来了几个小木桩，随后源钰将三根木桩立在沙池里，刚把汤锅放上去就掉了下来，只见他又拿了一个小木桩立住，并用手摇了摇："这一个还能动怎么办呢？"我说："那是为什么呢？""要多做一点水泥。"这时，瀚景走过来说："我这里有水泥可以浇筑凝固。"于是他们一起将小木桩进行了稳固。另一边，八哥的汤也因灶台不稳而泼洒一地。于是，我问："八哥，你的汤怎么泼了呀？""因为这个树桩太矮了，所以就泼了。"他发现是因为木桩高度不一致后立马进行了调整。旁边的元元和洺倬的灶也出现了问题，因为木桩的距离太远，锅小而放不了，于是开始调整位置。沙池另一头，猪猪将小木桩通过平放围合的方式搭了一个稳稳的灶。

教师思考：沙池、锅、轮胎、小木桩、铁铲引发了新的游戏内容——制作美食。元元、妍妍就是"厨师"，我们作为老师并没有因为游戏条件受限而干预幼儿的游戏行为，而是静静地观察他们在做什么。制作美食离不开锅和灶，在制作美食的过程中，出现了两个与灶有关的问题：一是有锅没有灶怎么办；二是灶不稳固怎么办。这两个问题都得到了较好的解决，这也说明孩子们在与环境、材料、同伴互动中，产生了认知冲突，但能开动脑筋，主动解决问题。

（二）蔬菜上阵，趣味多

有锅无灶的问题解决后，孩子们提出想要去摘一些真正的蔬菜。因菜园子里的菜还没有成熟，为不打消他们的积极性，我去食堂拿了一点剩余蔬菜。有菜没刀，咋办呢？只见翊锋手用力地将茄子撕掰成小块，嘉贤将洗干净的土豆用嘴咬："老师，我咬不动，我需要刀。""我也没有刀，咋办？"只见嘉贤找来一个铁铲，把土豆放在木板桥上，用铁铲用力切土豆，奈何力气不够，切了很长时间才切成2块。另一边瀚景用铁铲将黄瓜和番茄切成了一块块，八哥和可乐用力捏碎番茄，加入水和"糖"，制成"水果茶"（图3-5-2）。这时，小桦和洺倬的"茄子炒丝瓜"也新鲜出锅了。

图3-5-2　"农家乐"

教师思考：材料是游戏深入推进的最佳支持物。随着游戏的深入开展，我充分尊重幼儿想法，持续跟进与支持幼儿的预期愿望和所需材料，如茄子、西红柿、黄瓜、土豆等。当幼儿发现没有刀，他们没有因为掰不动土豆而放弃，而是尝试用嘴巴咬、找锅铲切，在不断尝试的过程中寻找对策。幼儿亲历、体验、探索的过程就是他们学习的过程，真实的问题情境是触发他们自主学习的最佳时机。

（三）分工合作，野趣农家乐

"今天你要干什么呢？""我要切菜""我要煮饭""我要炒菜"……孩子们已经迫不及待地想要开始今天的游戏了。

然而，沙池被哥哥姐姐们占用，于是有孩子提议："我们去森林教室吧！""这真是个好主意。"说干就干，大家迅速将所需的材料一起搬到了森林教室。

瞬间，小农庄热闹极了，搭灶、择菜、切菜、炒菜等等，孩子们各司其职，沉浸其中。

"妍妍，我们去摘点菜吧！""好呀！"于是，妍妍、小桦、包包一起拿着小筐去菜地里择菜。不一会儿，就摘了许多番茄、豆角、茄子、黄瓜。

瞧！三宝将摘来的黄瓜清洗干净，用刀切片装盆（图 3-5-3）；夏天将豆角掰成小段；翊锋将茄子掰成小块；嘉贤将番茄切成小块……

在建构乐园，瀚景不知从哪儿找到了一个气球桩，"老师，这个可以做灶哦，但是这个好重呀！""那怎么办呢？怎么运到我们的农庄呢？"他左右环顾一圈，发现一旁的轮胎，只见他将轮胎滚过来，把气球桩放在轮胎中间，然后滚动轮胎将气球桩成功运送到农庄。嘉贤和小桦、元元一起合作抬来了一筐碳化积木，洺倬和元元将积木通过围合架构的方式搭建了一个灶，洺倬将捡来的枯草放在灶台中间，放上锅，吹一吹、煽一煽，哇！热锅可以炒菜了！

妍妍、小桦将切好的黄瓜端到灶台边，倒入锅里，用锅铲搅拌，不一会，香喷喷的炒黄瓜出炉了；同时，另一个灶上的茄子煲也做好了，希希用平底锅烤起了土豆，撒上一点调料，哇！真香呀！农庄热闹的气氛吸引了"客人"的光顾。"有菜没有米饭怎么办呢？"瀚景立马说："我知道了，沙池里有，"于是，他拿起一个锅就向外跑去，来到沙池，装入沙，经过小河，用"山泉水"清洗，又飞速地返回农庄煮饭。茄子煲、西红柿汤、土豆烧豆角……一桌香喷喷的"农家美食"就这样做好了。

图 3-5-3 切黄瓜

游戏结束后，看着剩余的"美食"，我说："这些菜怎么办呢？""喂鸡呀！"于是，孩子们将"美食"投喂给小鸡。

回到教室，我们一同观看视频回顾游戏，"我做了茄子煲""我做了黄瓜味的土豆""我想要一个烤箱""我想要真的火将黄瓜炒熟"……孩子们你一言、我一语地分享着自己的收获与展望。

教师思考：为进一步激发孩子们游戏的欲望，我们将场地换到了更加便利、宽敞的森林教室，让整个游戏活动更加充满野趣和生机。在找到一个盛水的气球桩时，因为过重搬不动，我没有介入，瀚景想到了用轮胎滚运的方法来解决搬不动的问题，我惊讶于他们解决问题的能力。

游戏结束后的分享、交流是帮助幼儿梳理经验、激发思考、深入游戏的过程。在互动分享时，运用视频、照片辅助他们对自己在游戏过程中遇到的问题进行反思，明确自己的优势并补充新的经验，同时激发下一次游戏的欲望。整个游戏过程中，伙伴们分工明确、不畏困难、互帮互助完成了一顿丰盛的农家美食。

三、教师反思

自主游戏作为幼儿一日活动中的重要组成部分，深受孩子们的喜欢。在游戏中幼儿体验到的不再是玩"教师的游戏"的乏味感，而是真正地玩在其中、乐在其中、悟在其中。

（一）尊重幼儿，让幼儿成为游戏的"主人"

幼儿有着丰富的生活经验。游戏来源于生活，孩子们选择做美食游戏，说明他们有观看做饭的经验。孩子们选择在沙水区做美食，说明他们喜欢接触大自然，并与之互动。游戏中还出现了以物代物，孩子用树叶当菜、细沙当盐、石榴花当爆米花、草当面条等，孩子们在游戏中已经脱离了真实情景，进入了一种假设的或者想象的世界。纵观整个游戏，从幼儿在游戏中表现出的模仿、替代、想象，我们可以看到幼儿认知能力、动手操作以及交往能力都得到了很好的锻炼和发展。

在游戏中，意外一次又一次地出现，但这并没有阻碍幼儿游戏的热情，反而因问题让游戏充满挑战和趣味，如没有刀，就用手掰、用锅铲切；灶搬不动，就用轮胎滚等。整个游戏过程中，孩子们在毫无束缚的状态下自主游戏，营造了愉悦、轻松、舒适的气氛，使得孩子们真正成为游戏的主人。

（二）追随幼儿，让幼儿在游戏中学习与成长

"幼儿在前，教师在后"，教师只有了解幼儿，才能深入幼儿内心，观察其行为、洞察其需要、判断其发展水平。

幼儿从用轮胎、小木桩搭灶、把锅放在灶台上，把树叶、草、蔬菜放在锅里翻炒，以

沙子为调料,草作为燃料……这是一个非常典型的野外做饭游戏,是幼儿已有生活经验的生动反映。在游戏过程中,幼儿的角色意识逐渐萌芽,如"厨师""服务员""切菜工"等。他们自主分工、协商和合作,对所扮演角色及职责有了更为清晰地认识。

基于观察和思考,有针对性地选择适宜的指导方式,才能真正推动游戏逐步深入。当发现有锅无灶时,引导幼儿合作搭建"灶台";"有菜没有米饭怎么办呢?"以平行角色激发幼儿继续探索;游戏后以情景再现的方式给予指导,用启发性的问题引导幼儿思考,积极探索解决问题的方法。如第一次孩子们随意将蔬果倒在沙池里,就离开了,教师通过游戏后的分享与讨论,引导幼儿养成不浪费的好习惯。

(三)支持幼儿,寻找下一步生长的契机

通过观察、记录幼儿,对幼儿在游戏中表现出来的兴趣和观点进行解读,同时反思游戏中的不足,发现受时间因素的影响,意外地错失了几个教育契机,如:当孩子用锅铲初次尝试切土豆时,因没有掌握切的技能,所以存在一定的安全隐患;在炒菜过程中,孩子将手伸入锅中,在生活中这是一个危险的动作,所以针对这两个问题我与孩子展开讨论,培养他们的安全意识。

生活中,幼儿喜欢玩农家乐的游戏,我们可以从以下方面着手,帮助幼儿拓展经验,为他们后续开展游戏给予支持。一是带领幼儿参观体验农家乐,不断丰富幼儿对农家乐的认知,支持他们积极探索;二是从材料上给予支持,根据孩子们的需求为其提供更多的材料。

6. 小司机来啦

黄冈市园丁幼儿园　沈婷　周凡　鲁敦琳

一、游戏缘起

"交警亭"是班上的热门区角,每天早餐过后,孩子们就自己铺好布艺马路,摆放信号灯,选择自己喜欢的车,穿上交警服装,开始交警亭的角色扮演游戏。

二、游戏实录

一天早上,我听到多米小朋友说:"这个马路太小了,车子一会儿就开出去了。"妙妙说:"是啊,我好想骑操场上的大车子呀。"于是我提出:"那你们想不想去操场上搭更大的马路,骑更大的车子?"

这个提议一说出来,孩子们都欢呼起来,吵着要赶紧下去。

"搭建什么样的马路呢？"我把这个问题抛给了孩子们，引发了孩子们的讨论，他们七嘴八舌地议论开来。

孩子们根据自己的已有经验和想法画出了不同的马路设计图（图3-6-1）。

图3-6-1 马路设计图

乐乐画了一条直直的马路，佳佳画出了一条拐弯的马路，豪豪在画马路的时候还添画了一个停车场，淇淇在马路上设计了红绿灯。

教师思考：孩子们热衷于在走廊上进行小司机的角色扮演游戏，随着他们的游戏兴致越来越高，室内走廊区域场地太小，已经无法满足他们，因此，孩子们开始想去操场上搭建大马路，骑真正的车子。根据幼儿的兴趣我创设了画马路设计图的机会，幼儿进一步细化了搭建马路的计划，我期待着他们即将创造的惊喜。

马路设计图纸出来后，孩子们开始搭建了。

佳佳："我要用那个黄色的砖来把马路围起来。"

萱萱："我要用那个黄色的长长的那个。"

妙妙："我想当交警。"

小茹："我要当小司机。"……

分配好角色，孩子们开始动手寻找材料，按照自己的设计图，合作搭建马路。黄色单元砖、空心砖、万能结、方管、圆管……户外建构区的材料成了孩子们的首选。萱萱和伙伴们用黄色单元砖一块接一块连接、延长……很快就围起了一条马路。

妍妍这时候开着车子过来了，但是车子无法顺利通行，卡住了。

回到活动室，我有意选择了小车卡住的图片播放，和幼儿一起回顾刚才的游戏，询问孩子们在游戏过程中是否遇到了困难。

萱萱："马路是我和小宇一起搭的，但是有点儿小，车子过不去。"

妙妙："对，马路搭得太小了，我觉得应该要把那个黄色的横杠杠去掉，车子就可以过去了。"

妍妍："是的，可以把那些长条都去掉一些。"

孩子们认为车子过不去，因为马路搭得太小，应该去掉方管积木。

教师思考：第一次搭建，幼儿没有考虑到马路的宽度，导致车子通过困难。到了游戏分享环节，我组织幼儿回顾游戏过程，发现问题。

虽然这次幼儿没有获得期望中的成功，但试误的过程，也正是他们不断探索的过程。通过回顾，从中发现问题、分析问题，让幼儿对马路的宽度有了进一步了解，她们认为应该去掉横着放的方管积木，这样可以让马路变宽。

三、初具规模的马路

经过讨论以后，孩子们进行了第二次搭建，这次他们扩宽了马路……

在第三次搭建之前孩子们围绕马路上还能搭建什么展开了讨论。

豪豪："我要把停车场搭超级大。"

航航："我要当交警。"

豪豪："我要当停车场的保安。"

佳佳："要是车子坏了怎么办呢？"

妙妙："那就搭个修车厂。"

妙妙："车子脏了，我们就搭个洗车店怎么样"……

孩子们来到了操场，有了前两次的搭建经验，孩子们在搭建马路之余，还搭建了其他游戏场所。

（一）餐厅的搭建

溪溪搬来了一块大的黄色空心砖，和四根方管积木组合，可是黄色的空心砖一放上去就压倒了，连续尝试了几次都是这样。

于是溪溪开始尝试用纸箱搭建，可是摆弄了几下，又放弃了。

看到溪溪的举动，我意识到她应该是想搭建一张桌子，我走过去用温和的声音说："你是想搭建一张桌子吗？"

溪溪："是的，但是这个砖一放上去就倒了。"

我启发道："怎样可以让四根方管积木固定？材料箱里还有没有其他砖可以把它们固定住呢？"

溪溪环顾四周，走到材料箱旁边，她取来了一块蓝色的正方形的积木，将它放在地上，然后她把方管积木插入正方形积木中间的圆孔，很快四根方管积木都稳稳地放好了，她们又搬来了一大块长方形积木，放在了长条积木上面，这次他们终于搭好了桌子。

萱萱从班上的角色区中找来了厨师服、餐具、食物模型等材料，马路边的小餐厅准备开始营业了。

（二）交警岗亭的搭建

诺诺和妙妙喜欢扮演警察，他们把蓝色的正方形积木垒高，还在中间放了一根方管积木。

诺诺："我们把这个搭高点，交警就可以站在上面了。"

淇淇："好的，我来当交警。"

交警岗亭搭建好了（图3-6-2），淇淇穿上了警服，戴上了警帽，站到了岗亭上，开始指挥交通。

图 3-6-2　交警岗亭的搭建

（三）洗车店的搭建

妙妙："这里有两个水龙头，待会儿我们可以洗车。"

欣欣："我要去洗车。"

妍妍："我也要去洗车。"

妍妍："但是没有路，小汽车怎么过来呢？"

妙妙："我们要搭一条马路到洗车店（图3-6-3）。"

图 3-6-3　洗车店的搭建

（四）停车场的搭建

妙妙和她的小伙伴们用黄色和蓝色的单元砖围合了一个方形的区域，豪豪又跑到门卫室找来了一个扫把，作为道闸杆，放在停车场入口处，停车场终于建好了。

教师思考：幼儿的分享环节十分重要，正是同伴的分享讨论，推动着游戏不断完善，让游戏内容愈发丰富。

在这个片段中，我大部分时间都在默默观察，当溪溪的桌子腿无法固定，并经过多次尝试，仍未获得期待的结果时，教师应该用一个适当的分析型提问，帮助幼儿找出问题所在，激发幼儿进一步探索的欲望。

四、角色扮演：小司机来啦

初步搭建完成后，小朋友们开始进行角色扮演游戏。

"快来洗车""快来修车""红灯""绿灯""不能按喇叭"……

航航、萱萱开着车子来到了他们搭建的"停车场"，玩起了收费停车的游戏。突然，诺诺和依依小朋友的汽车撞在一起，这让豪豪非常着急，他喊来了交警淇淇。

淇淇："不能从这里出去，不然就会堵车了，这里还要有一条出口，从这里进，从这里出。"

豪豪对着小司机们大喊："从这里进，从这里出。"

停车场由原来的一个入口，又增加了一个出口。

淇淇："现在畅通了，诺诺警官，这里已经畅通了，有事你再联系我。"

马路畅通以后，孩子们在一起讨论了刚刚游戏中遇到的问题，都认为应该在停车场里划分停车位，于是他们去材料屋寻找更多的材料，完善停车场和马路的搭建，避免再次出现撞车的情况。

豪豪找来了两块工字砖和方管积木，做了一个指向标，引导车辆去往停车场的方向。航航和他的小伙伴们根据小汽车的大小，比画着停车位的宽度，利用方管积木在停车场内划分了一个个停车位。辰辰快速地把车开进了车位，萱萱在航航的指挥下也进行了倒车入库。

孩子们停好车以后，来到了之前搭建的快餐厅，享用美食，孩子们在就餐中结束了此次游戏……

教师反思：当发生撞车事件时，豪豪小朋友知道去联系交警，请求交警的帮助，而且还让交警守在出口处，维持车辆正常通行。我很欣慰看到撞车问题就这样轻松地解决了，这让我更加相信：游戏是幼儿极有意义的学习方式，幼儿解决问题的能力在游戏中能不断得到提升。

在深入的探索中，幼儿持续思考、不断尝试。在丰富的材料支持下、在教师的陪伴鼓励下，幼儿的游戏过程绽放出了一朵朵意料之外、情理之中的惊喜之花。

五、教师小结

（一）本游戏活动特点

1. 自发生成，自主选择

整个游戏活动的开展与推进都源于幼儿的兴趣，是幼儿在自主交流中产生的。由于班级区角的场地限制，"交警亭"的游戏无法满足幼儿更进一步的游戏需求，教师灵敏地抓住了这个兴趣点，引导幼儿开展交流，将游戏场地延伸到大操场。幼儿搭建完马路后，喜欢在马路的旁边搭建各种"店铺"，并进行角色扮演游戏，在这一游戏过程中，教师充分尊重了幼儿的意见和想法，激发了更多的游戏灵感。

2. 问题导向，纵深探究

搭建什么样的马路？车子通过不了怎么办？停车场只有一个入口可不可行？车子怎么开去洗车店？这些问题随着游戏的开展而自然出现。在不断解决问题中，幼儿不仅掌握了科学探究的方法，也提高了动手能力、合作能力、想象力和创造力，引导着幼儿由原有水平向更高水平发展。

（二）教师的下一步支持策略

在后续游戏中，我们可以从以下几个方面着手，帮助幼儿拓展经验，给予他们后续的支持：

一是带领幼儿观察不同的马路，帮助幼儿丰富马路的类型，搭建技巧以平铺、延展、围合为主，后续可以和幼儿一起了解高架桥、隧道等道路特点，丰富幼儿的认知经验，并引导幼儿尝试使用更高要求的建构技巧，例如：垒高、盖顶、架空、排列等。

二是和幼儿一起观看文明交通宣传视频，了解更多的交通规则和交警指挥手势，丰富幼儿有关角色扮演游戏的经验。

三是提供更多的建构材料、服装和道具，让幼儿在角色游戏中有更多的选择，从而创造出更多有趣的游戏。

7. 过家家之"办席儿"

英山县县直机关幼儿园金铺园区　谢薇　张泺　郑茜茜　张倩

一、游戏缘起

户外有一个天然的区域，在该区域投放了水缸、木板、斗笠、塑料瓶以及一些废弃厨房用具等。孩子们围在一起讨论后,想要开展过家家游戏,于是孩子们开始找工具找材料。他们找到了废弃的床板、木板、小板凳、锅等,把找到的东西进行分类整理,然后用木板搭桌子,摆放了几次桌子都不平稳,一个小朋友说这地不平摆不稳,又太矮了,于是一起找了一块平地,用轮胎摞起来,搭出了一张简易方便的餐桌(图3-7-1)。

图3-7-1 讨论怎样让桌子更平稳

二、游戏实录

经过实地观察,幼儿根据草地的造型画出了小餐厅的布局设计图。经过他们多次的尝试,小餐厅的桌子搭建好了。

教师思考:

教师在支持幼儿的兴趣前提下,以自发交流和积极主动的活动形式,让幼儿有计划有目的进行游戏。充分尊重并满足幼儿的内在需要,创设良好的游戏氛围,激发幼儿的主体能动性。

(一)搭"灶台"

餐厅摆放好了,孩子们提出了新的想法——搭灶台。

第一次尝试。他们找来砖头搭一个正方形!经过努力灶台终于搭好了,可是发现并没有足够的空间放柴火。

第二次尝试,他们搬来了大石块,将大的石头堆在最下面,然后将较平稳的砖头放在石头上一层一层搭上去,旁边进行加固,这次比上次大了许多,形状也变成了圆形。

(二)如何加固灶台

大家有条不紊地进行着搭灶台工作,在泥巴里面加了一些土,再搅拌,泥巴变得浓稠了,冰冰、欣瑶把浓稠的泥巴裹在石头外面,这一次一个稳固的灶台终于搭好了(图3-7-2)。

图 3-7-2　加固灶台

教师思考：通过本次活动，可以看出幼儿发现问题、解决问题能力明显提高，大班的幼儿已经具备从简单地跟随模仿过渡到了积极主动参与，从依赖老师的帮助转变到了通过同伴间的交流发现问题并有初步解决问题的能力。

（三）"餐厅开张"

灶台终于搭好了，小餐厅今天开张啦（图 3-7-3）！"备菜员"媛媛在洗菜、备调料，涵涵在切菜，"洗碗工"清清在清洗消毒碗筷。"小厨师"梓骁在厨房里挥动锅铲，点火、放油、放盐，再翻炒，利索地炒出了第一道菜。"服务员"冰冰将一朵红色的小花装点在菜上面，她将菜拿到餐桌上，两位小客人尝了一下，竖起了大拇指，说："好吃，好吃！"冰冰开心地说："请慢用！"又去炒下一道菜了。面点师锦腾做出了各种可爱造型的面点，小熊、小鱼、爱心、小花……两桌小客人品茶、干杯，对餐厅的服务赞不绝口。又来了两桌新的客人，餐厅里更忙碌了。在大家的努力下，开业的第一天落下帷幕。

图 3-7-3　"餐厅开张"

（四）收纳整理

随着小餐厅的结束，小朋友开始了收纳整理工作。

教师思考：户外角色游戏给了幼儿时间与空间，对于幼儿来说更自由更自主。他们能明确自己所扮演的角色的分工和职责，并能较逼真地表现出不同角色的工作情况。

有了充足的材料支持，游戏在孩子们及时的商讨与不断的调整中持续有序地推进着。但是很快，他们发现客人等待时间较长，厨师出餐速度较慢，服务员过于忙碌，食材准备不足……

在游戏结束后，小朋友们聚在一起讨论，提出了解决办法：厨师多一点，服务员多一点等等，在下次的游戏开展中相信小朋友会进行相应调整，并进一步完善小厨房的人员分配制度。

三、教师反思

（一）兴趣和问题的捕捉是关键

本次游戏主题是幼儿在自主交流中发生的，教师灵敏地抓住了这个兴趣点，引导幼儿展开交流。在讨论玩法、准备材料、游戏活动各环节，教师充分尊重了幼儿的意见和想法。宽松自主的环境，加上教师对幼儿的充分关注、积极支持，增强了幼儿的自信，激发了更多的游戏灵感。

（二）游戏对幼儿学习发展的价值

1. **感官刺激**

当孩子触摸到泥土和水就会给他带来特别的感官刺激。

2. **动手能力**

在玩泥巴的过程中，揉、搓、捏、拍等动作可以锻炼幼儿的手部力量以及精细动作的发展。

3. **泥巴中的菌群**

有利于提高孩子的免疫力；能让孩子们感受自然的魅力，从而热爱大自然。

4. **学习大自然的知识**

当孩子在玩土和水的时候，他们会发现土和水的特性，了解到泥土和水的用处；通过玩泥巴，发展孩子的想象力、创造力和思维能力，并且孩子会自己将泥土变成自己想要的样子。

5. **自我表达**

展示作品、叙述作品灵感、完成作品；获得成就感，培养了自信心，同时和同伴的合作能力也得到了提升，在游戏中获得了成功的体验和游戏的乐趣。

6. 获得情绪上的满足

孩子们在无拘无束、自由自在地玩泥巴时，心情也会豁然开朗；柔软凉快的水，黏黏凉凉的泥巴给他们很舒服的感觉，用自己喜欢的方法去玩，能感受到自我发挥的乐趣。

（三）自我反思

多给幼儿说话的机会，给幼儿创设一个能够自我发展的机会和空间，不局限于他们的发展。

发动幼儿收集废旧材料和半成品，丰富游戏材料。

观察幼儿在游戏中的表现，及时作出评价，教师以适当的方式参与指导游戏，促使幼儿的游戏主题不断深化，情节继续发展。

引导幼儿在角色游戏中建立和遵守规则，从而培养幼儿的责任心。

通过在游戏中解决遇到的困难和矛盾，能提高幼儿解决问题的能力，提高幼儿合作能力，培养幼儿做事有始有终的习惯。

在后期游戏中，可以增加更多的人员和角色，经过多次反复游戏后，积累经验，拓展餐厅业务，如：优惠套餐、餐厅货币、送外卖、自助餐厅等，让"小餐厅"摇身一变，做自己的特色餐厅，玩出大精彩！

8. 小交通，大智慧

英山县第三幼儿园雷家店园区　陈菲　刘恋

一、游戏缘起

在"小手拉大手，共创文明城"的号召下，我园以"交通安全伴我行"为主题，结合实际情况创设交通区角。中班幼儿主要依靠表象，即头脑中具体形象进行思维，他们喜欢在创设的交通区角场地中认识直行、转弯、停车、红绿灯等交通图标。中班幼儿已具备开始接受任务、开始自己组织游戏的能力，另外，交通区角中扮演货车司机、出租车司机、交通信号员的角色，可以看出幼儿用语言、动作等表征性地反映自己对生活中此类角色的认识，反映自己所获得的生活经验。

二、游戏实录

自主游戏开始了，我们班大部分幼儿选择了交通区角骑小车。有的幼儿独自骑行，有的是和自己的小伙伴结伴而行。

在游戏过程中我被他们的欢笑声和小车的撞击声所吸引。

只听胡梓舒一声"预备，开始"，小司机们便浩浩荡荡地出发啦！

（一）小车追尾

可是还没一会儿，就在第一个转弯处就出现了"交通事故"（图 3-8-1）。

图 3-8-1　"交通事故"

余彬、杜欣怡、胡梓舒三辆小车挤在一起。

余彬说："我们的车卡在一起了。"

（二）逆行的小车

很快他们都到达了双向直行车道的尽头，需要转弯掉头了。

杨心宸一边快速地骑，一边大声说："让一让，让一让。"凭借精湛的车技，灵活避开了来往的小车。

叶铭轩和佘梓宇也要转弯了，一个往左转，一个往右转，果然不出所料，不一会儿两辆小车发出"嘭"的撞击声，追尾啦！紧接着又与前面驶来的王瑾汐撞到一起，发生了"连环交通事故"（图 3-8-2）。叶铭轩笑着说："我们三个撞在一起了。"然后王瑾汐很快调整过来说："杜沛瑶我来啦！"

图 3-8-2　"连环交通事故"

（三）操场上出没的小车

突然听到一阵很奇怪的"吱吱吱"的声音，扭头一看，原来是王瑾汐骑着小车从操场上去往停车场，后面的郑雨濠和熊昕看到了，也骑着小车跟上了，到了停车场那边就听见连续的"哐哐哐……哐哐哐……"

（四）随意停放的小车

游戏时间到了，小司机们纷纷下车去集合了，操场上只留下七零八落的小黄车。

教师思考：从幼儿游戏中的表现可以看出，他们对交通区角骑小车非常感兴趣。因为在游戏活动前幼儿没有认识图标，没有制订规则，并且在游戏中也互不相让，都想快快骑，一味地追求速度，所以在游戏活动中极易出现碰撞、堵在一起、场面比较混乱的状况。如果这个问题不解决的话，幼儿游戏还能进行下去吗？我将这个问题抛给幼儿，与他们一起探讨解决问题的办法。

（五）交通标志我知道

根据上次幼儿在游戏活动中的表现，组织幼儿进行一次集体讨论活动。

我说："一起观察我们之前玩游戏的视频，看看有哪些地方是你觉得有危险的、是不对的行为？"

佘梓宇说："我发现有人在我的后面撞了我的车。"

我说："两边的车道上都有小朋友骑车，到了掉头的地方，两边交叉转弯，就容易发生什么？"

幼儿一起回答："容易撞车。"

我说："那我们一起想想办法，怎样才不会撞车呢？"

杨心宸说："可以躲开。"

我追问道："怎么躲开呢？"

储昭东说："我们往前面走。"

我说："那前面的小朋友该怎么办呀？"

余夏说："可以转弯。"

我说："嗯，这是一个可以实施的办法，那我们来观察一下马路上有什么？"

幼儿一起回答："有黄色的线。"

我说："是的，在地面上有黄色的线，是把马路分成两条车道，还有什么呢？"

熊昕说："还有箭头。"

我说："这真是一个不错的发现，有一个指明方向的标志，我们要按照它指的方向走。"

陈宇晨说："老师，还有斑马线。"

我说："它是人行横道，它有什么作用？"

幼儿一起回答："是路人走的。"

我说："嗯，是行人过马路的地方。那我们一起来认识几个常见的交通标志吧。"（图 3-8-3）

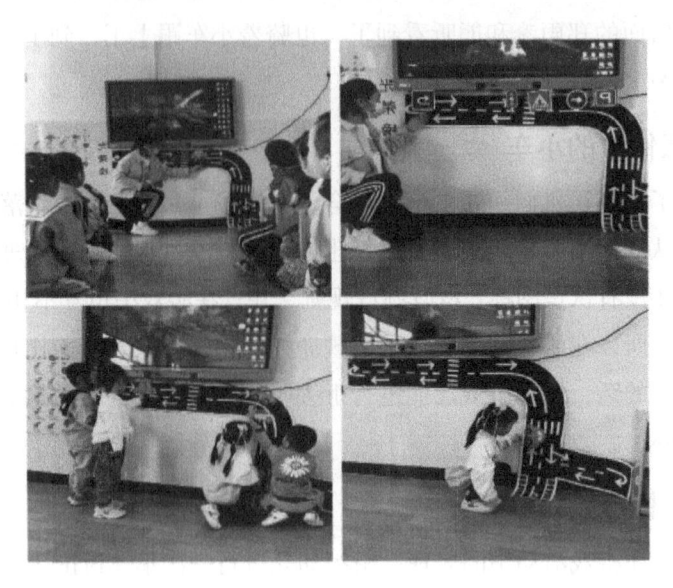

图 3-8-3 认识交通标志

教师思考：从互动中，幼儿提出了自己的解决方法，比如骑车的时候眼睛要看前面；看到前面有人行横道、下坡的时候要减速；通过教具马路实况模拟图、各类交通标志以及请幼儿动手操作小汽车教具来模拟小汽车在马路上行驶，进一步生动形象的帮助幼儿理解马路上地标的含义，初步感知交通标志的作用。

（六）我是合格小司机

认识了常见的交通标志，体验了用教具模拟了小汽车在"马路"上行驶，快来看看我们的小司机们是否能成为一名合格的小司机吧！

游戏开始啦，大部分幼儿可以根据地上的标志骑行。虽然刚出发就发生了连环追尾事件，但他们能够很快地进行调整。

不一会儿，佘梓宇看着前面又快拥堵了，一边说："我躲，我躲，我躲。"一边灵活扭动车把手减速慢行。

在上坡之后掉头的地方，叶铭轩载着郑思成，转弯一下没转过来，郑思成看到地面上有水迹，他指着湿的地面说："打滑啦。"在游戏活动的过程中还是发生了"交通事故"，特别是在掉头和上下坡的地方，容易发生撞车和拥堵的状况。于是在游戏活动结束后，我带领幼儿到树荫下休息并一起讨论刚刚游戏过程中遇到的问题。

我说："刚刚在游戏的时候，还是发生了小车碰撞，下坡速度比较快，可能有的小司机要看前面，没有顾及地上的标志，那我们怎样可以提前看到标志减速呢？"

胡梓舒说："我们可以弄一些标志呀。"

我问:"标志弄好之后呢?"

余梓宇说:"放到地上。"

我说:"把标志放在地上的话,那就和我们现在地上的标志作用一样啦。怎么办?"

杜欣怡说:"挂起来。"

我说:"这是一个好主意,那挂起来放哪儿呀?"

余夏说:"放在马路边。"

那我们一起去找一找有哪些标志吧。

教师思考:在游戏活动中,大部分幼儿能根据地上的图标有序进行游戏,大大减少了发生"交通事故"的次数,但还是会有撞车和在下坡的时候容易发生堵车的现象。于是在游戏结束后,在我的提问和追问下,通过去找标志和放相对应的标志,再次巩固了幼儿对常见标志的认识。

(七)我是文明小司机

在游戏过程中,小朋友们被拉货车的声音所吸引。我们的小车可以拉什么呢?小朋友们说:"我们也可以拉货呀。"

游戏难度升级,投放货物游戏材料,观察小车,发现小车的不同之处。一种是小货车,一种是可拉人的小车。幼儿自主选择小车,扮演小货车小司机和出租车司机,有的扮演乘客。货车司机把货物送到幼儿园食堂门口,出租车司机把乘客送到幼儿园停车场,幼儿之间按自己的意愿选择角色。

游戏难度再次升级,增加红绿灯标志和交通信号员的角色扮演(图 3-8-4)。交通信号员管理红绿灯,大家按照"红灯停,绿灯行,黄灯亮了等等"规则开始游戏。小司机们要注意信号灯,遵守交通规则并减速慢行。

图 3-8-4 "我是文明小司机"游戏

教师反思：在游戏呈现中，出现了各自分配任务、各司其职的情景，是让我们非常兴奋的。在幼儿掌握了一定的交通规则下，根据中班幼儿年龄特点，在游戏中创设情景，赋予幼儿角色扮演并提供材料布置一些小任务。不仅增加了骑车游戏的趣味性，而且能够提高幼儿动作的灵活性、协调性和平衡能力，促使幼儿身体两侧肌肉力量的协调发展，还能培养幼儿互助、友爱、勇敢、合作的品质及能力。后期增加了红绿灯标志和交通信号员角色，逐渐让幼儿体验和学习减速和耐心等待，同时能够增强幼儿遵守交通规则的意识，逐渐在生活中做到文明出行，增强自我保护意识和自我保护能力。

9. 来碗藕粉

黄梅县实验幼儿园下新二园区　付聪　殷锦　郭玉婷

一、游戏缘起

《指南》中明确指出，幼儿教育要注重引导幼儿通过观察、操作、探究等方式，发现生活中感兴趣的事物、游戏和偶发事件中所隐含的教育价值，把握时机，积极引导，培养幼儿的好奇心和探究欲。近期，在一次《寻找淀粉宝宝》的教学活动。孩子们对"莲藕"产生了浓厚的兴趣。一个小朋友突然提到，"我们家也有藕，还有藕粉呢！"这个话题立即引发了全班热烈的讨论。

二、游戏实录

（一）探索淀粉与藕粉

在科学实验课上，幼儿对食材中有没有淀粉的问题存在很大的疑惑。于是我们展开了寻找淀粉的实验，准备了一些萝卜、莲藕和碘酒。老师："现在我们做个实验，看看萝卜水和碘酒会发生什么变化。"源源："把萝卜水挤到碘酒里，杯子里碘酒的颜色没有发生任何变化！"

萝卜里面不含淀粉所以碘酒的颜色不会发生变化，接着我继续开展下一步实验："我们再来看看把藕粉水挤到碘酒里会不会发生变化吧！"

"哇！变颜色了，碘酒变成了蓝色。"民民激动地大喊，前后实验结果的不同瞬间激起了孩子们的兴趣。"为什么萝卜水不会变色，莲藕水会变颜色呢？"媛媛疑惑地问。对于孩子们的问题我并没有立即给出答案，而是让他们自由地去探究。孩子们开始讨论交流起来，民民："我曾经在电视上看到过，淀粉可以和碘酒发生反应变成蓝色。"浩浩："那莲藕水里面是不是也有淀粉呢？"经过孩子们的不断猜想，他们已经找到了问题的关键。

教师思考：关于淀粉，它贴近幼儿的生活，让孩子们"有话可说"。孩子们在活动过程中通过直接感知、实际操作、亲身体验来理解淀粉的模样和作用，将过程变得愉快而贴近实际。

（二）手工藕粉制作

对于莲藕里面存在淀粉的这一问题有许多孩子还存在着疑惑，因为孩子们在这一方面的经验太少，藕粉在我们这里也不是一个常见的东西，但大部分的小孩子都见过了红薯粉的制作过程，于是我决定尝试着引导他们利用已有的经验去提炼藕粉。

1. 第一次尝试制作藕粉

制作过程的第一步莲藕削皮，对于许多孩子来说就成了第一大难题："这个藕的皮好硬啊，太难削了。藕的表面是凹凸不平的，有的地方根本削不到啊。我觉得很好削呀，藕圆滚滚的，皮里还有很多水分。"民民说。

源源："是啊，这个藕的皮确实有点硬。不过我们可以试试用不同的方法来削皮。比如，可以先将藕切片，然后再用刀慢慢削皮。"通过教师的指导和孩子们的不断尝试（图3-9-1），第一步削皮切块的工作圆满结束。

图 3-9-1　教师指导学生制作藕粉

但是在研磨阶段新的问题也随之产生了，孩子们经过多次试验，终于发现使用不同工具捣碎藕的效果也不同，有的工具捣碎的颗粒大，有的工具捣碎的颗粒小。孩子们开始思考不同颗粒大小的藕对制作藕粉的影响。

孩子们将捣碎的藕放在教室过滤，第二天早晨孩子们发现盆里面的藕粉水出现了分层，上面都是清水下面都是渣。对于这一结果很明显没有达到我们最初对于实验结果的预期。

民民："我们过滤的工具不太对，应该使用更细密的过滤网。"

教师思考：面对榨汁和过滤的问题，孩子们有各种办法，我们作为老师应该鼓励他们积极地去做。在一次又一次地尝试下，各种方法都去体验过后，孩子们在交流分享梳理中，还知道了使用工具的不同，藕渣形态不同，过滤汁量也不同，这不仅引发幼儿有了积极参与的兴趣，还加深了幼儿对过滤的认知，主动意识也得以加强。

2. 第二次尝试制作

找出失败的原因后,孩子们对捣碎工具的选择存在着很大争议。"妈妈给我榨苹果汁的时候把苹果放到榨汁机里面,苹果一下子就被弄碎了。"萱萱的提议得到了所有小朋友的认可。于是我们再一次把切成小块的藕放进榨汁机里(图 3-9-2),盖上盖不一会儿,块状的藕真的变成了藕汁!

图 3-9-2　第二次制作藕粉

这次小朋友们分工合作,一部分小朋友负责把藕切碎,然后由安民操作榨汁机,再由几个小朋友进行纱布过滤,这样的流水线操作,不会手忙脚乱。

我们把榨好的藕汁用纱布过滤,静置一夜,藕汁也出现分层,孩子们将上面的清水倒掉后(图 3-9-3),底下出现了一层白白的藕粉,孩子们找来了簸箕:"我们可以晒藕粉啦!把藕泥晒干,这样才能得到真正的藕粉。"孩子们每天轮流来照看晒着的藕泥。他们发现晒干的过程中会有一些小问题出现,比如藕泥被风吹散了或者下雨了需要赶紧收起来,但是他们通过思考和尝试找到了解决办法。

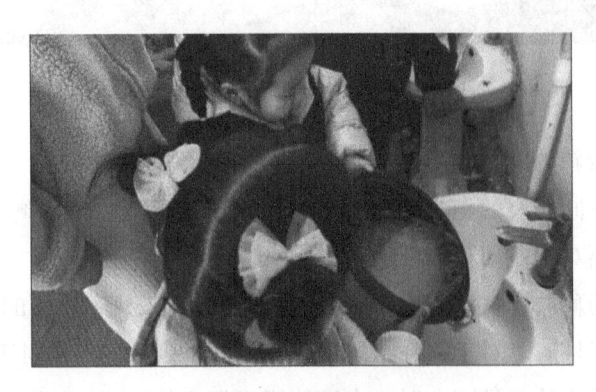

图 3-9-3　倒掉清水

教师思考:当孩子们有了第一次使用传统榨汁的方法的经验,第二次采用机器榨汁的过程娴熟了不少,简单的过滤也让他们学会两两合作的重要性,并感受到合作的快乐。他们通过发现问题到解决问题,也已经掌握了过滤和炮制的小窍门。

（三）炮制品尝

——怎么样泡藕粉呢？

——直接加热水吗？

——像泡奶粉一样，先用温水化开，再加开水！

按照孩子们讨论出的方法来泡藕粉。他们发现这样泡出来的藕粉更加滑嫩细腻。他们也学会了如何控制水温来炮制藕粉。当他们品尝着自己制作的藕粉时都非常的兴奋和满足，同时他们也知道了劳动带来的快乐和成就感。

三、教师反思

幼儿在多次体验、实践、反思中获得知识、提升解决问题的能力。他们感受到了一种变化的过程，对藕变成藕粉有了更深入的了解。在项目实施过程中，教师始终以幼儿为本体，尊重幼儿的兴趣和需要，鼓励幼儿在活动中提出问题、解决问题。教师通过观察、提问、实践、探究、思考和总结等环节，引导幼儿深入了解淀粉和藕粉的奥秘。此外，活动还注重利用本土资源，让幼儿了解家乡的特色食品和文化传统。

10. 趣味自"煮"

黄梅县实验幼儿园下新园区　吴莹　饶琪　项伶俐

一、游戏缘起

"玩"是孩子探索世界的方式。户外野炊是孩子们非常喜欢的游戏之一，在游戏中，孩子们可以充分与大自然接触，利用身边熟悉的资源和材料进行户外自主游戏。然而角色游戏是幼儿最感兴趣的一种游戏方式，幼儿对模仿成人活动、按照自己的意愿扮演角色，能够充分发挥幼儿的积极性、主动性和创造性，使幼儿能够极有兴趣地在游戏中进行学习，从而发展情感与培养能力。为此，幼儿园特意为孩子们开辟了野炊区，"野趣盎然，乐享野炊"也就拉开了序幕。

二、游戏实录

（一）画出野炊中需要的工具和食物

周末赫明爸爸妈妈带他去了某景区玩，景区的自助烧烤非常吸引人。入园后，赫明和峻松讨论进行一次野炊活动，两个人想法一拍即合，于是开始找小伙伴一起加入。和小伙伴一起根据经验开始组织起来（图 3-10-1），一起探讨如何进行第一步？妍妍："我们从准备开始吧，先把自己需要的东西画出来，然后一起找。"峻松听完妍妍说的连连点头，有了领队人后，大家听从着妍妍的"指挥"开始动手画出需要准备的物品。小朋友们根据自己的想法列出了户外煮饭需要的物品清单，并清点所需的食材和工具，根据现有材料进行调整。

图 3-10-1　组织野炊活动

教师思考：野炊区是本学期新开的区域，开区时间不长，但孩子们对野炊区的热情与兴趣度却是很高。经过几次的尝试体验，幼儿对野炊活动有一定的经验，他们能根据经验水平在这次自主发起的游戏活动中，有了一些较为"成熟"的想法和流程思路。

（二）灶台的初次搭建

在小领队妍妍的指挥下，大家有条不紊地准备着食材和工具，一起搭建着灶台。孩子们有择菜洗菜的、取柴火的、洗锅碗瓢盆的、切菜的，大家都不亦乐乎地准备着。当食材和工具准备好时，大家开始准备在一块生火了。有之前的搭建经验，这次大家的搭建方式有所不同，将砖围成花型并向上垒高，但在大家几次点火尝试下，火苗总是点着一会儿就熄灭了。赫明："峻松你看火灭了，怎么办呀？"大家围聚着蹲下看："水灭的""用防风打火机""锅漏了，水滴下来的""风吹的。"

在大家你一言我一语中，孩子发现了问题："风吹的"，于是讨论该怎么办？森森提议："我们大家围一起点火就行"，在听取森森意见后大家紧紧围在一起尝试着，但火依然没点着，萌萌说："把它全封上，风就吹不进来。"于是大家又开始搬砖行动。

教师思考：在看到幼儿在准备食材工具时，不由得我有了丝丝甜意涌上心头。想起他们之前初次体验野炊时的画面，与之相比之下，现在我可以很好地做个"旁观者"。

幼儿尝试多次生火，虽然火没有生起来，但大家的热情并没有被风"吹掉"，而是继续不断地尝试着，方式不对就换人生火，找不同位置，不断地讨论想办法。在幼儿的一次次尝试下，孩子的专注力、毅力、思考问题、社会交往能力等多方面能力都在这一言一语之中发展促进着。在整个过程中，我基本没有干涉和支招。所有的问题都是幼儿自己发现和解决的，我只是偶尔提问引导幼儿的观察和思考。在幼儿的发展中我们要相信他们，尊重他们，支持他们。

（三）加固后的灶台

开始加固围严实啦！霖霖、峻松、森森、赫明几个力气大点的男生，你一块我一块使劲地搬砖，萌萌在一旁指挥着："把这个都围上，这火着了，然后又要把那全补上。"于是大家又跑去搬了几块砖来，加固稳固后开始了这次的生火尝试，点火的那一会又起了风，赫明紧张地说："有风，快点封了，快一点。"一旁的萌萌眼睛直勾勾地看着灶台的柴火，就在赫明话音落下的时刻，萌萌惊喜地说道："哎！着了。"峻松也激动地说："着了，真着了。"大家高兴地围着生起的灶锅旁往里面放柴火（图3-10-2）。

图3-10-2 点燃柴火

灶台问题解决了，新的问题来了。大家把灶台都紧紧围起来，风不容易吹灭柴火，但柴火不容易放进去了。大家不断地往灶里塞柴火，火势越烧越旺，可过了一会火又灭了。"灭了灭了""又灭了"……大家又开始讨论起来了，刚才提议全围起来的萌萌说："我家的灶有个口，拿出一个口就可以了"。妍妍说："可这砖太烫了呀？"由于砖块已经烧了有一会儿时间，考虑到幼儿的安全问题，我："要不，我来试试吧，需要吗？"

教师思考：萌萌有较强的组织能力及观察能力，她发现了灶台搭建不适合起风时摆放，能够观察发现并思考将灶台围严实的好方法，但又不易生火时，萌萌在重新搭建后获得成功，还在不断思考尝试，寻求解决问题的方法，由此可以看出她在探究过程中的主动、坚持和专注。

（四）成果的体验

火烧得旺旺的，很快锅中的水就烧开了。大家将面条、青菜、胡萝卜等食材依次放入锅里，赫明拿来盐时，峻松一边掌勺一边提醒放盐的小朋友："少放一点，多了会咸。"森森说："放完了盖上锅盖。"锅里的面条煮好时，大家都迫不及待地想品尝自己的劳动成果和厨艺。碗洗好了，大家拿着碗和筷子，把面条夹自己碗里（图3-10-3）。峻松说："我会用筷子，我自己夹。"赫明也说："我也会。"他们一边夹着面一边面条往下掉。筷子使用不够熟练的峻松和赫明，一边吃着一边自豪地说："自己煮的面，嗯嗯嗯，就是好吃。"品尝了自己煮的食物后，大家又开始分工收拾了。力气大的男生搬柴火，女生洗碗，男生洗锅，洗刷好了，大家开始收拾着其他东西……

图 3-10-3　盛面条

教师思考：大班幼儿已经具有一定的基本生活自理能力，生活经验也较为丰富。在赫明放盐时，大家会提醒少放点盐会咸。在幼儿发展中个体是有差异性的，使用筷子不熟练的峻松和赫明夹面条时会掉落。但作为教师，我需要了解并尊重幼儿，尊重他们的个体差异，不是每个孩子的手部动作肌肉发展都是一致的。

11."布""童"精彩

英山县县直机关幼儿园　胡晓宇　方妍

一、游戏缘起

布在我们生活中常见的材料，更多的是用于装饰，很少作为我们的一种游戏材料，本次案例也是因为桐桐小朋友把布包在身上当作裙子，引起了孩子们的兴趣，从而引发了一系列关于布的奇思妙想。不同的表现与创作，呈现不同的玩法。布作为一种独特的游戏材料提供给幼儿，给予幼儿自主创设游戏的空间，让他们进行开放性的游戏，探索不同的游戏方式。

二、游戏实录

（一）"布"期而遇——公主的裙子

在一次区域活动的时候，我将存放在柜子底下的布拿出来晾晒。不一会桐桐扯下一块布围在身上比画着，她看到我正在看着她，显得有点慌张，于是我朝她微微点头，以示同意。只见她将布围在身上，高兴地跑到表演区对旁边的伙伴说："这是我新做的裙子，漂亮吧"，孩子们都围了过去，就这样孩子们将其他几块布也拿去围在身上打扮出各种造型，玩起了公主游戏（图 3-11-1）。

图 3-11-1　公主游戏

孩子们玩了一会发现布老是掉，这时茜茜将自己头上的夹子拿下来，想将布夹住，妍妍看到也学着茜茜的样子，拿夹子想夹住自己的头纱。她们尝试一会后显得有些吃力，于是两个孩子决定互相帮助，成功地将头纱夹住。

教师思考：在大人的思维里认为孩子对布不感兴趣，所以从来没有想过利用它来进行游戏。但儿童是游戏的上帝，没想到这些"遗弃品"的出现引发了幼儿对布的想象，桐桐将布想象成公主的裙子，这一行为是与幼儿的生活经验相联系的。在我的认同下，就有了这场与"布"的初次碰撞，事实证明幼儿对这种不被看好的底结构材料还是很感兴趣的。

（二）"布"解之缘——放在布上的球

走廊上皓皓和之之拉扯着一块布，洺洺看见后将球放在布上，可是刚一放上去球就掉了，三个人尝试了几次依然放不住球。洺洺说："怎么老是掉啊？"之之说："没有空间。"并顺手抓起了布的一角递给洺洺。就这样球终于放在布上了。后面三个人增加了游戏难度，想抖动布的同时不让球掉下去。在不停尝试后他们喊来了一位小伙伴拉住布的第四个角，就这样从三人游戏变成了四人游戏。有了明显效果后他们换到了大场地上并换了一张更大的布。尝试了几次后，球依然很快地掉下去，他们决定继续邀请伙伴加入，于是四人游戏变成了多人游戏。

在一次次的尝试中孩子们获得了经验,他们先将布放在地上,分好每个人的位置,抖动布的同时身体跟着布一起上下起落,球在布上的时间越来越长了。他们一次次地尝试、探索、获得经验,最终球能够一直在布上滚动并不掉下去(图3-11-2)。

图3-11-2 多人"滚球"游戏

教师思考:看着幼儿的游戏过程,我梳理起他们展现出的已有经验。首先,与小班时期相比,我发现中班幼儿合作解决问题的能力有了明显提升。其次,我发现幼儿对"空间""重力"已有一些基础性经验。在观察过程中我发现幼儿获得了很多之前缺乏,但在游戏中偶然得到的关键经验,于是在幼儿休息时期组织了一次探讨,引导幼儿对新获取的经验进行分析,将自己的经验迁移分享出来,推动游戏的开展。

(三)"布"同凡响——搭建帐篷

野餐游戏时,之之说:"我和爸爸妈妈去野餐的时候会搭个帐篷。"梦梦说:"那我们也搭个帐篷吧。"孩子们纷纷表示同意,就这样搭帐篷游戏开始啦(图3-11-3)!他们来到材料区挑选,最后决定使用工匠积木搭建。在操作的过程中他们发现红色管子太长了,于是选择了较短的蓝色管子,在大家的共同努力下帐篷的骨架终于完成了。"没有顶怎么办?"皓皓说。桐桐给出解决办法:"我们去拿布吧。"于是孩子们找来了一块大布。因为有了前期经验,在大家的合作下第一版帐篷很快完成了,孩子们兴奋地钻进去。可是没过一会顶的一角塌了下来,桐桐又给出办法:"我们用石头给接它压住。"于是孩子们搬来了黄色积木压在布的四个角上,就这样第二版帐篷诞生了。皓皓高兴地喊道:"耶!我们的帐篷成功了。"在自己搭建的帐篷下孩子们继续开心地做野餐游戏。

图 3-11-3　搭帐篷游戏

教师思考：幼儿对感兴趣事物的执着远超乎我的想象，他们能根据已有生活经验进行自主活动，随之根据真实的生活经验展开了新的游戏方向。幼儿亲历、体验、探索的过程正是他们学习的过程。幼儿结合生活及前期经验，合作搭建帐篷。搭建过程中出现的不稳固的问题并没有让幼儿停止游戏，反而激发了他们进一步探究的热情与兴趣，他们相互交流和尝试，友好地协商与合作，对物体摆放的稳定性有了更加直观与深入的感受，幼儿经历了"发现问题—解决办法—实地验证—调整解决办法—再次验证"的探究过程。

（四）"布"可思议——运输工具

游戏结束后，孩子们开始收拾整理游戏材料，皓皓看着坐在布上的桐桐说："你再不起来我就给你抬走啦。"其他孩子听到后也赶紧跑过来凑热闹，纷纷抬起布的四周将桐桐抬起来，玩了一会后孩子们开始收拾材料，但是这一次他们并不是单个材料地往下送，受到刚才用布运人的小启发后，幼儿开始将游戏材料放在布上，将布当作运输工具，合力将材料运输到存放处，他们发现用布运输能一次搬运很多材料。

教师思考：幼儿的智慧远在成人的预想之外。一个意外的举动，探究出布的另一种玩法，幼儿的合作意识和解决问题的能力逐渐提高，想象力、动手能力都得到发展，可以看出他们在日常生活已经养成了较好的收拾整理习惯。我更加意识到：只有为幼儿创设平等宽松的环境氛围，尊重和信任他们，放手让他们去发现、探究、创造，他们才能真正成为游戏的主人。

三、活动的特点及价值

（一）巧用低结构材料，支持一物多玩

布，不仅易于收集，而且具有丰富的可操作性、探索性，属于低结构材料。不管是什么样的材料，只要到了孩子手里，就会变成他们的游戏工具。通过观察发现，开始孩子们

只是将布当做衣服，接着他们又将布和球结合，之后又利用布组建了一个"帐篷"，最后又用布当运输工具。这一系列的活动，我没有干涉也没有将自己的方法直接灌输给幼儿，从单独游戏到后面的合作游戏，无形之中就培养了孩子的合作能力、交往能力。小小的布在孩子们的探索中玩出了大大的乐趣，他们可以根据自己的兴趣和当时的想法随意组合实现一物多玩，这突破了原有的思维束缚，使游戏真正成为幼儿主动学习的过程。

（二）以幼儿的想法为出发点，保持接纳和尊重幼儿的想法

在他们的游戏过程中，我一直以观察分析在先、介入指导在后为活动原则，让幼儿充分发挥自主性，支持幼儿自主思考、解决问题。当幼儿拿起布时，我只是静静观察，了解他们的真实意图。所以，在接下来的时间里，布就存在于不同游戏中。在幼儿遇到问题无法解决时我会先观察，如果他们出现了想要放弃游戏的情况时，就应该介入其中，介入只是为了支持幼儿的游戏，而不是直接告诉他们解决问题的办法。

（三）促进幼儿想象力和创造力的发展

幼儿自主游戏的过程也是一个艺术创造的过程，他们用自己的方式表达着自己对世界的体验，在这个游戏的过程中，他们就用他们的行动诠释了这一点。他们根据自己的兴趣想法，用布完成了多种游戏，并且在游戏中，发展了幼儿的想象力和创造力。

12. 小厨师成长记

黄冈师范学院附属幼儿园　芮婷　郑维

一、游戏缘起

一次建构活动中，孩子们用积木搭建出了五彩缤纷的"果汁"和"饼干"，并送给我品尝。孩子们兴奋地表达着自己所创造出的美味，并期待着他人也能够品尝到它们的美味。这个情景触动了我内心最柔软的一面，被孩子们的天真和纯真所打动。在发现小朋友在这类游戏中热情高涨并且体验也非常好，于是在这个活动背景下，我便发动家长们把家里废弃的锅碗瓢盆带到幼儿园里面，让孩子们有更多的实物玩具从而生成美好游戏体验。这样，孩子们便可以更加自由地发挥想象力，探索生成更多的游戏。

二、游戏过程

（一）快乐小厨师

瞧，游戏一开始，孩子们纷纷带上从家里带来的"锅碗瓢盆"来到草地上，并开始踊

跃地挑选起餐具来。

舟舟小朋友拿出炖锅说:"我在炖汤。"并开始向旁边的小朋友介绍自己做的"汤",说:"里面有一些草莓,还加了一些果冻在里面"。钖钖小朋友在旁边听了一会儿后跟舟舟说:"我能跟你们一起玩儿吗?"舟舟点点头说:"可以"。琪琪小朋友和秋秋小朋友也走过来,把自己的餐具放在地上,秋秋小朋友说:"加点草吧"(图3-12-1),她和琪琪开始捡起地上的草放进锅里,这时候舟舟边拿出了锅里的草边说:"草不需要咧。"然后盖上盖子开始"炖汤"。

慢慢地,越来越多的小朋友加入了舟舟的游戏,在"煮汤"的过程中,舟舟边指着炖锅和杯子,边和钖钖说:"这些东西都不能动。"过了一会儿,舟舟的"汤"煮好了,"草莓果冻,草莓果冻"她大声吆喝,可没人理她,这时我趁机拿过杯子问:"你往汤里放了什么呢?"舟舟说:"放了糖、草莓,还有果冻。"接着我说:"现在请你的朋友来喝吧。"舟舟说:"琪琪就是我的朋友,她马上来",一会儿琪琪就过来了,舟舟说,"琪琪看我炖的草莓果冻汤,我们一起品尝吧!"琪琪听了,露出了开心的笑容,焙焙也高兴了起来。

图 3-12-1 "煮汤"

孩子们围坐在草地上,品尝着独具特色的"果冻汤",聊着天,高兴地互相交流。有的孩子负责制作美食,有的负责寻找食材,大家都在忙碌着。这时有孩子提出想要找水,那该怎么办呢?

在游戏回顾环节,沫沫提出下次活动想要在沙池里玩,这样就有很多沙子,不用去花坛里挖,钖钖说"池边还有水龙头可以接水。"小朋友们纷纷表示赞同。

(二)沙水中的"厨房"

这次我们听从孩子们的提议,选择在沙池里玩。只见梓宸和一一等小朋友架起了大锅,并不停地往大锅里铲沙,说是在做饭。在有小朋友提出只有饭没有菜的问题之后。梓宸回答"菜马上就来了。"梓宸提出分工,他负责做饭,铭倬负责准备菜。梓宸和一一开始拿着手里的工具去接水,准备煮汤。发现水不够又重新去接。经过一段时间的努力他们发现这样的方法十分不便捷。于是，他们开始动脑筋想解决办法，最后琪琪提出用水管把水接到沙池里去，大家都认为这是个好办法。她们迅速凑齐所需材料，将长达数米的PVC水管摆在水龙头口下，一开始，孩子们遇到了不少困难，比如PVC管道不牢固，水管漏水等等（图3-12-2），但孩子们并没有就此放弃，而是一边不停地调整水管的位置，一边互相合作。

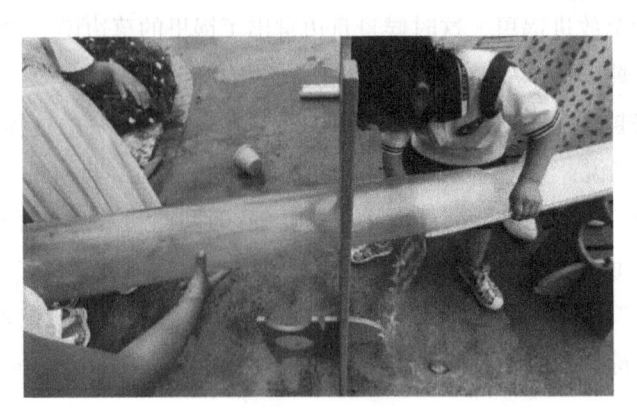

图3-12-2　水管漏水

孩子们为了让水流到沙池中，开始不断尝试和摸索。他们有时候一起推一起拉，有时候一个人先抓住水管子，等大家一起配合好之后，再打开水龙头开关，让水只流向沙坑中。经过反复尝试，孩子们一起向前突破，不断地调整管道的位置和水的流向（图3-12-3），希望将水顺利引入沙池中。即便是在面临失败的时候，孩子们也没有放弃的想法，而是竭尽全力地寻找解决方案。

图3-12-3　调整管道的位置和水的流向

最后，孩子们的努力终于有了回报，他们成功地引导了水的流向，在沙池里接到了水。孩子们发自内心地欢呼着，有一种获得胜利的感觉，也为自己的成长而深感自豪。这样一来，孩子们就不需要再来回奔波地提水了，也有足够的水可以作出美味的"食物"了。

（三）小厨师大收获

游戏结束之后，孩子们用画笔来"讲述"游戏故事。焙焙记录了整个游戏的过程，如游戏中有哪些小朋友、遇到了哪些困难等等（图 3-12-4）。柚柚则记录了她在游戏过程中遇到的问题，比如水管漏水了。梓宸说他因为做饭的时候需要用水，但是总是提水太麻烦了，所以大家就想出来了用水管把水运到沙池里这样的一个好办法，他介绍了他画的水龙头，水管还有沙池。小朋友们的画充满了童趣，"讲述"了自己在游戏中的收获。每个孩子都有自己独特的表征特点，由此可见孩子们的想法是需要被倾听和发现的。

图 3-12-4　"讲述"游戏故事

游戏活动反思：自主游戏是幼儿教育中非常重要的一个环节，它不仅可以促进孩子们的身体和智力发展，而且可以创造更好的学习氛围和团队合作意识。在这个有趣、自由、放松的游戏环境中，孩子们能够自由地探索和创造，激发自己的兴趣和想象力，并且以互相合作的方式享受成功和成就感。在这个过程中，孩子们不仅学会了分享、理解和包容，还学会了探索、相互帮助，明白了团队协作的重要性，同时也锻炼了自己的想象力和创造力，更加认识到集体的力量是如此的强大。这样的自主游戏不仅能够提升孩子们的实际技能和自主能力，也能够培养他们的探索精神、创新能力和集体意识，让他们在未来的成长中更加自信和成功。

三、教师反思

老师带领孩子们回顾游戏过程，表征游戏经验。这个过程不仅是幼儿梳理和回顾自己游戏的过程，也是教师倾听幼儿，从而更准确地了解幼儿的游戏意愿、兴趣点以及游戏需求的机会。通过这样的倾听与交流，教师更容易发现自己观察的局限性，更容易注意到幼儿思维与成人思维的不同，从而避免因自己的主观猜测而在接下来的交流中，无意识地引导幼儿去关注教师的兴趣点而不是他们自己的。这种方式也有利于教师不断反思和修正自己的儿童观，养成放手游戏、细致观察、停止假设、深入研究幼儿的专业习惯。

13. 小小炊事员

红安县城南幼儿园高桥园区　黄文琦　吴晶　张丽芳

指导教师：戴金林

一、游戏缘起

（一）游戏活动背景

高桥镇是红安县的红色旅游乡镇，这片土地上诞生了很多的英雄人物。假期家长带孩子参观了本镇红色景点，孩子们有了很多疑问。如：什么是长征？为什么要长征？长征中发生了哪些事？于是幼师们就一起收集了有关长征的资料。在收集中，他们看到红军经常在野外寻找可以吃的食物，于是萌生了为红军做一顿饭的想法，于是"小小炊事员"游戏开启了。

（二）幼儿兴趣、需要、已有经验和游戏水平

角色游戏是自由、开放、创造性很强的游戏。大班幼儿能在游戏中以自己最感兴趣的生活经历来进行游戏，并深入构思出丰富的角色和游戏情节。我们位于红色资源丰富的乡镇，园内也构建了良好的红色游戏氛围。

（三）游戏目标

知道炊事兵的职责，并能利用沙、水、积木、树叶、树枝等材料大胆探究完成游戏。

尝试用讨论、协商等方法解决游戏中遇到的问题，培养幼儿运用周围事物解决困难的能力。

提升幼儿运用丰富的语言解决问题的能力。

培养幼儿坚韧不拔、不畏艰难的品质。

（四）游戏环境与材料

游戏环境：幼儿园沙池区。

游戏材料：桶、砖块、树叶、树枝、稻草、玩具运输车等。

二、游戏实录

（一）初探索 寻材料

小朋友们通过视频了解到红军抗战时期走长征路过雪山的情景，对红军途中他们互相帮助的行为和吃饭的场景印象深刻。当他们发现小红军糖豆的食物是石头不是真的糖果，老班长用自己衣服里的棉花点火煮豆子时，朗朗小朋友提议："我们给行军路上的红军送些食物吧！"其他小朋友都纷纷同意。在学习完军队炊事员的职责后，他们互相商讨起怎么给红军叔叔做饭。

1. 找材料

朗朗："做饭需要锅、灶台、食物，我们去找材料吧！然后在这里汇合。"朗朗找到了几块砖头，激动地说："这个砖头可以搭一个台子，台子放上锅，可以做饭！"明明点点头："我奶奶家的灶就是砖头搭起来的！我知道怎么搭！"

2. 搭灶台

幼儿又找了新的玩具材料"锅"，"快来弄些沙子，我们可以做饭了"磊磊高兴地找到一个锅铲，对着其他幼儿说。在搭灶台过程中，在沙坑里他们发现有的沙子湿湿的，旁边的轮胎也挤挤的，于是他们提出了问题："在哪里做饭呢？"旁边的磊磊说："我们找个空地试试吧！"于是小伙伴们拿着材料到达他们的新地方。涵涵拿砖，磊磊找到一个废旧的铁锅，朗朗和晨晨拿着树枝、树叶、铲子到达草坪。

3. 第一次的灶台

孩子们找来了更多的砖块："我们一起来搭灶吧！搭好了就可以煮东西了。"一块一块的砖头摆整齐，形成了一个长方形的台子。可孩子们怎么看怎么奇怪，"我奶奶家的不是这样的呀？"依依疑惑地说。"要搭成正方形，你搭的是长方形的。"很快，经过修改的"灶台"搭好了，磊磊把沙子当饭炒起来。一旁的依依陷入了思考，磊磊说："没有柴火怎么炒菜呢？"。依依说："灶台太矮了放不进柴火"，朗朗想了想说："再加一些砖头把它变高点呢？"

孩子们纷纷同意，开始了第二次搭建灶台（图 3-13-1）。

图 3-13-1 第二次搭建灶台

"灶台"加工完成了,他们面临了一个新问题,"怎么挑柴加火呢?"通过讨论,得出原来是因为灶台高度不够的原因,没有空余位置加柴火。知道原因后,小朋友们开始找到材料,开始他们的做饭之旅。涵涵说"我们来搭灶台吧!"。朗朗说:"下面应该有石头,假装石头来点火,石头点火也可以呀,滋滋点着了!"

教师思考:在这一环节,孩子的语言表达来源于他们生活经验。灶台是由砖头搭建的,需要加柴火才能炒菜。这也让我看到,孩子的学习不是割裂的,而是一个整体。孩子们在搭建灶台时能有序合作,对于灶台的搭建能运用丰富的生活经验,在游戏中老师没有进行过多干预,而是鼓励幼儿积极尝试解决问题。

(二)再搭建 改构造

"老师,能烧火加热的灶台怎么搭?我们用什么来烧火呢?"等一系列的问题从孩子们的搭建中蹦了出来(图3-13-2)。

图3-13-2 讨论灶台改造问题

我:"李先念爷爷家的灶台是什么样的呢?"

朗朗说:"有一个孔"。磊磊说:"不对,应该有孔,搭锅的孔、加柴火的孔。"孩子们开始了他们的第二次搭建。搭好后,孩子开始讨论。朗朗说:"这就不像一个锅了"磊磊说:"锅放在哪里?"涵涵说:"放不了?"朗朗说:"这个(木头)应该去掉,锅在下面。"

教师思考:由于年龄特点,幼儿对灶台的概念和特点还较模糊。到底如何搭建起能够烧火的灶台,我开始引导孩子们回忆参观过的灶台,以此来促进幼儿思考,一起探讨灶台的重要特点。孩子们把在建构区运用过的平铺、围拢、组合的方式迁移到了灶台,在一次次的尝试后,简易灶台终于搭建成功啦。灶台搭好了,谁来掌勺呢?朗朗说:"应该是男生炒菜吧!因为老班长是男的。"磊磊同意了他的说法。

(三)设图纸 巧分工

初步探索后,幼儿开始了自由讨论,分角色进行了游戏。在指挥长朗朗带领下,他们小红军游戏正式开始啦!

教师思考：在游戏中，孩子们的分工合作能力较好，能自主分配角色，带着自己的任务进行游戏。但游戏初期孩子对自己的角色不清晰，教师开始引导孩子们回忆红军里的角色："机枪手、炊事兵（搭灶、拿材料）、巡逻兵……"当孩子遇到问题后，教师需及时分析并适时介入以此推进游戏发展。在这之后孩子们开始重新讨论并分配了游戏角色进行活动。

（四）总结分享

在游戏活动结束后，小朋友们一起交流分享这次游戏活动（图 3-13-3）。

图 3-13-3　游戏交流分享

我："小朋友们，今天我们玩了什么游戏？红军里有哪些角色？"
朗朗："我们当炊事员给长征的巡逻兵做饭，送饭吃了！"
我："在扮演小红军的过程中，你们做了哪些事情？"
涵涵："我当了搭灶兵，搭建了灶台"。
依依："我当了炊事兵，做了饭送给巡逻的战士吃。"
我："在游戏过程中你们遇到了什么问题？"
磊磊："做饭时，点着了整个草丛，怎么办？"
朗朗："我们学校不是好多灭火器嘛！"
我："为了保护环境，相关法律规定不准在野外点火，不然发生火灾，我们军人叔叔就辛苦了。你们爱军人吗，你想成为一名军人吗？"
小朋友："爱！"
我："那日常我们应该怎么做才能成为一名军人？"
小朋友："锻炼身体，遵守规则，坚强勇敢，好好学习，将来保卫国家。"

教师思考：游戏中，小朋友们充分利用生活化材料来代替真实的物品进行游戏，把自然材料有计划地组合在游戏过程中。说明他们对身边物品进行了细致观察和大胆创造。作为老师，我们更要留心生活里的材料，思考它们的多种玩法，促进孩子们从一物多玩向一物精玩发展，提升他们的游戏水平，让他们在游戏过程中获得更多成长。

三、教师反思

（一）游戏活动的特点

该游戏活动源自本土生活，自发生成，自主探究。幼儿在自主角色游戏中，通过亲身感知和视频资源了解相关情况，自发生成了扮演小红军里的炊事兵，从寻找材料到搭灶台做食物、送食物进战场，整个过程充满了操作、探究和生活化。

（二）教师支持与回应

支持和引导幼儿自主探索。红军时代距我们现在的生活已有一段的距离。现在的孩子们没有经历以前的艰苦奋斗历程，无法体会到军人的爱国精神。教师找到教育契机，充分利用本土资源支持孩子进行探索。

密切关注幼儿游戏状态，适时介入，引导幼儿解决问题。大班幼儿已初步具备自己解决问题的能力，在第一次探索游戏中，孩子们的灶台搭得太矮，没地方加柴火。教师及时引导幼儿回顾已有生活经验，探究灶台的搭建，通过观察孩子们找到第一次搭建时的问题，并迅速作出了调整，顺利推进了孩子后面的游戏发展。当第二次探索时，孩子们发现锅的放置位置不对，这时教师没有介入，而是给予孩子时间自己思考解决，孩子们通过自己的生活经验和协商，解决了此问题。

（三）生成新的教育契机

在本次游戏中，我们发现了新的教育契机：军队里除了炊事员还有哪些军人？军人还要做哪些事情。小朋友们对军人产生了浓厚的兴趣，基于此，我们可以继续开展了解军人生活的实践活动，如：邀请军人叔叔进课堂、走进军校、红色研学等，丰富小朋友们对军人的认知，激发他们对军人的向往。

14. 小超市　大乐趣

黄冈市实验幼儿园　方晓玲　吕佳惠

一、游戏缘起

（一）活动背景

超市是孩子们经常讨论的热点话题，仿佛有着无穷的魅力。在幼儿闲聊时发现，幼儿一放学就喜欢去幼儿园旁边的超市，一说起这个，幼儿的话匣子就关不住了……有一天，孩子们自发地在户外游戏中卖起了玩具，捕捉到这一教育契机，我顺势引导幼儿主动去参观生活中的超市,激发幼儿对生活中超市的探究兴趣,由此,一次关于"超市"的角色扮演游戏悄然而生(图3-14-1)……

图3-14-1 "超市"的角色扮演游戏

(二)环境和材料

游戏活动区域选择在半开放的走廊上,既保证了幼儿足够的活动空间,同时幼儿还可自主选择走廊附近的活动区中的材料(建构区、娃娃家、种植区、美工区等)。同时与家庭相结合,利用家庭资源,鼓励幼儿自带闲置生活物品和玩具,以丰富游戏材料。

二、游戏实录

(一)"超市"建设

户外活动时间,奕奕在搭桌子,小朋友们将玩具摆放在"桌子"上,自发地玩起了买卖玩具的游戏。游戏结束后,孩子们向我分享了他们关于超市的了解和构想。"水果上面应该要有个架子,这样有圆溜溜的水果就掉不下来了""要购物卡,我们每天去超市里面买东西不是都需要钱吗?"……昕昕、小亚、奕奕几个小朋友滔滔不绝地讨论着,并且设计了超市的区域,将设计图画了下来(图3-14-2)。

图3-14-2 超市设计图

我们的超市应该开在哪里呢?"积木那里、教室里、走廊上",经过激烈的讨论,孩子们开始了自主投票,最终一致决定将超市建在走廊上。

选址结束后,桐桐他们开始在教室各区域收集"商品",还从家里带来了闲置的生活物品。接着，小朋友们参照设计图，并找到了满意的"商品货架"。开始建设"超市"了，牛奶盒和纸砖被用来搭建桌子和超市大门，商品分类摆放在货架上。几个小朋友拿起了彩笔和小卡片，开始制订商品价格。悦悦提议"用纸做一个毛爷爷一样的钱"，于是小朋友们制作出了各色各样的"钱币"（图3-14-3）。

图3-14-3 制作"钱币"

在分配工作过程中，玩具区缺了负责人和保安，小亚和悦悦建议再去找三个小朋友，最后她们成功地招聘到了保安梓画和营业员沐沐。

教师思考：围绕着"建设超市"的主题，幼儿将生活经验迁移到游戏当中，由此展开了讨论。在游戏中，他们基于已有经验制订游戏流程，在超市构想—超市选址—商品准备—超市搭建—钱币设计—角色分配这几个环节中依次推进游戏的深入开展，幼儿不断细化超市开张的计划，明确游戏角色，学会了分类整理，同时同伴之间的交流合作能力也在逐步提高。

在游戏环节中，我遵循了"放手不放纵"的原则，一路追随幼儿的兴趣，创造了幼儿自主讨论和分享的机会，帮助幼儿整理经验，同时利用家、园资源，为幼儿提供了种类多样的材料，来推进游戏的顺利进行。

（二）"超市"开张

超市开张了，小营业员们卖力地吆喝——"快来买呀，大家快来买呀！"沐沐向小顾客介绍着"里面有肉馅和香肠"；小亚："这个小电话还有很多用处呢，你买回去试试吧。"小顾客菲菲提着一篮筐的物品，走到收银台，悦悦认真地拿起商品扫码，依次装进购物袋里。

突然超市里发生了一阵喧闹，墨墨和格格因为谁买最后一瓶花而争吵起来。售货员小亚："别吵了，你们两个别吵了，我们超市还有漂亮的水晶高跟鞋和裙子，你们可以自己去选。这是最后一瓶花了，墨墨，我给格格同不同意呀？"通过三人协商，最终把花给了格格。小亚还补充道"下次有更多这样的花，我再打个电话给你们，你们再过来买"。

超市的生活区，菲菲买到了一个漏水的杯子，她找到了售货员。

菲菲："你这个杯子怎么漏水呀，麻烦给我退货。"

桐桐："我给你换一个行不行。"

菲菲叉着腰："你给我换一个和这个一模一样的"，但是桐桐告诉菲菲需要等九天才能调到货，菲菲不同意，最后双方协商，只有去收银台退款退货了。

随着游戏的进行，光顾超市的顾客越来越少了。小营业员们竭尽全力地吆喝着，还是没有多少人。

教师思考：在营业的过程中，幼儿沉浸在顾客和营业员的角色扮演中，出现了三种不同的购物情境：第一，在推销中成功卖出商品和推销失败；第二，发生争抢商品的冲突；第三，商品有问题产生退货问题。在解决问题的过程中，幼儿展现了优秀的语言表达和沟通能力，充分利用自身生活经验和社交经验灵活解决"角色纠纷"，并且，在游戏中幼儿的思考能力、口语表达能力和社会交往能力都得到了提升。

出现冲突时，我没有选择直接介入，而是相信幼儿的能力与判断，能够用他们的方式化解矛盾。随着游戏的深入开展，超市生意变得冷清起来。我将这个问题留到下次，期待幼儿在游戏中的表现。

（三）"超市"调整

游戏后，我引导幼儿回顾游戏过程："我们的超市还有哪些地方需要改善一下吗？"

小亚："有的客人分不清进口和出口，很容易走错，我们就要贴上进门、出门的标志牌。"

悦悦："方老师，我们超市顾客比较少，生意不好。"

我："那你们有什么好的解决办法吗？"

小亚："我们可以多凑一张桌子，再把食物加多一点。"

梓画："我以前看到超市里面有买一送一，我们也可以这样。"

格格："我们可不可以让顾客来尝一下我们的美食呢？"

悦悦："我们可不可以在手机上开通网上购物。"

沐沐："我们还可以开展一个抽奖活动。"

我："就用你们想的这些好办法，一起来试一试，看看能不能吸引到更多的客人。"

小朋友们开始根据讨论结果调整超市（图3-14-4）。在超市门口张贴进出口的箭头标志；搬出衣架，增添了服装区；给每个分区粘贴上标签。开展一系列促销活动——买一送一、打折活动、免费品尝、抽奖活动、线上选购等。

图 3-14-4　调整超市

超市重新开业。格格邀请客人免费品尝甜品；小亚的玩具区在进行九折促销；奕奕开始根据线上订单选配商品，小配送员航航开始配送。宋宋在用买一送一的方式进行推销……在超市工作人员的共同努力下，收银台那里排了长长的队伍，生意十分红火！

教师思考：针对上个环节遗留的问题，我抛出问题——如何改善经营超市？小营业员们回顾游戏过程，自主思考，采取了多种调整策略。在游戏深入时，我发现幼儿自发地排队付款，潜移默化地增强了规则意识。幼儿的游戏水平不断提高，在亲身实践中不断丰富体验、内化经验，通过一个个问题的解决来获得游戏满足。

三、教师反思

（一）从生活中挖掘角色游戏中蕴含着的教育价值

"超市"角色游戏蕴含丰富的教育价值，具有以下特点。一是贴近生活。从"超市"建设到后期的"超市"调整，游戏情节的推进都是基于幼儿生活经验的反馈而进行的。在扮演不同的角色中形成了对不同职业的认知，体验了参与社会活动的乐趣，实现了从生活经验到游戏再现的学习。二是材料简单。游戏材料来自家里的闲置物品和不同区角的材料，幼儿能够根据自身需要，自主收集、挑选和利用，充分调动了幼儿在游戏中的主观能动性。三是情节丰富。幼儿能根据超市场景中的对话和互动生成丰富的情节，层层递进，环环相扣，丰富了其游戏体验。

（二）在游戏的推进中获得了多样化的经验

"超市"角色游戏推进过程中，幼儿应用已有经验丰富游戏体验，与同伴积极协商、合作分工，灵活应对矛盾并解决问题，进而在情感、认知、创造、社会交往等方面都得到了较好的发展。

从"超市"的准备到角色的扮演，幼儿不仅是在进行游戏，同时也在学习和模仿生活中不同角色的行为准则和榜样。幼儿在游戏中通过体验特定的社会关系中的身份，其经历会迁移到幼儿的实际生活中，有利于幼儿形成规范的社会行为。

（三）反思游戏过程中的支持与回应

游戏中，教师主要采用言语指导和材料投放两种支持策略。首先，适宜评价，互动对话，引导幼儿自主表达，共同寻找解决办法。其次，创设丰富的游戏环境，提供多样化的游戏材料，将活动设计与实施的权利还给幼儿，仅在必要时提供帮助。最后，积极倾听幼儿的声音，了解幼儿的需要，给予他们最大的信任和情感支持。

15. 幸福列车

英山县第三幼儿园草盘地园区　蔡苒　杨兰

一、游戏缘起

游戏是幼儿在园的重要活动形式，《3-6岁儿童学习与发展指南》指出，要珍视幼儿生活和游戏的独特价值，充分尊重和保护幼儿的好奇心与学习兴趣，创设丰富的教育环境，最大限度地支持和满足幼儿通过直接感知、实际操作和亲身体验获取经验的需要。建构游戏深受孩子们的喜爱，孩子们的游戏大多源于他们的生活经验，五一劳动节要到了，孩子们一起讨论着出行计划，不经意间，"火车"成为小朋友们的热议话题。为什么呢？当然是因为火车是孩子们这次假期走出家门，探索世界的主要交通工具。引导幼儿认识火车，体验户外自主拼搭游戏带来的乐趣，尝试用不同材料、不同难度的器械进行组合搭建。

二、游戏实录

晨晨："我要坐火车去大海边捡贝壳，抓螃蟹。"
阳阳："妈妈说，我也要坐火车去青岛呢，说不定我们能一起玩呢！"
扬帆："爸爸妈妈要带我去上海，妈妈说，还要在车上吃饭睡觉，很长时间才到呢！"
紫苏："我外婆老家在江西，也很远很远呢！上次回去我就是坐的火车。"
宁宁："现在的火车跑得很快，要是原来的火车那更慢。"
安杰："火车需要加油吗？""肯定需要啊，火车的下面都是油，所以会跑得很远很远。"
欣语："要是有一列火车就好了，可以带着我们到处去玩。"
安杰："我们可以做一列火车呀！"
孩子们都希望一起乘坐火车、一起出行、一起看沿路的风景、一起看美丽的大海、一起开心地游戏，那我们就制造一个属于大一班的幸福列车吧！这个想法得到了大家的一致认同，于是他们的游戏开始了！

为了帮助孩子迅速进入游戏，教师引导孩子聚焦问题——"火车什么样"，并进行了丰富的前期探究活动：收集火车玩具、观看视频照片、讨论分析，大家一起从外到内梳理了火车的外形、内部结构，总结了火车各项部件的功能。教师给孩子们提供了图纸和油画棒，孩子们自由选择游戏伙伴，设计出想要搭建的车，通过孩子们的商量与绘画讲解，最终决定用塑料搭建一辆能载人的火车。

孩子们在构思做一辆什么样的火车，于是用笔和纸画了出来，每位小朋友都参与其中，将自己的想法画下来，并做简单介绍。

"你们搬长条，我们搬圆形状的，全部都搬到操场中间去"。孩子们自由分工、配合，搬运的搬运，搭建的搭建，配合十分默契（图 3-15-1）。

图 3-15-1 搭建"火车"

段晨、夏紫苏、楠楠、肖浩然他们选择用长圆柱体做火车车厢，然后用塑料圆饼作为火车车厢的连接，不一会儿火车车厢就搭建好了。这时小朋友非常高兴，并且迫不及待地想坐进去试试坐火车的感觉，铭铭最先当了小乘客，这时站在一旁的云云看见了，也坐进了车厢里，只听"哗"的一声车厢坏了，第一节车厢相接处坏了。紫苏说："只能坐一个人，不能坐太多人，不然火车会坏的"，可是别的乘客都下车了，每节车厢都只有一个乘客火车车厢还是倒。这时段晨也来试试，可是一碰火车车厢就倒了，之后调整了一下圆柱体的距离，黄安杰进去试了一下，哎，果然这次没倒，可是刚要开心，就听见"哗啦"一下火车车厢又倒了。孩子们通过多次的补救火车车厢，可是最终也没能把火车车厢修复稳固，孩子们在没有想到让火车车厢不倒的好办法时选择让所有乘客先下车，我看见夏紫苏、段晨拿着"话筒"提醒着："火车坏了，请所有人下车"。

为什么车厢这边对不上呢？

我知道是因为对面支撑棍不一样长！所以我们就应该找到一样长的小棍！

老师："铭铭，你怎么不和小朋友一起搭火车啦？"

铭铭："那是因为我们的火车没有轮子呢，我在做一个轮子，一会按上！"

经过孩子们的多次尝试，由于外置车轮无法安装，所以小朋友们又有了新的想法——改造车厢底部。最终，在大家的共同努力下，车厢改造成功！

又有一个新的问题，列车需要建高些，建两层！

于是孩子们纷纷拿材料，按照一层的方式，往上加层，在加层的过程中，遇到了一些困难，比如身高不够，够不到；还有二层不太稳固装上去容易掉下来，有些危险性。经过孩子们的反复尝试，最终决定放弃给火车加层。

铭铭："这个顶太高了哈哈哈！有点危险呢。"

紫苏："是啊，我可没见过这样的车！"

段晨："我们还是把第二层的拆下来吧（图3-15-2）。"

图3-15-2　拆除"火车"第二层

我们的火车终于搭建完成，一起去试一试吧！……突然又有了新的声音"这个火车我可不敢坐，都没有保护我们的扶手，太吓人了！"于是孩子们又想办法怎么让火车看起来坚固一些，能让人安全地坐上去，于是，孩子们将火车底部加了圆座椅和扶手，这样就安全了。"火车搭建完成啦，我们出发吧！"

紫苏："我怎么感觉这个火车不太好看呐"。

段晨："我们用点什么装饰一下火车呢？"

欣语："我想起来了，那个大棚下面有一些彩色的泡沫垫，我们可以拿过来装饰一下火车。"于是，几位小朋友来到操场大棚下面寻找泡沫垫，将垫子都搬到了火车旁边。

段晨："来，我们把垫子连接起来，像一条蛇一样这么长。"

孩子们迅速将垫子拼接起来，拼成一长条。

段晨："我们把垫子一起举起来，给火车当车顶（图3-15-3），那样就很漂亮了，123所有人一起举起来，注意不要断开了"。

图 3-15-3　装饰车顶

孩子们齐心协力将垫子举高放在火车的顶部，中间垫子连接的地方断开了，孩子们会迅速地拼接起来。哇，火车加了顶之后果然漂亮呢！孩子们激动地讨论着谁当司机的问题。由于孩子们都想当司机，所以在激烈的讨论中，孩子们决定让段晨来选择、分配角色。由黄安杰、夏紫苏来当司机，轮流着开，胡欣语当售票员。其余的小朋友都当乘客。

孩子们自觉排成长队，有序检票上车，开启了快乐的列车之旅（图 3-15-4）。

图 3-15-4　开启列车之旅

黄安杰："我们去哪里啊，我要去上海游乐园，我要去武汉，我们要去香港动物园"，"好，我们先去香港动物园，然后再去别的地方。"

夏紫苏："请各位乘客坐好，系好安全带，我们准备出发啦！"

"走走走走走，我们大手拉小手，走走走走走，一同去郊游，白云悠悠，阳光柔柔，青山绿水一片锦绣……"孩子们坐在火车上高兴地唱起歌儿，兴致极高。

三、教师反思

孩子们在搭建的世界中发挥着无限想象，他们自主选择游戏材料、游戏伙伴，在游戏的过程中有探索有发现，更有挑战与冒险，这是"真游戏"带给孩子的成长。在游戏中，教师一定要尊重孩子的意愿，放手让孩子尝试和探索。通过认真观察、倾听他们在游戏中的行为和对话，并结合《指南》对幼儿的游戏行为进行分析，以便于了解孩子的兴趣和需要，适时适当地给予一些支持。其次，教师要学会静下心来仔细观察孩子们在游戏中的重复性行为，其实在每一次重复中，孩子们的经验都是得到积累和提升的，是他们在原有经验的基础上进行了改进和创造。为什么车身会歪？轮子无法安装怎么办？没有车厢怎么办？其中长与短的比较、有方位的设置、有数与量的对应、有位置对称等问题都能促进幼儿科学领域的发展。其中思考、交流、合作又促进了幼儿社会交往能力及语言能力方面的发展，同时还能培养幼儿积极思考、善于发现、坚持不懈的意志品质。活动中没有"你要怎么做"只有"我要怎么做"，都是幼儿主动思考，动手操作的过程，幼儿兴趣不断升华。作为教师，一定要相信儿童，放手游戏，静待花开！

16. 搭战壕 打野战

武穴市直属幼儿园江林园区　肖秀　吕娆

一、游戏缘起

每个孩子的心中都有一个英雄梦，继《战狼》《长津湖》等战事电影热播以来，打仗游戏成了我园自主游戏时孩子们备受欢迎的游戏，于是我园开展了一系列的体能竞技赛，来进一步助力孩子们的自我创新和成长展示，如："勇夺泸定桥""守卫水门桥""冲锋陷阵"等，并充分挖掘户外场地资源帮助孩子们打造自我展示的一个平台。利用后操场的围墙高地、轮胎山、楼梯斜坡及高高低低的场地的自然优势，为幼儿提供一个能自主开展野战游戏的环境，"搭战壕，打野战"游戏就是孩子们在一次偶然的自主游戏时突发奇想，自发产生的。作为教师的我，对孩子的这个突发奇想充满了浓厚的兴趣，决定静观其变，在这个游戏中，所有的决策都来源于孩子，孩子们通过自主选材、组队、发现问题、探讨问题，尝试解决问题，最终在不断的尝试、调整中完成目标，让游戏达到高潮。孩子们在这个游戏中不仅能充分感受到自主创新、团结合作带来的战果，还能深刻体验分享成功的喜悦。

二、游戏过程实录

（一）奇思妙想——初露锋芒（材料"1+1"）

这次"打野战"的游戏开始时，孩子们发现了搭建材料——地垫，于是就有人提议用地垫来搭一堵战壕，因为孩子们的齐心协力，战壕搭建得很快，可是怎样才能使地垫式的战壕墙牢固不倒呢？

炜烨："我发现了是地垫不牢固，所以战壕墙很容易就倒下来了。"

子涵："那怎么样能让战壕墙更加牢固呢？"
陈源："我们可以寻找操场上的材料试一试，肯定能找到办法加固战壕的。"
雨欣："我们用木头试试吧（图3-16-1）"。

图3-16-1　用木板加固战壕

孩子们听到之后纷纷赞同，于是大家开始行动了起来。可是由于木块太轻，搭建得不够牢固，地垫纷纷倒下。这时候又有小伙伴提出更换材料，但是意见没有达成一致，还有些孩子想继续试试。这时候郭子裕小朋友又有了新的想法。

郭子裕："我们去找一些木板来给它做个支撑吧"。

教师思考："大班的孩子能经常动手动脑寻找问题的答案"，所以遇到问题不再急于寻求老师的帮助，他们更喜欢通过自己的思考来寻找答案，而且逻辑思维能力也较之前增强了，他们能通过自己的推理来寻找答案。而且当教师抛出问题的时候，孩子会有很多的猜想，对于孩子们的这些猜想，作为教师，需要多方面支持和鼓励孩子的过程探究行为，多为孩子提供一些足够他们操作的各种材料，鼓励孩子大胆尝试，让猜想成为现实，让实践成就经验成长。

讨论后得出两个结果，一是目标调整为搭建具有一定牢固性的战壕；二是让孩子在整个活动区里寻找能使地垫牢固不倒的材料。

（二）"添砖加瓦"——渐入佳境（创意整合材料情境演练）

观察一：木板太轻太小根本撑不起，该怎么办呢？

这时有小伙伴再次提出更换搭建材料，有孩子说，我们用奶酪块积木试试吧！这次的建议很快达成共识，于是大家立刻行动了起来。正在小伙伴们如火如荼的搭建中，桂良俊小朋友发现奶酪块积木不够了，面对新的问题，又该如何解决呢？

甘晨晧小朋友说："奶酪块积木不够，我们试试用轮胎吧！"这个主意不错，孩子们纷纷跑去滚来了轮胎。

此外，孩子们还找来了木头、梯子、轮胎、玩具筐、木架子等材料，并将他们的设想一一的通过亲身实践、尝试，寻找能让地垫战壕墙更为牢固的办法（图3-16-2）。最终孩子们发现用轮胎搭建的围墙最牢固，轮胎不仅能加固战壕，还可以用来做外围墙。

图 3-16-2　寻找加固战壕的最佳方案

思考：《指南》中提出了大班孩子在"探究中能与他人合作与交流"，在游戏的过程中，一旦出现问题，他们会尝试着先一起商量再解决问题。在这次的游戏中，孩子们开始游戏，但又很快停止了，商量之后又展开了新游戏。通过商量与讨论，在多人的头脑风暴中，孩子们就有了新的想法，通过实践过程中的不断摸索，又会发现新的问题，也将重新产生新的解决问题的办法。为此，我们应该支持孩子与同伴合作探究、分享交流，引导他们一起讨论和分享问题，共同解决问题，体验合作探究的乐趣。

调整推进：

（1）目标调整：尝试增强战壕的隐蔽性。

（2）材料投放调整：孩子们寻找到提高战壕隐蔽性所需要的线轴、梯子以及轮胎，进行了对轮胎、红色长筒、奶酪块积木的叠高、拼接，搭建战壕。

观察二：插曲：在搭建战壕的过程中孩子们在操场上发现了一块绿草垫。

陈源说："我们用草皮来搭个作战基地吧,这样就不容易被敌人发现,还能挡住子弹呢。"

师："陈源的这个想法非常好，我们可以试一试陈源的想法，给战壕建个作战基地。"

有了支持之后，陈源发表了自己的想法，孩子们一起讨论了起来，有了想法之后，就开始亲自实践了。

分析：由于幼儿的思维和想法多种多样，在游戏过程中会不断产生一些新奇的想法。教师应该采取科学且及时的回应方式，在幼儿游戏过程中给予支持和肯定，这一举动不仅有利于幼儿顺利完成游戏，更能促进幼儿在游戏中发挥自主性和创造性。此外，还能促进教师更加充分地了解幼儿，更好地建立良好的师生关系。在游戏中，教师还要注意回应方式是否科学，有效的和科学的回应方式有利于教师在游戏中发现幼儿存在的问题，教师在游戏中要积极引导幼儿，鼓励幼儿勇于说出自己真实的想法，并积极参与游戏。

调整推进：

（1）目标调整：丰富作战工具，如（大炮，炸弹，手枪）。

（2）材料投放调整：孩子们寻找可以拼搭作战的工具。

（3）游戏玩法调整：通过孩子们的商量，可以躲避在搭建好的战壕里面隐蔽自己，发射子弹，也可以躲避在战壕里面发射小子弹，整个游戏过程孩子们玩得乐此不疲。

（三）自导自演——得心应手（情境竞赛作战）

观察：小朋友的战斗角色越来越丰富，这一次的战斗孩子们自由发挥作战指挥（图3-16-3）。战斗中飓风队赵鸿博不断攻击闪电队，并能用比较明确的术语喊道："闪电队范梓琳受伤"，在整个战斗中两队的战士都能报告敌方伤员负伤，如"飓风队涂佳铭受伤"，此刻医生就能立刻出来营救受伤战士。并且在此次的战斗中，战士们都能边掩护战友收集枪弹，边攻击敌人。在镜头中指挥员范梓琳有条理地指挥自己的战士："炸弹，攻击，大炮，快，瞄准，射击"，战士被敌方击中后也能倒地扮演受伤状态。在战争最后闪电队夺得红旗，并自豪地挥动手中的红旗以示胜利，整个游戏在孩子们自主搭建、自主作战下顺利结束。

图 3-16-3　开始作战指挥

观察分析：

（1）幼儿积累了丰富的战斗经验，游戏的挑战性激起大班孩子参与野战的兴趣。

（2）游戏形式的转变让我们看见幼儿游戏水平的提升，在游戏中双方的正面交战开始达到自主控制的局面。

（3）幼儿在一定的游戏环境中根据自己的兴趣和需要，以快乐和满足为目的自由选择，自由发展。

三、教师反思

多元材料的整合变成了孩子们滚、翻、爬、跳的训练场地，结合了建构、角色扮演、情景模拟等多种元素，使游戏玩法不断提升，野战区给孩子们带来了新鲜感和趣味感。教师要用心观察幼儿的游戏行为，带着童心去参与游戏，重视良好游戏环境的创设，营造良好的游戏氛围，引导幼儿参与游戏环境、材料的创设。

第四章　乐享建构

1. 嗨，滚起来！

蕲春县幼儿园　胡超　程华玲　张娇妮

一、游戏缘起

我班在室外建构区投放了木质积木、木纹软体积木、海洋球、pvc管等材料。每次游戏时间孩子们特别喜欢玩积木，这天我发现正在建构区专注搭建的文文，他利用三角形斜面坡度让圆圆的积木在楼梯快速滚起来，这引起了小班孩子对滚动的关注，于是一场关于滚球与轨道的探索活动开始啦！

二、游戏实录

（一）发现滚动

文文拿两个半圆形积木拼成拱形，把圆积木放在拱形上，圆积木从拱形上滚下来（图4-1-1）。他又把两个半圆形积木倒过来拼成U型，把圆积木放在U型里滚，但滚不动。他捡起一块长积木放在pvc管上，把圆积木塞进弯头洞口，再把圆积木放在架高的长积木上滚动，积木滚下去了，他又用手推动落在地上的圆积木继续滚动。圆积木滚下楼梯，文文下去捡上来。他又把正方形积木和管子挪到楼梯边沿，将长积木顶端对着楼梯口，想玩圆积木从平面滚下楼梯的游戏。他想推开旁边的小逸，师说："他能和你一起玩吗？"文文没理，接着把捡回的三角形积木放在圆积木上，两个都掉下来，又把三角形积木直角面放在长积木平面上，斜面对着外沿，圆积木从斜面上滚下去，圆积木速度滚动得更快。他又用圆积木立起来、放平、又侧着的面滚动了3次，有时滚得动、有时落在楼梯上。

图 4-1-1　发现滚动

教师思考：文文把圆软体积木尝试在弯道的凹面和凸面上滚动，这引发了他对材料的探索兴趣，通过圆软体积木在架空平面滚动，掉下来继续在地面滚，滚动变得更好玩，更有挑战性。他通过调整直立管子与楼梯口的距离——三角形斜面和长积木切面结合，达到让圆软体积木滚得更顺利的目的，利用斜面减少摩擦力。多次的尝试让科学探究的种子在他的心中生根萌发。

文文在游戏时总是专注一个人的搭建，他的滚球引起了同伴的好奇心，他们纷纷想加入进来，为了满足文文的持续探究和其他孩子加入游戏的需求，我及时地组织集体讨论。

在常人看来文文的游戏地点（楼梯旁）存在安全隐患，但我只是在背后默默地关注，并积极回应幼儿的需求。完全尊重幼儿的选择，文文小心翼翼走楼梯，步子稳重，用行动证明幼儿能力的体现就是老师充分放手。当文文把圆积木滚动得更远时，吸引同伴想要参与，但他表现出排斥的行为时，教师没有给他强加意愿，而是巧妙地利用游戏分享环节，充分给他发言、表现的机会；同时满足了全班幼儿对圆柱体滚起来的探索兴趣！

（二）斜坡滚动撞击目标物，产生"七"字轨道上滚动撞击

小俊和琳琳用圆积木在搭建的斜坡轨道上滚动。他们把圆积木放在轨道中间立起来。琳琳用圆积木撞击轨道中立起来的积木。小俊指着立起来的积木说："要把这个撞倒"，但尝试多次都失败。小俊拿圆积木把轨道一端垫高，文文跟琳琳分别用圆积木，在斜坡轨道两端相对撞击中间积木，中间积木被击倒。

文文在斜坡滚动撞击积木时，发现圆积木从轨道边缘滚出去了（图 4-1-2），对我说："老师，在滚啊！"我问："跑到这里来了怎么办？"小俊说要做围栏。于是大家去搬积木搭围栏。小俊把一块长木板放在有围栏的斜坡轨道侧边中间处，形成了七的形状。将圆积木立在七字拐角上，文文用圆积木击中七字拐角处的目标物，大家从斜坡的两端把圆积木滚下，击倒目标物。然后他们把圆积木从斜坡上滚动下来撞到七字拐角处目标物。小俊再一次撞击时，目标物没有滚起来。我观察到小俊有些沮丧，就问：这里为什么滚下不来？想个什么办法？小俊指着拐角处积木说："要垫高，老师帮我垫一下"，老师垫上木块。

文文和小俊多次用一个圆积木滚撞没有成功。文文把两个圆积木叠在一起在斜坡上滚，撞到七字拐角的积木。第二次三个积木都滚起来了！两个人开心地拍手！

图 4-1-2　从轨道边缘滚出的圆积木

趁着孩子们的高兴劲，我想进一步听听孩子们游戏的声音，看会不会有新的发现，果然孩子们把自己的想法留在自己的画笔下。

教师思考：小俊发现一个圆柱体能撞击目标物，他及时调整圆柱体材料和轨道坡度，与同伴玩起了"相对斜坡"撞击目标物。在滚动的过程中他们给轨道搭建围栏，搭建的时候产生了七字轨道，这是一个很好的探究契机。因此，老师趁机向他提出"怎样让'七字'轨道上的目标物滚动起来"的挑战。果然，小俊指导老师调整轨道连接处，产生斜坡。同伴用两个相同的圆柱体叠合撞击目标物，撞击目标的力度更大。通过探究，幼儿直观地感知到撞击目标物与撞击的力度、角度、位置有关。游戏结束后，我选择适合小班孩子爱涂鸦的方式来表达他们自己的真实想法，果然助推了接下来游戏的进展。

（三）搭建十字轨道滚动撞击成功

第二天，小俊拿木板搭在七字轨道拐角的对面，变成十字轨道，又用积木垫在十字轨道下。安安在轨道末尾处摆放几个积木，小朋友的圆积木从斜坡处滚下来都能击倒末尾处的积木。星星把圆积木放到十字轨道的右边，圆积木被撞击滚动。小俊和安安搭建十字轨道两边的围栏，文文拿圆积木从斜坡上向下滚动，击倒末尾处的积木。小俊用积木从斜坡上滚下，这块积木从左边轨道拐角滚出来，他把两个圆积木分别放在十字轨道两边的拐角上。孩子们用大小不一的圆积木试了多次一直没有成功撞击，我在旁边犹豫多次一直在等待，孩子们的状态有些气馁了，于是我加入游戏。

乐乐把海洋球放在轨道上，并调整位置，文文用积木向下滚动击到海洋球，海洋球在轨道上三方滚起来！接着用报纸球、易拉罐进行滚撞撞倒前方的积木。同伴用不同材料进行滚撞乐乐更换的PVC管，有时能把前方的积木撞倒。当足球在轨道上滚动时，足球卡在围栏中间。乐乐发现球太大了，他带领大家拓宽围栏，把两侧目标物换成足球，滚动的足球撞击目标球滚动并撞倒三方积木，孩子们开心极了！（图4-1-3）

图 4-1-3　搭建十字轨道滚动撞击成功

教师思考：安安对同伴在楼梯处搭建的斜坡轨道产生了新的想法。有了前期七字轨道的搭建经验，幼儿很顺利地完成了十字轨道的搭建，在十字轨道上使物体滚起来的过程中，幼儿遇到了新的问题：怎样让圆柱体在十字轨道上同时击中三个目标物，并让圆柱体沿着自己对应的轨道滚起来。为了解决这个问题，他们经历了"为轨道搭建围栏—调整十字轨道连接处的目标物—更换目标物的材料"的过程。让圆柱体在十字轨道上同时击中三个目标物，并让圆柱体沿着自己对应的轨道滚起来。解决问题的过程并不平顺，历经了多次波折。但幼儿表现出了顽强的探索精神和思考能力。他们从教师平行的介入游戏中受到启发，并迁移经验，选择更多的材料来调整目标物，发现海洋球、足球等比木质圆柱体更易滚的特性。幼儿不断构建和丰富自己的认知经验，获得多种学习品质的发展。

三、教师反思

（一）幼儿愉悦游戏、多元发展

1. 直观体验，发现物体的各种运动变化

游戏中，幼儿发现了不同轻重的圆柱体在同一场景下的运动状态不一样，直观地感知到不同的科学现象。例如：在探索怎样让圆柱体击中目标物的过程中，幼儿发现两个圆柱体可以在两个相对的斜坡之间同时击中一个目标；在探索怎样让圆柱体沿着特定路线移动时，幼儿搭建围栏；滚动时，幼儿发现数量不一、轻重不同的圆柱体击中目标物的力度都与角度有关系，幼儿发现并更换轨道的坡度，由平面迁移到楼梯斜坡加大了圆柱体的冲击力。这些经验，为幼儿今后进行科学探究打下了良好的基础。

2. 坚持不懈，养成良好的学习品质

游戏中当文文发现圆柱体积木滚下楼梯时，他借助三角形斜面，使圆柱体积木滚得更远；涵涵专注调整目标物在轨道连接处的位置，以顺利达到被击中的目的，耐心地一遍遍验证自己的猜想等这些游戏行为，体现出明显的目的性和坚持性；持续的游戏时间中，小俊在圆柱体滚动不顺利的时候没有退缩和放弃，而是带着问题几次调整目标物的材料、轨

道的方向、坡度，在解决问题的过程中，其积极主动、不怕困难、敢于探究与尝试的良好学习品质悄然养成。幼儿自由选择地点、玩伴、通过同伴间的互助合作，共同解决问题，如搭建斜坡；小伙伴们共同搭建轨道的围栏等。这些简单的配合体现小班幼儿具有初步的合作意识、规则意识。

（二）教师放手幼儿、适宜支持

1. 耐心等待，让幼儿有探索学习的可能

圆柱体积木在不同的轨道上滚起来，这样一个探究过程之所以能存在并进行下去，最重要的是教师给予了幼儿充分的自主空间。幼儿经过亲自操作、实验、发现了圆柱体从斜面滚下来力度最大，幼儿通过调整目标物的位置和材料印证了内心的想法！教师的相信、充分放手让幼儿在游戏地点上不断地尝试，给孩子创造了自由空间，让孩子找到与环境互动、与材料互动自由探索的快乐！

2. 适度支持，激发幼儿持续探究的欲望

游戏中教师提供了丰富的材料支持。前期是文文独自游戏，但我想通过独自游戏的成功来增强幼儿合作游戏的体验。我没有过多介入与干扰，当文文担心管子会碰倒时，我及时回应，帮他排除忧虑；当幼儿遇到圆柱体积木滚动不顺畅时，我以同伴方式介入引导他们，帮助他们找到可以击中目标物的方法；当幼儿和我分享十字轨道上的目标物同时滚起来的胜利成果时，我给予他们赞许的目光；总之，在游戏中我始终以合适的角色给予他们最适宜的支持。

2. 帐篷嗨翻天

英山县第二幼儿园　肖冰　余灿　叶倩

一、游戏缘起

在炎炎夏日的户外活动中，孩子们由于太晒，纷纷寻找防晒的办法，有的躲在滑滑梯底下、有的去找"帽子"，但他们找的"帽子"不是太小就是太重，这时有人提议搭个帐篷，孩子们顿时兴趣高涨，"搭帐篷"游戏应运而生。

二、游戏实录

户外活动时间，孩子们高高兴兴地在长笼滑梯上玩耍，不一会儿就热得满头大汗，小脸通红。

"我找到一个帽子了！"浩宇拿了一个方形单元桶戴在头上跑了过来。小朋友们都来围观，还问他在哪儿找到的，浩宇指了指操场旁边的器材柜。于是，几个小朋友都跑去器材柜"找帽子"。"这里还有大帽子呢！"原来"大帽子"是标志桶，于是，小朋友们一人拿了一个标志桶戴在头上高高兴兴地回去了（图4-2-1），梓木开心地说："这样戴个帽子就不怕晒啦。"

图 4-2-1　佩戴"标志桶"

（一）小帐篷形成记

梓童："这个帽子太大了！而且还是很晒。"

浩宇："那我们做一个帐篷吧！"。

辰辰："好哇！"

浩宇："那我们用什么做呢？"

轩轩指了指器材柜那边："用那些吧。"

接着他们就行动了起来，首先是找器材，他们有的在地上摆放单元砖，有的去器材柜继续搬东西……一时，孩子们忙得不亦乐乎，体能棒、单元砖、标志桶、平衡桥等游戏器材陆续登场。

这时，朵朵拿了一个钻爬布过来，琪琪和胡亦含对他们几个说"帐篷呀，我们有帐篷了！"浩宇看了一眼，说"那个帐篷老是掉，"就继续搭自己的帐篷了。不一会儿，他们把体能砖上插满了体能棒，梓童和查实将爬行垫搭在框架上面，当作屋顶，可是他们俩试了几次，发现只要手一松，垫子就掉下来了。浩宇见状说道："这个太小了，我们去找个大点的吧。"于是，他们俩拿了两块体能垫轻轻地放在上面，帐篷就这样搭好了。

小朋友们都钻到帐篷里玩起了游戏（图4-2-2），伴随着"啊"的一声，帐篷的柱子接二连三地倒了，屋顶也塌了。辰辰感叹道："这个帐篷太不稳定了，我们搭个更稳定的帐篷好不好？""好，好，好！"见状，我带孩子们回到了教室，稍作休息，寻找解决办法。

图 4-2-2　帐篷中玩游戏的小朋友们

教师思考：

在活动中，由于天气炎热，孩子们自发组织了找帽子和搭帐篷的活动。他们在与环境、材料的充分互动中不断发现和探究，通过亲身体验和动手操作，探索着搭帐篷的方法。在这一过程中，孩子们的专注能力在逐渐养成，特别是浩宇他们在琪琪发现了钻爬布这一"成品"帐篷时，仍然能专注于搭建自己心中的帐篷，不断挑战遇到的难题。随着游戏的进展，孩子们主动探究、坚持到底的良好学习品质逐渐形成。

在游戏中，孩子是自己的主人，他们自由选择材料，自主能动地活动，发表自己的看法，大胆尝试。为了引发幼儿更深入地探究，我准备基于他们当前的游戏水平，引发孩子们进行讨论交流，梳理出新的游戏思路。根据幼儿的需求适当地增加材料，可以引发幼儿创造新的玩法，我很期待他们接下来的活动。

（二）更大更稳的帐篷

休息时间，小朋友们在热烈地讨论着上午的户外游戏……

"我玩了滑滑梯！"

"还有标志桶。"

"还有那个长的（体能垫）搭帐篷。"

……

经过一阵讨论，孩子们想下午到操场上继续玩搭帐篷的游戏。

查实："换个东西，不要垫子，要轻一点的。"

辰辰："彩虹伞可以吗？"这一说，打开了大家的思路，他们又七嘴八舌地议论起来，"用球网（足球门）！"有的小朋友一边说一边还用手比画着。紧接着，孩子们纷纷拿起纸和笔记录着自己的想法。他们在设计出了自己的帐篷后，又画出了所需要的材料。

这时候，辰辰提议"我们用彩虹伞搭一个彩虹帐篷吧！""好呀！好呀！"就这样，休息时间里，孩子们经过讨论、绘画，最终决定用彩虹伞搭一个彩虹帐篷。

下午孩子们接着玩起了搭帐篷游戏。他们先把框架搭了出来，接着又把彩虹伞慢慢展开，准备搭屋顶，孩子们一边拉伞，一边说"圆啦！圆啦！"彩虹伞是慢慢地撑开了，可是底下的框架却悉数倒下，"唉，这搭不了啊！"查实着急地喊道。

这时候，辰辰抱着一摞标志桶，放到了彩虹伞底下，查实和徐若洋拿着一根体能棒插在标志桶上并对着彩虹伞的中心点，把彩虹伞撑了起来。这时候，浩宇他们又从操场把足球门框推了过来当作框架。

辰辰开始分工了："把那个拿开一点！""查实和浩宇，你们帮我把这个梯子搬过去！""你去帮他们两个！"小朋友们根据辰辰的分工行动了起来，很快将帐篷顶搭好了。这时一阵风吹来，"屋顶"全部被掀了起来，孩子们不得不重新搭屋顶了。

这一次，所有的小朋友都行动了起来，拉开彩虹伞，调整两个球门之间的距离，拿单元砖压住边角，再次将彩虹帐篷搭好了。孩子们开心地钻到了帐篷里，可刚进去一会儿他们就喊着"好热啊！"辰辰说："因为我们没有门也没有窗户所以才这么热的！"在辰辰的提议下，他们做了一个门，并拿来体能垫铺在了地上。

在漂亮又舒适的帐篷里，孩子们边休息边聊起了天（图 4-2-3）……"你看，那个国旗在迎风飘扬，好美呀……"在辰辰的感叹声中，孩子们不约而同地抬头望着国旗开心地笑了起来。

图 4-2-3　在帐篷里聊天的孩子们

教师思考：

幼儿的探索是自由自在的，当他们有充足的时间、机会去尝试每个奇思妙想时，我们就会惊喜地发现他们的智慧远在成人的预想之外。前期多次的尝试让孩子们发现了问题所在，于是，我对幼儿聚焦的问题产生共鸣，提议他们将自己的想法、计划画在纸上，我对各种先行探索的行为给予充分肯定，让幼儿有更多的机会解决问题，做幼儿游戏的支持者，肯定幼儿的点滴进步，和他们一起为新的创意欢呼雀跃。

在搭建过程中，实践操作、充分自主以及亲身体验的过程让搭帐篷经验得到快速内化。孩子们自发地分工与合作，对于每个人的任务，大家默默愉悦地接受了。这说明幼儿在长期的自主游戏中自然形成了游戏规则，游戏也是幼儿对社会角色与社会分工进行自我体验、自我建构、自我完善的发展过程。

除此之外，实践中遇到的小困难也是推动游戏发展的内驱力。在克服困难的过程中，他们通过相互交流、友好地协商以及有条不紊地分工与合作，获得了情绪、情感上的极大满足，这使他们在思维的灵活性、社会性、认知、自我效能感等多个方面都得到了提升。

本次帐篷的成功搭建只是一个开始，相信在材料与环境的支持下，孩子们将会有不一样的表现……

（三）各式各样的帐篷

在11月8日的区角活动中，美工区帐篷涂鸦游戏让孩子们想起了之前搭的彩虹伞帐篷。于是浩宇就邀请辰辰在户外活动时再搭一个彩虹帐篷，辰辰连连点头答应道："好！"户外活动时间，几个孩子只用了短短几分钟就将彩虹伞帐篷就搭好了。由于一个帐篷容量有限，小朋友们萌生了搭新帐篷的想法。

根据孩子们的需求，我在原有户外器材的基础上又投放了一些生活用品供孩子们选择。

说做就做，小朋友们先自由组合，到器材柜寻找搭帐篷要用的材料，再确定帐篷所在位置，然后就着手搭建了（图4-2-4）。他们有的出主意，有的搬材料……不一会儿，操场上就铺满了色彩缤纷、形状各异的帐篷，孩子们在里面快乐地玩耍。

图 4-2-4　搭建各式各样的帐篷

孩子们在歇息的时候，叽叽喳喳地说着自己所搭的帐篷和用的材料。辰辰："我有一个好办法，下次可以搭一个更大的、超大的帐篷，可以让所有小朋友们都进来玩，我们在里面可以吃好吃的。晚上在那里露营、看星星，还可以吃烧烤！"

随着时间的推移和孩子们经验的沉淀，帐篷游戏已然成为他们最喜欢的游戏之一。夏日来临，灼灼烈日又重新激起了孩子们搭建的兴趣，操场边的桂花树、草坪、小过道，还有露天滑滑梯都被孩子们用五花八门的材料装饰成了一个个"帐篷"，孩子们快乐地穿梭在各个帐篷中，享受着不同帐篷带来的无限乐趣。

相信在孩子们思维的碰撞、大胆地探索和教师积极地支持下，孩子们将会为"帐篷游戏"添加更多特别的"音符"，续写更美妙的"乐章"！

教师思考：

孩子们在认真思考、仔细观察的过程中产生的经验和情绪情感，都需要得到教师的关注与支持，当发现孩子们想要搭建其他帐篷时，我及时对孩子们的想法表示支持和鼓励，并在器材柜里投放了一些除体育器材外的生活中常见的材料，为孩子们的后续搭建活动提供了基础保障。

在整个搭建过程中，孩子们运用已有经验，发散思维，大胆尝试，丰富游戏情节，与生活建立联系，成功地将色彩缤纷、形状各异的帐篷铺满整个操场。同时在游戏中也促使他们发现新的问题，探讨新的解决办法，积累新的经验。正是思维的碰撞和经验的总结，让孩子和老师都有了更深层次的思考，教育的意义和价值也在不断体现。

三、教师反思

（一）顺应兴趣，深入探究，挖掘帐篷游戏的独特价值

帐篷游戏活动是孩子们在户外游戏时自发生成的，它顺应幼儿的兴趣，让幼儿把认知和行动结合起来，教师及时捕捉到这一关键和他们共同走入帐篷世界。本次帐篷游戏是从最初的经历重重困难的"从无到有"，发展到后来的物尽其用，以辐射的形式带动所有人参与"从一到多"。幼儿在游戏过程中认知经验由浅入深，搭建水平由低到高，思维模式也从固有模式向创新模式转变。

首先，在搭建之前，孩子们必须发挥想象能力，思考搭建的场地、材料，选材时也会采用看一看、比一比的方法进行取舍，在此过程中他们的空间思维、逻辑思维等数学核心经验得到发展。第二，帐篷的搭建需要集众人之力，在沟通协商、互相配合中作出调整以适应他人、集体来完成任务，由此促进了幼儿社会适应性的发展。第三，孩子们在搭建过程中所出现的意见不统一、材料搭建无法完成、支架不牢固等问题，促使他们在主动在探究中敢于面对难题，寻找解决办法从而获得成功。

（二）适宜支持，缤纷帐篷大放异彩

1. 学会放手，鼓励自主探索

在游戏过程中，我充分尊重幼儿的游戏意愿，给予幼儿自我决定、自主选择的权利。在这系列游戏中幼儿自发行动、自行运输、自由搭建，最后将五彩缤纷的帐篷铺满整个操场。

2. 丰富材料，满足游戏需求

在第一次游戏中，户外游戏器材是他们搭建的主要材料，随着游戏的升级，我视情况增加了一些常见的生活用品，并扩大游戏空间，让孩子们在整个操场上畅玩。材料的多样性、宽松的游戏氛围以及宽敞的游戏空间为幼儿发散性拼搭提供了基础保障。

3. 关注需求，给予支持和引导

我采取不同的支持方式顺应幼儿需求。如：给予了材料和场地支持；孩子遇到困难时适时介入引导孩子们自由分享等都推动了游戏的进一步发展。在游戏中，教师的支持策略虽各不相同，但出发点却是一样，那就是：关注幼儿的需求，采取最适宜的方式介入。

（三）捕捉契机，支持游戏多元化发展

帐篷的"从无到有"至"从一到多"展现了幼儿丰富的想象力和坚持不懈的探索精神。"帐篷游戏"虽然告一段落，但它对孩子们的辐射影响却深远持久，在接下来的游戏中，我将引导幼儿深入探究材料与环境的相互作用，迁移原有经验，拓展游戏内容，衍生出更多的新玩法，开展"帐篷"主题的项目学习活动，例如：帐篷的秘密、帐篷大改造等探索活动，户外帐篷节、帐篷故事会等亲子活动，帐篷DIY彩绘、帐篷里的光影等艺术活动，引导幼儿提取已有经验运用于新游戏中，不断地丰富游戏内容和情节。

3. "坡"为精彩

武穴市永宁幼儿园兴教园区　黄侃　陈卓　张丹

指导教师　胡陈　张新乔

一、游戏缘起

在阅读区中，《这是谁的自行车》引起了大家浓郁的兴趣，由此开展了一场有关骑行的讨论。鹏鹏惊奇地发现："瞧！鸵鸟的专属自行车与我们平时骑的平衡车好像呀！"果果说："是呀，它也是用脚来进行滑行和刹车的。""我也会骑平衡车，上次我跟别人比赛还赢了呢！"浩然也加入了他们的讨论中。于是几个小伙伴都决定明天来一场平衡车比赛，看看谁的平衡车技术高。

二、游戏实录

活动一开始，孩子们迫不及待地骑上平衡车，骑了几圈后，大家觉得在平坦的赛道上骑行没什么乐趣。这时，果果提出："我们搬一些材料，为我们的赛道添置一些障碍吧。"

大家纷纷赞同，搬来了标志桶、大小塑料砖块、呼啦圈、泡沫条等材料，开始布置赛道，并定出了起点和终点（图4-3-1）。第一次尝试后，鹏鹏发现两个障碍桶之间的距离太近，车辆转弯时有困难，于是重新对赛道作出了调整。孩子们玩了一会儿，浩然注意到赛道旁边的几节楼梯，问道："鹏鹏，这有楼梯，你敢骑车从这下去吗？""敢呀，我来试试！"于是两人将车骑下了楼梯。"哎哟，我的屁股都抖痛了，感觉好危险！"鹏鹏说，两人发现台阶的高度较高。"那我们试试上坡吧！"浩然提议。他们发现上坡时车根本无法前进，只能将车拎起来走。于是叫来小伙伴一起想办法，浩然问道："我们想把楼梯变成斜坡，大家有什么好办法吗？""我们可以把台阶填一下，搭成斜坡。"果果说。"那边有砖块，我们拿来试试。"孩子们纷纷提议。

图4-3-1　为赛道添置障碍

（一）第一次搭建

他们把砖块平铺在台阶上，又试着将砖块倾斜着靠在台阶上（图4-3-2）。"不行，这个砖块怎么摆都是平的，不像坡，而且又硬，车怎么下去？"汉仪提出疑问。"那边有垫子和KT版，都是软的，可以试试。"景行说。于是，大家拿来KT板和防护垫，开始新的尝试。结果，KT板经过几次的碾压就已经破损了，直接被孩子们否定。在尝试防护垫的过程中，果果发现防护垫的一端是高于地面的。"这样不行，我们的车下坡的时候会卡住的。""那我们拿砖块把地面填高点，把垫子加固一下。"浩然说。就这样，他们在垫子前铺上了一层砖块。结果在骑行中，发现车轮卡住的问题并没有得到解决，而且由于垫子较软，车下去的时候会感觉非常颠簸……由于天气的原因，孩子们不得不提前结束了游戏，约好第二天再继续进行游戏。

图 4-3-2　第一次搭建

（二）第二次搭建

第二天，孩子们在园所内寻找新的材料尝试搭建。不久，两个新的斜坡搭成了，一个是泡沫板搭的，一个是纸板搭的。在骑行中，新问题又出现了，搭建的材料虽然变硬了，但两条"坡道"的一端始终高于地面。鹏鹏发现泡沫板很脆弱，他骑车压过后，泡沫板就裂开了，纸板经过多次碾压也变软了，游戏再次陷入了困境。

（三）第三次搭建

这时鹏鹏提出："幼儿园的平衡桥，是木头的，很结实，不如我们试一试吧！"孩子们找来了搭建平衡桥的梯子和木板，两两分组，开始尝试第三次搭建。商量后，果果和浩然在楼梯上放置了攀爬梯，中间铺上一块木板；凯凯和汉仪单独用攀爬梯；景行和鹏鹏选择了两块平衡板。"比比我们哪个组搭建得最牢固！"果果说。

经过实验，大家发现第一条斜坡在下坡的时候，由于下面的梯子比上面的木板宽，车轮经过的时候会卡在两边的缝隙里。第二条坡道由于梯子之间木梁的间距太大，导致车轮根本无法下坡。而第三种方法用两块平衡板拼成的坡道既结实又平坦，孩子们都纷纷选择第三条坡道作为他们骑行的赛道。

教师思考：

斜坡的搭建对孩子们来说存在一定的难度，首先在材料的选择上就出现了困难，孩子们凭借自己的经验和理解寻找适合搭建斜坡的材料"砖块"和"防护垫"，初次尝试后，发现并不合适，当出现问题时，教师没有进行干预，而是放手让孩子进行探索和思考，找出不合适的原因，从而继续寻找合适搭建的材料。在初次尝试搭建坡道失败后，幼儿没有放弃，又找来了"硬纸板""泡沫盒""平衡板"等一系列材料，经过不断地尝试与摸索最终得出，木制的平衡板较硬而且表面平滑，相比其他的材料来说更适合用来搭建斜坡。

【"坡"为有趣】

细心的浩然发现每次经过斜坡时，在操场与斜坡的连接处，车辆轮胎总会卡住，他说："这里有个洞，我们骑车的时候老是不顺畅，要用什么把它给堵住就好了。"景行注意到之前用来尝试搭斜坡的硬纸板，他试着将硬纸板铺在凹槽处，把凹槽变平。汉仪用平衡车压了过去，发现一层纸板垫着有点软，于是他们又在上面加了一层，大伙再试了一次，发现刚刚好，凹槽的问题就这样顺利解决了。

可是新的问题又出现了。由于两块木板搭建的坡道比较窄，车下去的时候容易滑出坡道，果果在下坡的时候差点摔跤。汉仪提出："下坡是不是应该要加个护栏？这太容易摔跤了，像大桥不是都有护栏嘛，那样才安全。"景行指着之前搭的第一条斜坡说道："我们可以用木梯当护栏，放在斜坡的旁边。"小伙伴们很赞同景行的想法，于是一起把木梯搬到平衡板的两边当作护栏，可当他们把梯子摆好后发现护栏并不稳，晃晃悠悠的。鹏鹏说"我们得想办法把它固定一下。""那我们用砖块吧！"凯凯边说边搬，几人很快用砖块对护栏的两边进行了加固。

"这下总没问题了吧！我们来试一试。"鹏鹏说完便开始去骑车，迫不及待地想试一试他们的成果，他顺利地通过了斜坡，果果紧随其后，可不小心碰到了护栏，护栏还是倒了……凯凯激动地喊道："我们把外面护住了，它就会往里倒，如果我们把里面护住了梯子又会往外面倒！不如再用一块板子把坡加宽吧！"大家鼓掌赞成。大家搬的搬、抬的抬，一会儿就把赛道重新加宽固定了。

他们又开始了新一轮的骑行，大家依次骑车往下滑，护栏都没有倒。这时，我注意到旁边的景行，他并没有去骑车，而是一直站在护栏的一边，一直用手扶着护栏，充当着"护栏手"的角色，保护着同伴们的安全。"我们再试试上坡吧！"孩子们一直专注在自己的游戏中，又提出了新的挑战……

教师思考：

解决坡道出现的问题对于幼儿来说，是个不小的挑战。在解决过程中，幼儿能够通过讨论、协商、互相尊重和接纳对方的想法来解决困难，从中获得与人交往的经验和满足感。最后梯子和砖块的摆放，也能看出幼儿的安全意识和自我防护能力很强。

在活动中幼儿的很多智慧都来源于平时的生活经验，在复制经验的基础上又加工内化成自己的新经验。幼儿在游戏中专注又投入并能及时发现、解决搭建斜坡过程中出现的问题，学习能力也得到潜移默化地提升。护栏手的出现也体现了孩子对同伴的关心之情，游戏过程中同伴之间的协商互助、探究合作是自发的、真实的，也反映出了幼儿身上的优秀品质。

【"坡"为精彩】

最后，大家决定来完成一场真正的比赛。怎样开展一场真正的比赛呢？汉仪说："上次我跟妈妈在电视上看了自行车比赛，里面有啦啦队在旁边加油呢！""他们的骑车路线是提前设计好的，我们也可以试试。"鹏鹏说道。小伙伴们想共同观看一场真正的自行车比赛来找找灵感。通过观看视频学习，他们决定也要设计自己的赛道，并将它们画下来。

浩然、果果、汉仪、凯凯、景行、鹏宇商量决定用各自设计的路线来布置最终赛道。景行用标志桶以及砖块摆出 S 型道路，果果利用已有的经验用呼啦圈摆出环岛路线，浩然用泡沫棒设置缓冲带，凯凯在赛道旁布置了补给站，汉仪给每位小朋友搬来了赛车护具……大家共同制订出了比赛规则，用搭建的斜坡作为起点与终点，还找来了班里的小伙伴们一起组建了"啦啦队"和"能量补给站"，一场真正的比赛开始了……

教师思考：

经过一系列挑战、搭建、再骑行、再搭建、再挑战，幼儿的想法在游戏中得到充分的展现，其各方面的能力、品质也得到了提高，他们在自主探索、发现、挑战、实践中玩得非常开心，充分享受着游戏带来的乐趣，幼儿的挑战还在进行。整个挑战搭建的过程中，教师静心观察，抓住教育契机，顺应幼儿的游戏兴趣，尽可能地提供材料、环境的支持，给幼儿最大的发挥空间，把游戏的主动权交给幼儿，来源于生活中的游戏行为，最终回归到生活中，让幼儿真正成为游戏的主人。

三、教师反思

（一）基于幼儿

（1）主动探究、积极思考。整个游戏中，幼儿的探索是螺旋式上升的，从"如何设置障碍"到"如何搭建斜坡"再到"如何完善一场赛车比赛"这是一个不断发现问题并解决问题的过程，是渐进尝试错误、难度不断升级的过程。在这里我们可以看到幼儿的主动探究，从"尝试搭建赛道"到"不同材料搭建斜坡"都是幼儿在已有经验的基础上通过充分的交流与表达、倾听与思考、将零散的经验进行重组建构新经验的过程，我们发现了幼儿的积极思考。幼儿在自主交往合作中发现、解决问题，自主商讨规则，让我们看到了幼儿的真游戏，也感受到了幼儿身上表现出的游戏力量。

（2）同伴协商，自主决定。幼儿在探索斜坡的过程中表现出坚持、合作、投入、敢于想象和创造等品质都是非常可贵的。同伴的协商互助一直都在，在这里我们不仅看到了幼儿自尊自信自主的表现，也更看到了他们之间默契、有序的合作，这时的合作是自发的、真实的，我们为幼儿的优秀品质点赞。

（3）材料运用灵活。在自主游戏中，我们丰富的游戏材料就是让幼儿在熟悉、使用、创新的过程中引导幼儿进一步游戏、思考，并投入使用的，我们在此过程中也看到了了不起的幼儿。

（二）基于教师

（1）相信幼儿，支持幼儿自主探索和学习。讨论交流、绘画分享、材料提供等多种方式，教师每一步看似无心，却是有意引导幼儿在自主的前提下进一步积累经验，以待游戏不断地验证。

（2）顺应兴趣，共同推进。游戏中，教师一直顺应幼儿的兴趣，为他们提供各种材料支持（寻找场地、搭建斜坡、完善赛道），顺应幼儿的兴趣点，每一次改进都能带给幼儿无限乐趣思考，为幼儿的深入研究提供了可能。

（3）巧用环境资源，促进深入学习。教师充分利用操场口有斜坡这样的场地环境资源，因地制宜地把场地受限、不能通行等不利因素变成了优势条件，把游戏选择权交给幼儿，给幼儿更多的自由。在快乐、有趣的骑行游戏中，幼儿主动与人交流，分享自己的发现与经验，真正让幼儿成为游戏的主人。通过游戏分享等方法，教师让幼儿从模仿、学习到探索、创造，由被动变主动，充分调动幼儿的积极性，促进幼儿多元智能发展。在游戏中可能生成的教育契机以及进一步的支持策略：

第一，自主游戏的玩法不止如此，从开始的骑行到搭建斜坡，幼儿的游戏兴趣也在不断改变，顺应幼儿的兴趣，追随个性需求，伴随个别支持，放手游戏，发现儿童；看懂游戏，理解儿童；回应游戏，追随儿童。

第二，增加家园共育的环节。教师将游戏视频发送到家长群，让家长也看到幼儿别样的成长经历，促进家长更新教育理念，思考如何做到用心陪伴、学会等待，并积极主动地为幼儿的成长出谋划策，以更平等的关系与幼儿交流，让家长真正成为幼儿园的合作伙伴，共促幼儿全面、健康、快乐成长。

《"坡"为精彩》是一个大班自主游戏案例，游戏中孩子们为了骑行更为精彩刺激，想把一个有阶梯的下坡道路改造成为一个可利用的骑行赛道，这是孩子们遇到问题、解决问题、积极探索的过程。在游戏过程中教师的充分的放手，孩子们表现出了良好的相互交流、探索、积极思考的思维品质。教师充分利用绘画表征手段让孩子们丰富了对事物的表达方式；教师对幼儿游戏行为的解读充分体现出了教师的专业素养。幼儿在游戏中表现出了良好的思维品质，积极学习发现问题、解决问题的能力，探索及团队协助精神。

4. 冲呀！战车

罗田县幼儿园　徐宇　王思怡　丁欢

指导团队　朱莉　吴煤　张玉涵

一、游戏缘起

我园有一块保留了原生态特色的青石岩攀爬区，以大别山"红色文化"为攀爬区取名"红色大别山"（图4-4-1）。这块巨大的青石岩，起点至最高点，将近有4层楼的高度，岩石既有光滑圆润的石面，也有陡峭尖利的石面。半山坡上有两组绳梯和绳网，在陡峭处做了一道木梯，岩石外围做了一圈安全绳网防护栏，山坡底部增加岩点，同时增设了稻草堆、沙堆、红旗等设施，帮助丰富幼儿游戏情景，孩子们酷爱在这里开展游戏活动。

图 4-4-1　红色大别山

在上一次的户外活动中，孩子们在"红色大别山"创设了新的游戏玩法"把坦克车开到山顶"。他们用校园里不同的低结构材料所构建的纸箱"履带车"和"饮水桶"坦克车最终失败，虽然两个车轮"坦克车"成功登山，但在登山的过程中屡次出现车体散架、坦克车上山困难，车辆构建简陋等不同层次的问题。孩子带着上一次活动的遗憾和经验，再次来到"红色大别山"，此次，孩子们又会如何升级战车，变换玩法呢？

二、游戏实录

（一）升级战车

来到户外，孩子们自行分组，自己选择材料，开始了游戏。由方榆熠和方林冉、潘雨萱等小朋友牵头建造的1号车、2号车（图4-4-2、图4-4-3），采用滚轮车做车架，预备升级做加强版战车1号车增设彩色体能棒"剑筒"等武器装备，2号车加设"炮筒"、储存"炮弹"等武器，同时使用奶粉罐、饮水桶、PVC水管等材料做好了粮食储备，武器储备，潘雨萱在材料中翻出粘球衣作为"战衣"。

图 4-4-2　1号车 　　　　　图 4-4-3　2号车

由陈学礼和周栋牵头制作的车轮加木板的轻便"减弱"版3号战车，选择直接在山坡处建造，"拿那个泡沫砖来"，孩子们发现车辆在岩石上存在滚动下滑现象，将泡沫砖卡在车轮处，固定车辆位置，把一个个的黏黏球装填在车架上透明胶带缝隙中；4号战车由茂茂和彬彬共同建造，孩子们结合上次的游戏经验，一起合作，"斜着，斜着"巧妙地使用胶带，两个孩子用胶带将炮筒和木板捆绑在一起，他们在这次建造中尤其注重牢固性，充分地使用了胶带、车皮绑带等工具，对车辆进行捆绑加固。

教师思考：

本次游戏首先是顺应幼儿兴趣和经验而诞生的。有了上一次的游戏体验，为了避免上山时车辆散架，这一次，孩子们明确知道，必须把战车"建弱"一点，只有轻便牢固的战车才可能更好地上山。同时，茂茂提出的山上山下的"强弱战车"和"红蓝军对战"计划使得游戏更有趣味、更有情境性和挑战性。

在本次战车建造的过程中，孩子们自主组队，四辆战车构建各有特色，"强弱"特征立显，同时，在加固战车的过程中，孩子们对胶带、绑带的使用更加熟练、合作更加默契，把此次建造的战车打造得稳固结实，同时功能齐全。

因此，在本阶段中，教师主要以旁观者、支持者的身份观察孩子的游戏，同时给予孩子丰富的材料和时间、空间的支持。

（二）冲呀，战车——战车上山记

1. 3号车上山：借助材料建桥铺路

为了让战车更顺利地上山，两组孩子自发地在山脚岩点坡道处和山坡上稻草堆障碍处建桥铺路。茂茂和彬彬先找来了一块木板架设在岩点坡道上作桥，调整好角度后，他们初次尝试将车辆从木桥上向上推，"木板太窄了""推不上去""把那个拿走"通过尝试和比较，他们发现车轮间距太大、木板太窄，于是茂茂和辰辰找到了一块更宽的体操垫，重新进行建桥，"搭在上面"，诚诚还找来一根绑带勾住体操垫，紧紧地拉住，防止下滑。

孩子们一鼓作气地将车子推过了第一个小山坡。初步体验到成功，孩子们赶快将体操垫铺设到了稻草堆障碍之上，再次建桥，力气大的周栋和诚诚一起以拔河的姿势用绑带拉拽战车，茂茂、彬彬等小朋友继续合作推、拉战车，在孩子们的团结之下，战车再一次跨越障碍，来到了坡度最陡峭、最长的绳网绳梯处。

（1）规划路线"挺进大别山"

这次周栋、诚诚、登登等五个小朋友在前卖力地拉拽着绑带，但陡峭的山坡和有弹性的绑带，使得战车停滞无法继续向前。茂茂敏锐地发现"这条路不行，我们走这边"，指挥伙伴们放弃绳网通道，调转方向，重新规划路线，走旁边的岩石区域。

"需要帮忙吗？""不需要！"大家异口同声坚定地说道。"一个大丈夫男子汉，要女孩子帮忙干什么（图4-4-4）！"接着他们一起喊着口号"一二三、一二三"，小队长在前面加油、指挥,人多力量大,孩子们像小蚂蚁搬西瓜一样将车子连拉带抬地登上了最艰险的绳网区。

图 4-4-4 "挺进大别山"

（2）团结协作抬上山

在短暂的休息调整后,茂茂接着振臂高呼"兄弟们,我们不怕难",他一直给大家加油打气,"抬上去、抬上去","这玩意儿哪抬得动?"孩子们虽然质疑,但是孩子们仍然分工明确,团结一致,"还差一点点！""加油啊！""坚持住！"孩子们终于将3号战车顺利抬到了红旗堡垒处,掉转车头,将炮筒对着山下,作出防守作战状态,安顿好战车,孩子们一个个忍不住欢呼"胜利了、胜利了",一起分享这一阶段的成功。

2.4号车上山：借助经验顺利上山

3号车顺利上山之后,部分成员也前来支援4号车上山。他们一路过桥、调整方向和路线,茂茂还细致地指导伙伴"要换个方向""这边这边",之后他们调整方向,将半山腰作为新据点。"两辆车对战两辆车很公平。"茂茂总结道。至此,山脚下两辆加强版战车,以及顺利登上山腰和山顶的两辆战车,全部就位。

教师思考：

"车辆如何上山""上山的车辆要更牢固"是这次战车上山需要重点克服的问题。所以,这次在老师们提供的丰富材料中,孩子们大胆地在游戏中实践、验证自己的设想,通过比较材料,选择更合适的体操垫来建桥,让战车在陡峭的岩石坡上有一个更好攀登前进的载体。孩子们在战车上山中,以建桥工事体现幼儿智慧创新,成熟应用丰富经验；以战车上山激发同伴团结协作,展现勇敢坚定的品质。

（三）红蓝军"开战"啦

小队长一声令下,红队开始进攻啦,只见萌娃兵们手拿长剑、盾牌,有的匍匐前进、有的快跑,以迅雷不及掩耳之势朝山上进攻。蓝队的炮弹攻击都没有阻挡她们前进的脚步,"医疗师！""我后背有炸弹"红队有人员"负伤"。"你过来呀"医疗兵指挥着"伤员",

给"伤员处理伤口"。一番激烈的作战后,蓝队中路失守,红队队员发起了总攻!两军激烈地追逐,最终,红军一步步达到了顶峰,两队萌娃兵在终点共同享受成功的喜悦,"我们胜利啦!"

教师思考:

在这一阶段的对战游戏中,孩子们积极而投入,蓝队防守坚定智慧,"巧取炮弹",及时"弹药补给";红队进攻勇敢团结,他们在被炮弹击后自己寻求"医疗兵"的救助,孩子们享受自己设定的角色和规则,虽有漏洞,却尽显童真和趣味。最后,虽蓝队防守失利,红队成功登顶,但他们却共同欢呼,共享胜利,一幅"世界大和平"的景象,更显正确的价值导向。

这次的战车和红蓝军对战游戏让孩子们体验成功,也让老师们收获很多感动。老师在总结分享中与孩子深切交流了:

(1)游戏进步:车辆加固更好,坦克车更高级,胶带、绳子等工具使用更熟练。

(2)精彩表现:自主分组融洽,配合默契;车辆设计创新(物资储备);尝试自主设计规则、玩法,使游戏情景和内容更成熟、更具趣味和层次性;在危险山坡上游戏时安全意识强,会独立保护自己。

(3)优良品质:在这次游戏中孩子们像"挺进大别山"的勇士一样敢于挑战、不畏艰险、善于创造、勇于坚持、精诚合作,彰显红色革命精神。

孩子们的投入、真情流露,也让老师共同体验和找寻到自主游戏的真谛。老师也见证了孩子学习和发展的同时发生,见证他们无限创想、享受游戏,从会玩到慧玩,成为更棒的自己。

三、教师反思

(一)游戏中能力促成,行之有效

我园的攀爬区环境和游戏材料投放具有探索性、挑战性、开放性等特性,对幼儿身心发展具有独特而重要的价值,使得孩子们在看似危险的山坡上如履平地,创造与发展。一是有效锻炼了幼儿的力量、平衡、耐力等各项运动技能,二是让幼儿在挑战中克服恐惧,在遭遇问题时迸发智慧的火花,寻求解决问题的方法和路径。三是培养孩子们协同合作、不畏艰险、勇往直前的品质,多维度实现了户外游戏活动所蕴含的价值。

(二)游戏价值定义,幼儿主体

岩石山坡对孩子来说并不危险,他们能在其中获得乐趣和投入。游戏中的成功并非由成人决定,而是孩子们根据自己的能力和目标来确定。自主、自由、创造和愉悦是孩子们所追求的成功。游戏价值以孩子为主体来衡量。

（三）教师"退后"指导，放手求真

教师在整个活动中，以幼儿为本，以"问题"为推手，尊重幼儿的一切游戏行为和想法，始终相信幼儿是积极、主动、有能力的学习者；创设开放的游戏环境和提供多元、低结构材料，助力幼儿达成游戏目标；我们从孩子们在游戏过程中自然流露出来的表情、动作，可以看出孩子们很专注，很享受，这就是真游戏。

（四）"红色大别山"的教育意义，积极深远

我园幼儿自长期开展"红色大别山"系列游戏以来，幼儿运动、劳动、合作、勇敢等能力和品质得到大大提升。后期，我们将持续培育广大幼儿学习红军战胜艰难困苦、勇往直前的精神，将红色文化、革命精神教育入脑入心，同时培养孩子热爱祖国、积极进取、勇敢坚强的优良品质。

5. 神舟十二号

武穴市永宁幼儿园兴教园区　梅方春　梅乐　龚夏慧

指导教师　张新乔　徐海

一、游戏缘起

本学期我们在班级开展了"自备材料超市"的活动，十几位小朋友不约而同地从家里带来了一次性纸杯，投放至材料超市中。没想到，纸杯一下子就成了最畅销的材料之一，幼儿创造性地使用纸杯，搭建了他们喜爱的事物，也让纸杯建筑成为班级内一道亮丽的风景线。

二、游戏实录

（一）摇摇晃晃的火箭

周五的下午，室内自主游戏准时开始。乐乐和轩诚在建构材料超市徘徊了很久，最终每人拿了一大盒纸杯。"乐乐，今天你准备建什么？"轩诚小声地询问。"我还需要再思考一下，你呢？"乐乐若有所思地回答。"我准备建火箭，妈妈昨天给我看了火箭发射的电视，还说叫神舟十二号，宇航员叔叔要坐着它到太空工作。真是太神奇啦！我也要建一个厉害的火箭"，轩诚一边说一边比画着。"哇，那我们一起建一个超级厉害的火箭吧"，就这样建火箭的计划顺利开始。

随后，两人拿出纸、笔，在讨论中画出了火箭的设计图。根据纸杯的特点，两人合作通过叠高、围合的建构技能，将杯子一个一个叠起来，不一会儿一个圆柱体的"火箭"就搭建好了（图4-5-1）。乐乐兴奋地鼓起了掌，可轩诚做左看看右看看，总觉得哪里不对劲。这时，希希被吸引过来，"你们是不是在搭什么？看上去，一碰就会倒吧！这歪歪扭扭的，一点儿都不好看！"……

图 4-5-1　搭建圆柱体的"火箭"

乐乐很不服气地说："这是火箭，你们看不出来吗？"孩子们的争论声，引起了我的注意，走过去正好看到了设计图纸，一下子就明白了，这是要搭建火箭。希希笑了起来，"这完全是摇摇晃晃的火箭，发射不出去的。"我本想立刻上前指导孩子，但想了想停住了脚步，觉得孩子们应该可以发现问题。不一会儿，希希说："你们看，第四层有几个杯子好小呀！上面也有几个小杯子。""我知道什么原因了，你们看这一行的杯子一个大一个小，这样火箭就是摇摇晃晃，所以一点儿都不稳。"轩诚指着杯子快速地说着。"对、对、对，每一行的杯子大小应该得一样。""我们可以一行小杯子，一行大杯子的摆放。"孩子们找出了问题所在，并自发地开始将旁边的杯子进行分类，将小一点儿的杯子都整理了出来。

问题找出后，孩子们在合作中，终于搭建好了火箭。

教师思考：

幼儿在利用低结构材料——纸杯进行自主游戏中，轩诚的"火箭"灵感，来自于看到的有关"神舟十二号"的电视报道。这个趣味而有挑战的游戏，正是幼儿的前期经验与环境及材料充分互动、积极思考的结果。

本游戏中，几个孩子通过对材料的直接感知、亲身体验和实际操作，在与同伴的合作中，通过叠高、围合等前期经验的建构方法，寻找纸杯保持平衡的基本方法。由于纸杯是幼儿从家里自发带来的，所以大小不一，在搭建的过程中，出现了"摇摇晃晃"的现象。大家并没有因为摇晃而放弃游戏，这种勇于探索、相互合作的品质，让我欣喜。在幼儿的充分探索、交流中，他们通过已有经验、发现问题、分析问题，最后大家发现了"相同大小的纸杯叠高才能保持平衡"的诀窍。

（二）火箭缺了什么

火箭一建造好，大家立马发出了欢呼声，子欢闻声而来。她来到火箭前左看看、右摸摸，嘟着小嘴说："这和我家的火箭模型一点儿都不像，没有翅膀，而且这顶部也不是尖的，这是飞不起来的！"轩诚不服气，拉着我来到火箭前，"黄老师，你来评评理，你看我们的火箭飞得起来吗？"我看着他，说："大家别着急，你们仔细回想一下，你们看到电视里、图片里看到的火箭有什么特别的地方？"大家一下子沉默了，乐乐小声说："我记得上次看到图片里的火箭，它的顶是尖尖的，好像我们三角形的角一样。"希希马上举起小手说："黄老师，火箭好像是有翅膀的，它的翅膀长在下面，对吗？"轩诚这时有些沮丧，我摸了摸他的头，笑着说："要不我们再来看看火箭到底长什么样子？"大家都点了点头。

于是，我利用大量的图片，让孩子们进一步地观察，其间并告诉大家：火箭两侧像翅膀一样的地方，叫助推器，它是火箭发射的巨大核心；顶部其实像一个圆锥体，叫逃逸塔，它是为了确保宇航员飞行中的生命安全。孩子们一边看图片，一边观察自己搭建的火箭，轩诚立马把设计图纸找来，"我们快点修改设计图吧！一定要搭出最标准的火箭。"

大家在一番商量、写写画画后，新的设计图纸出炉啦！

教师思考：

火箭到底缺了什么？这正是我在观察幼儿游戏时发现的他们前期经验的缺乏。在第一次图纸设计出来后，我就发现了这一问题，一直也在思考需不需要进行提示。

孩子们与中班时期相比，合作解决问题的能力有了明显的提高，当遇到问题时，不是一味地放弃，而是先自己讨论，再来询问老师。火箭在生活中并不常见，孩子们只是从图片、电视、玩具、图书的形式中，有表象地了解，这一前期经验是不够的。我有必要在这个时候参与到游戏中。通过图片、各项信息的补充，孩子们对火箭有了更深的认识，同时也清楚了：火箭到底缺了什么？

新经验的获得，显然让幼儿有了新的游戏动力，于是，新的、更为标准的设计图纸出现了。我想，在自主游戏中，教师不仅要注重观察幼儿、发现幼儿、支持幼儿，而且在特殊的环节中要适当引导幼儿，这种引导是新经验的梳理。

（三）煽风点火

新的图纸使孩子们的游戏情绪继续高涨。"乐乐，我们两人一起搭翅膀吧！"子欢雀跃地说。"好的，那叫助推器。我们一起搭助推器！"乐乐满口答应了。接着两人一起到"材料超市"中，又挑选了一些纸杯。而这边的轩诚和希希还在激烈地讨论着——

希希："这个逃逸塔有点难搭，你看，越来越尖。"

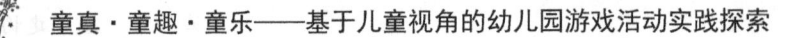

轩诚："是有些难，你看看，这个围合像越来越小，是不是一层要比一层少？"
希希："好像是，是不是每一层减少一个就可以？"
轩诚："不一定只减少一个，我们试试两个？"

两人一边讨论，一边动手搭建：先叠高、围合一圈，然后减少一个纸杯进行叠高、围合，接着再减少两个纸杯进行叠高、围合……最终将火箭封顶啦！

乐乐和子欢这边就简单很多，他们利用最简单的叠高方法为火箭搭建了四个助推器。

最标准、安全的火箭，终于搭建起来了。孩子们纷纷击掌庆祝，共同期待着"点火"时刻！此刻，我也很兴奋，为孩子们鼓掌鼓励。这时，一个"意外"发生了，洋洋想看看火箭牢不牢固，他打开了电扇的开头……

随着电扇的"煽风点火"，火箭倒塌了一半（图4-5-2）。

图4-5-2　倒塌的火箭

教师思考：

讨论、思考、碰撞，在这一环节中体现得十分充分。新图纸的出现使幼儿的兴趣提升了，幼儿游戏的参与度、积极性更为浓郁，分组讨论的作用起到了关键的作用。孩子们的"封顶"搭建方法也在过程中初见雏形，让我看到了幼儿流畅、灵活的想象力。

这个时候，"意外"的出现，我的思考如下：

（1）纸杯材料单一，其搭建方法（叠高、围合、封顶）幼儿均已掌握。游戏中，各种材料之间的混搭是有必要的，利用"火箭的倒塌"，衔接新材料的出现。

（2）针对大班幼儿，游戏需要有更高的坡度，增加游戏的延续性。

（3）成功的路上，不一定都是一帆风顺的，适当的挫折教育，是对幼儿的受挫能力的培养。

（四）神舟十二号发射成功

随着"火箭的倒塌"，第一天的自主游戏时间也到了。孩子们垂头丧气，没有一点儿成功的喜悦。我安慰大家："没关系，明天游戏时间我们继续搭火箭。不过，你们要认真地想一想，怎样能让火箭不会遇风就倒塌？是不是可以借助别的材料？"这个时候，轩诚急切地说："我们可以自己带别的材料吗？"我点点头，没想到，孩子们一扫不快，一边收拾纸杯，一边热烈地讨论起来。明天到底会发生什么呢？

第二天，我期待的自主游戏又开始了，不知道经过一个晚上的思考，四个孩子会带给我怎样的惊喜？只见，轩诚拿了一个笨重的大袋子，其他三人分别拿了一堆纸杯；当我看到袋子里的材料时，不禁嘴角上扬。原来孩子们带来了积木，"轩诚，积木是用来干吗的？"我笑着问。"黄老师，请你耐心等一等，这次我们的火箭一定能发射成功。"轩诚坚定地说。

孩子们今天更有默契，交替使用积木和纸杯搭建火箭。火箭身体用大积木，助推器和逃逸塔用小积木。想起孩子们昨晚在微信群里热烈讨论，家长们也期待看到火箭完成。四个孩子第二次完成火箭搭建，令人感动。但他们担心接下来的"煽风点火"环节是否顺利。

孩子站在火箭旁边，他们的神情有紧张、有喜悦，乐乐竟然握紧双手，嘴里一直念着："拜托了火箭，千万不要倒！"电扇重新开启，孩子们大声说："神舟十二号准备发射，5、4、3、2、1…"随着电扇的"煽风点火"，神舟十二号发射成功！孩子们相拥一起大声欢呼……

教师思考：

新材料激发幼儿新思维，火箭发射成功后，孩子们将搭火箭与建房子类比，体现出生活与学习的紧密联系。孩子们的想法让我感到惊讶且欣慰，他们从游戏中获得了经验、勇气、成功喜悦、生活常识和爱国情感。我将继续观察，陪伴他们在游戏中成长。

三、教师反思

（一）我的游戏，我做主——幼儿自主游戏的魅力

幼儿园"以游戏为基本活动"的教育原则是幼教人的准则。在自主游戏中，孩子体现多维度的"自主"。在"神舟十二号"游戏中，孩子利用纸杯自主创设游戏主题，解决问题，掌握建构方法，整个过程体现了"我的游戏，我做主"的教育理念。

（二）你的游戏，我欣赏——多观察少介入，促进程巧介入

教师需密切关注幼儿自主游戏问题，适时介入，助其解决，保证游戏顺利进行。本次活动中，教师扮演观察者、支持者、分析者、分享者等角色，确保游戏环节有效。在此次活动中，教师有两次有效介入：一是弥补幼儿火箭构造认知不足，二是应对搭建后"意外"。首次介入为显性引导，通过图片补充助力幼儿经验丰富。二次介入为隐性引导，提升游戏层次，教师参与火箭发射成功挑战，增强创造性、挑战性，让幼儿体验到成功需经历考验。

自主游戏价值在于满足幼儿前期经验、操作体验。火箭发射游戏能让幼儿提升认知，

满足其心理及社会需求。孩子们在游戏后发现，搭建火箭如建房子，这可实现游戏生活化。"生活即教育"理念，让游戏源于生活，回归生活，丰富幼儿成长瞬间。通过观察、倾听、分析、记录、参与，教师应把握介入时机，支持幼儿自主游戏。

6. 马路成长记

黄冈师范学院附属幼儿园　周友华　文雅菲

一、游戏缘起

在一次游戏活动中，小朋友们正在玩红绿灯的游戏（图 4-6-1），红灯停、绿灯行……不一会儿，举着红绿灯牌子的小伟生气地停了下来，游戏陷入僵局。

图 4-6-1　红绿灯游戏

我询问孩子们原因，细心的文文发现，有一个小司机总是围着红绿灯转来转去，所以小伟生气了，不想玩了。大家一致觉得游戏太乱了，于是，我组织孩子们坐在一起，说说他们自己的想法。"因为没有马路""没有斑马线""没有标志线"。我问道：既然有这么多的问题，我们该怎样去解决呢？孩子们你一言我一语地说着自己的看法，小北提议说：搭建一个大马路吧，小司机开着车在马路上走，马路上有斑马线，有红绿灯，这样就不会乱了，这个建议马上得到了小朋友们的一致赞同。想要搭建一个什么样的马路，也成为孩子们讨论的主题。小北又说："老师，我想要一条去北京的马路，可以去找妈妈"。妍妍说："没有花的马路不好看。"说到马路，孩子们似乎都有自己的想法……

二、游戏实录

（一）马路没有出口怎么办

孩子们信心满满地开始了第一次的搭建（图 4-6-2），在游戏中，我把自己隐藏在暗处，仔细观察了解他们的游戏意图。很快，我注意到了小北，他用积木在地面上一边拼搭一边站起来四周看看，思考后又蹲下来认真地拼搭，还不时地指挥旁边的小朋友，"你的马路要和我的连在一起"。

图 4-6-2　第一次搭建马路

其他的小朋友忙着运材料、找伙伴，都在搭建着自己心目中的大马路。很快，大马路已经有了一个初步的轮廓，可是我注意到，只有小北搭建的马路有出口，其他孩子的马路大多没有出口，小北忙前忙后，不停地帮小朋友们调整马路，增加马路的宽度，留出出口。我发现好像孩子们都愿意接受小北的意见，没有发生争执。

教师思考：

在游戏反馈环节中，我发现孩子们已经意识到在游戏中存在问题："马路没有出口，车要怎么开呢？"孩子们之间的交流和经验分享引发了大家的思考，他们提出的解决问题的方法在下一次游戏中能成功吗？孩子们将已有认知经验和解决问题的方法进行重组，并通过再次游戏验证，获得新的经验也是一种学习体验。

（二）斑马线被拆除了

孩子们有了第一次搭建的经验，加上梳理后获得的新经验，第二次的搭建开始了。孩子们在搭建的同时，学会了观察其他小朋友的布局，努力把自己搭建的部分与小朋友的连接起来。小北被小朋友们推举为大马路的"总设计师"，这一巨大的责任让小北更加忙碌。

小伟走过来得意地跟我说："老师，你快看我的斑马线！"

我顺着他指的方向看过去，发现小伟刚完成的斑马线已经被"总设计师"拆除了，小伟急着跑过去，想挽回自己的斑马线，可是已经来不及了。小伟委屈地向小北申诉："这是我的斑马线，你怎么拆了？"小北说："没有路通到你的斑马线呀，我们需要改一下"。

小伟听取了小北的建议，小北也发挥了总指挥的作用。很快，一条全新的斑马线搭建完成了，小伟邀请我去走走他的斑马线，我热情地回应了小伟的邀请。

教师思考：

小伟的斑马线遭遇了好友的无情拆除，他听取了同伴的建议并及时调整，共同完成了任务。面对游戏中出现的问题，孩子们尝试相互沟通，主动、积极地解决问题。这让我更加坚信：游戏对幼儿来说是极有意义的学习方式，幼儿在游戏中幼儿解决问题的能力在不断提升。

（三）马路上出现了桥

早锻炼时间，小奕指着走道里的积木说："老师，我想在这里搭建大马路"，文文表示她也想一起参与搭马路。孩子们叽叽喳喳地围了过来。我放下早锻炼的器械，满足了他们的这个要求。

不一会，我意外地发现孩子们的马路上出现了桥，似乎是人行天桥（图4-6-3）。文文和妍妍正在拼搭一座很长的桥，有点像是文文画中的那条重庆李子坝穿屋轻轨，看来她已经将经验迁移到了游戏之中。而在一旁小奕的桥似乎没那么稳固，一次又一次地倒塌，但他依然坚持不懈，一次又一次地尝试。

图4-6-3 马路上的人行天桥

小奕发现几根太过于纤细的桥柱没能把整个桥支撑起来，所以他去材料框里找了找，发现有更粗的桥柱，这一次他会不会成功呢？我担心他会因为一次次的失败而放弃，在换了大的桥柱后，桥还是一次又一次倒塌。我很想此时介入他的游戏，但还是选择了在一边观察。经过几次调整他终于完成了桥的搭建。小奕冲着我骄傲地一笑，说："哈哈，老师快看我的桥！"我笑起来对他说："为你鼓掌，你真棒！"

教师思考：

小奕的搭建过程我关注了很久，担心他会因失败而放弃，我本想介入，可我更想看到他能自主发现问题从而解决问题。最终，小奕通过调整桥柱的大小解决了问题，体验到了成功带来的成就感，孩子对感兴趣事物的执着精神，也超乎我的想象，他们能根据已有的经验进行推测，判断方法的可行性，寻找解决问题的最佳途径。

（四）马路游戏开始了

又到了自主游戏的时间了，很快，建构区布满了弯弯绕绕的马路线，一会儿马路就搭建好了，孩子们都兴奋无比，我对孩子们说："接下来你们想在马路边上建一些什么样的建筑物呢？"

"老师，我要造一座万达广场。"

"我要造游泳池。"

"我要造加油站。"

"我要造医院。"

"我要造水立方。"

孩子们兴奋地在马路边搭建各种"装备"。轩轩一直在装饰马路，他一会儿种"树"，一会儿架"灯"，这一次的马路，还真是有模有样，"装备"也慢慢地齐全。小桐精挑细选了一个位置安装好红绿灯，终于大马路初见规模。

孩子们热情地邀请我加入他们的游戏，带我参观了全新的大马路。超超对我说："老师，我这里是游泳池，欢迎你来游泳"；妍妍说"老师，我们的大医院可以停很多的车"；小伟说："老师，你从这里走，再转弯就到我们的万达广场了"。我跟孩子们一起来到了"万达广场"。这时我故意说"哎呀，我的车没有油了，怎么办呀？"小奕马上说："老师快来，到我们的加油站加油呀"。

（五）小汽车上路了

马路建成了，小朋友们最想做什么呢？"开车上路"成了呼声最高的回答。于是小朋友们从家里带来了各种各样的小汽车，大家聚在一起，互相介绍着自己的小汽车，都期待着小汽车能在新建的马路上畅通行驶，终于，小汽车上路了。妍妍搭建的医院停车场里停满了小汽车，孩子们开心地开着自己的小车行驶在马路上，最让我意外的是小桐的小汽车，她的小汽车可是会变身为小飞车的哟，只要一遇到马路边边，她的车就变身成了小飞车，也许在不久的将来，真的会有这样的汽车出现哟！

教师思考：

在马路搭建完成后，孩子们拿着自己心爱的小汽车上路了，在行驶的途中又发现了许多新的问题。孩子们一边玩一边修补，马路上畅通无阻，解决了交通堵塞的问题。以后，马路搭建游戏还会出现什么新情况呢？让我们期待孩子们的惊喜表现吧！

三、教师反思

马路搭建游戏是深受幼儿喜爱的建构活动，但受到室内环境和材料的限制，有一定的局限性。此活动多是在室内空间进行，如果将活动迁移到宽阔、自然的室外空间能更好地激发幼儿游戏的兴趣，也能够满足更多幼儿的游戏需求，而且户外环境存在更多的不确定性因素，可能会引发幼儿新奇的想法。另一方面，马路搭建的游戏材料主要是幼儿活动室的木质和塑料积木，具有一定的局限性，如果加入生活中常见的纸箱、纸板、轮胎、梯子、水管等材料，孩子们的搭建就会更加丰富。在以后的马路搭建活动中，我将从以上两个方面进行调整和改进，以便更好地支持幼儿的探究行为，促进幼儿多方面的发展。

7. 神奇的冰淇淋车

英山县县直机关幼儿园　查红丽　王烨　胡红娟

一、游戏缘起

户外自主游戏开始了，中二班和大五班的孩子们进入游戏区玩搭建游戏了，鉴于已有建构游戏的经验，他们对建构区的游戏探索不断升级，她们找来了游戏区里的网格，瑞瑞说："我们今天就用这个网格来玩搭建游戏吧"，他们一致同意后，有的说想做城堡，有的说想做房子，这时，瑞瑞说："太阳好大，好热呀，那我们就来做个冰淇淋车吧！"其他小伙伴听到这话，都纷纷加入制作"冰淇淋车"的队伍中，于是就引发了"神奇的冰淇淋车"的探索之旅。

二、游戏实录

（一）初现冰淇淋车雏形

孩子们开始做冰淇淋车了，他们用万能轴和材料管来做车轮，他们通过拼插很快就把前后两对车轮做好了。这时，贝贝赶紧搬来了一块长方形的黑色大网格说："就用这个做车子的底部吧"。说完就铺在两对车轮上面，网格的宽度和车轮的宽度正合适。这时，乐乐说："我们用什么固定呢？"瑞瑞边说边拿来扭扭棒："我们用扭扭棒把车轮和底部绑起来吧"，说完，大家一起动手用扭扭棒固定，由于前期孩子们有用扭扭棒捆绑的经验，大家很快就绑好了，就这样车底雏形就做好了。

教师思考：孩子们尝试造车想法既来源于生活中冰淇淋车的启发，又基于拼插、围合等建构的技能经验，从自由的、无目的的搭建，变成有计划、有目的的拼搭，从分工合作找材料、搭建，短时间内搭建成一个简易的冰淇淋车，可以看出他们的合作意识已经凸显，每个孩子在搭建车子的过程中都表现出极强的主动性。

（二）改造车底

第一次尝试：幼儿走进车子，突然'咕咚'一声，只见侧后车轮垮掉了。第二次尝试着找来扭扭棒固定好前车轮后，浩浩说："我们把中间再加个轮子吧，让车子更稳固些"。很快他们就把做好的轮子加在车底的中间位置，并用扭扭棒固定好中间的轮子，可是还是不行。经过了前两次的尝试，他们发现是网格太软了，承受不了重量，于是瑞瑞拿来一块长条积木放在车里，宸宸看到了说："这个板子是硬的，应该可以吧？"她们把车子底部铺满长条积木，感觉很坚固，站在上面就试着推车子走动，"耶，我们的冰淇淋车可以动啦"！孩子们开心地拍起手来。

教师思考：面对困难，迎难而上。这充分体现幼儿乐于尝试、勇于挑战的心理特点。改造车底是游戏中较难的环节，孩子们经过了三次尝试，从最开始踩上去轮子掉了，到后来加固轮子发现车底太软，他们找来竹竿和木板等材料固定，这才使得改造车底成功。在改造车底的过程中，孩子们不断遇到困难，但他们并没有放弃，而是选择发现问题，解决问题。从最开始的制作车底到后期遇到不同的困难，孩子们以大带小，共同合作，激发了幼儿的探究兴趣，也推进了游戏的进一步发展。

（三）制作车顶

车子已经造好了，孩子们就想进去试试。瑞瑞说："太矮了，我们可以把这个车顶再升上去一点。"贝贝说："怎么升高呀？"杜杜拿来竹竿说："我们来固定在车子的四个角上"，说完，他就去搬来了梯子，大班的哥哥们爬上木梯固定车顶，弟弟妹妹在车里用双手托着网格，不一会儿，车顶做好了，浩浩："太热了，还需要一个东西搭在车顶上，不然做的冰淇淋就化了"，"我拿来了一块布，我们把布加在上面，可以遮太阳"，贝贝说，他们进到车里试了一下，发现还是不够高，又继续加高了一些，最终，他们都可以自由地站在车里了，车子还可以移动，冰淇淋车做好了，他们成功了。最后为了让冰淇车更漂亮、真实，她们还对车子进行了装饰，她们看着自己制作的冰淇淋车可开心了，孩子后续还自发地开展了买卖游戏活动。

教师思考：车子太矮，这个问题引发了孩子们进一步的思考，如何才能让人进去完全站立，在一个孩子说要增加车顶的高度后，她们提议依靠自己的身高来确定车顶需要的高度，大班的哥哥自告奋勇地承担了爬上木梯做车顶的重任，中班的孩子在旁边进行辅助，可以看出这是一个团结协作、善于思考的团队，也体现了混龄游戏中"以大带小"的意义，幼儿的人际交往能力也得到了很大提高。随着游戏地推进，一个又一个游戏应运而生，这也是必然的。

三、教师反思

（一）混龄游戏有益于幼儿社会适应能力的不断提高

大班幼儿已经具备了独立的思维能力、动手能力，在游戏中他们能将自己的想法展现出来。中班幼儿的合作意识虽较弱，但他们的模仿能力强。在整个游戏中，他们有模仿、协商、合作，自行解决游戏中遇到的困难，实现了混龄游戏中"大带小"的意义，达到了混龄游戏中社会性的发展的目标。

（二）游戏材料丰富多变，有效促进幼儿深度学习

网格是最主要的游戏材料，幼儿用扭扭棒、布、竹竿、木板、木梯、工匠积木等低结构材料通过系、扭、围合、穿等方法进行了一系列的创造性活动。怎么让车底变得更结实，可以承受孩子的重量？他们就根据自己的想法和需求来搜集竹竿、木板、工匠积木等材料，在操作游戏材料的过程中，幼儿不断发现问题，调整策略，使游戏具有自主性、自发性、多样性、创造性地特点，最终完成了游戏目标。

（三）教师的适宜介入，形成合作探究式的师生互动

在幼儿发起的游戏中，幼儿是自发、自主、自由的。在幼儿一次次面临的问题中，教师要敏锐地察觉到孩子们游戏的需要，通过现场实践、师幼对话、对比讨论等多种方法支持幼儿的游戏。当他们的车子已经建好了，尝试走进去的时候只能蹲着，老师就从反问式抛出问题引发幼儿的思考，到幼儿坚持自己的观点，教师的适宜介入，及时退出，给予幼儿有效的支持。由于是混龄游戏，虽然开始游戏时，班级幼儿之间的合作还略显生硬，但随着游戏的步步深入推进，幼儿之间的合作搭建行为越来越多，增进了关系，促进了幼儿间的沟通，丰富了幼儿的经验，支持了不同年龄段幼儿游戏经验的生长。

（四）在解决问题的过程中，促进幼儿的多元发展

他们在游戏中自主设计、自由建构，游戏过程中幼儿总是不断地遇到新问题。面对这些问题幼儿没有退缩，而是不断通过思考游戏验证最终解决了问题，幼儿在游戏中认真专注，积极主动探讨协商，分享合作，成功建造了自己喜欢的冰淇淋车。最后在制作冰淇淋车原游戏过程中，还衍生出装饰冰淇淋车、买卖冰淇淋等新游戏，游戏中引发幼儿进一步思考与探讨，幼儿的合作、协商等社会技能得到了锻炼，促进了幼儿社会性的多元发展。

8. 桌椅总动员

黄州开大实验幼儿园　阮珍珍　周婷　方金英

指导教师　陈玲　李亚芳

一、游戏缘起

早餐后，豪豪等人拼接小椅子玩开火车、过桥游戏。我提出"桌椅组合如何玩"问题，鼓励孩子们利用室内空间和资源开发有趣游戏，将活动室变为体育馆。由此，桌椅总动员游戏在孩子们自主探索、讨论中生成。生成阶段，孩子们围绕"桌椅组合如何玩"热烈讨论，对室内桌椅玩游戏产生兴趣。在问题引导下，孩子们设想桌椅不同玩法并实践，积累了经验。

游戏最初在中一班活动室进行，主要材料为幼儿的桌椅，随着游戏的不断推进深化，原有的室内空间已无法满足幼儿的游戏设想，而天气的放晴，孩子们将游戏场地由室内转战到了户外操场，桌椅也在不断增加；根据幼儿游戏需求，幼儿将器材室里的泡沫垫、防摔垫、平衡板、大方架、木梯、步梯、绳网等都作为辅助材料来建构游戏场景，形成了全园体育大循环的游戏场景。

二、游戏实录

（一）游戏初体验——椅子大搬运

早餐后，豪豪和他的两个好伙伴各自骑在椅子上，玩起了开火车游戏，一会他们又把小椅拼接起来，玩起了过小桥游戏（图4-8-1）。热闹的游戏声吸引了其他小朋友，大家都把自己的椅子搬进来，一场椅子大搬运游戏开始了。豪豪见人越来越多，立马指挥大家把椅子照样摆在他们的后面，增加桥的长度，"小桥"搭建好了之后，孩子们闯关过小桥时发现了问题：

图 4-8-1　过小桥游戏

小汪："一点儿也不牢固。"

泽泽："桥快断了。"

歆怡："我刚才爬过来的时候，那个'桥'一直晃晃晃"……

出于安全考虑，我本能地走上前，准备跟孩子们商讨一下解决的办法，不等我走近，孩子们已经在主动寻求解决问题的方法：

豪豪："我们可以重新调整一下距离，让椅子之间靠近些。"

小汪："把翘起来的椅背按下去，卡紧了就牢固了。"

晨翔："我们可以当修桥工人，哪里晃动我们就去哪里保护大家过桥。"

经过几次搬运，孩子们已能利用教室的空间，将椅子有序地进行排列，并开始进行游戏……不一会，豪豪大声说："这个游戏太简单，不好玩"，圻圻说："我想站在椅子上往下面跳，变成超人，有飞翔的感觉。"

我："桌子和椅子组合在一起可以怎么玩？"

教师思考：

放手幼儿，发现游戏。本次游戏由幼儿自发发起，围绕椅子展开。通过探索和游戏，提升了幼儿的建构和平衡能力，同时增强了他们与同伴合作解决困难的能力。针对游戏单一性问题，教师适时引导，利用现有材料与椅子结合，期望后期游戏更多元化。

（二）玩转桌椅之家庭篇

带着"桌子和椅子组合在一起可以怎么玩？"的问题，孩子们回家后立马行动起来，游戏的玩法在不断创新中变得多样（图 4-8-2）。我在与家长的沟通中得知，孩子们在家庭玩转桌椅游戏时，结合在园的前期玩法经验进行了创新，在游戏过程中，家长朋友们充当安全员和游戏者两种角色，在陪伴孩子游戏中体验亲子游戏的幸福感。

图 4-8-2　桌椅"翻山越岭"新玩法

教师思考：

孩子们将对桌椅的浓厚兴趣延伸到家庭中，有家长们的支持、参与，孩子们游戏的积极性被点燃，他们将家里能用的桌椅甚至沙发都用上，不断探索、发现和尝试，给我制造了一个个惊喜。我想孩子表征的意义不仅仅在于他们自信从容地展现自己，更在于教师及家长的倾听、回应和支持。

（三）桌椅总动员

我："你还想与桌椅进行怎样的互动呢？请你们画一画，讲一讲。"

豪豪："我的设计分成几部分，用椅子拼成一长条，小朋友们在上面跳跳跳。把这个桌子和椅子搭在一起，小朋友们就可以上桌子上面跳，跳到垫子上去。"

根据图纸建构游戏场景，玩一玩，再调整桌椅多种多样的玩法。

1. 桌椅总动员之齐心协力创环境

晨翔："人数太多，拼接一条桌子不够玩怎么办？"

豪豪："我们把其他桌子都拼起来不就有更多桌子了吗？"

晨翔："我觉得我们可以把两张桌子拼在一起，就像这样，一层一层拼得高高的。"

菲菲："可是我们要怎么做呢？"（桌子太沉了，根本搬不动）

第一次他俩尝试将实木桌子搬上 70 厘米左右高的另一张桌子上，结果发现桌子实在太沉了，根本抬不动。他们喊来诚诚帮忙，第二次尝试搬动桌子，这一次桌子被孩子们搬动了，但是由于重心不稳，力量不足，桌子被摔得侧倒在地上。有了前两次的经验，他们喊来更多的小伙伴们加入，第三次孩子们终于成功了。

2. 探索实践玩游戏

晨翔："我们可以把其他桌子都抬上去，把他们拼凑在一起。可以站在两层高的桌子上面往下跳，变成超人。"

豪豪："这么高的桌子我们要怎么上去呢？"

彤彤:"用小椅子拼搭在一起做个'梯子',我们踩着'梯子'就可以上去。"

经过孩子们反复尝试,终于确定了比较稳固的"椅子梯子"。

3. 熟悉游戏玩法变

随着游戏的深入进行,游戏更加多样化,在准备"跳伞"环节,涵涵和茗茗几个女生迟迟不敢往下跳,堵住了,后面的男生上不来。

彤彤:"这太高了,我有点害怕。"

茗茗:"跳下去太危险了,我们不敢。"

豪豪:"我们可以拿垫子在下面保护自己。"

有了垫子,不敢跳下来的孩子也逐步尝试从上往下跳跃。

4. 游戏升级大循环

滑滑梯的经验给孩子们又一次游戏启发,滑滑梯的外形以及滑道的倾斜度都给孩子们留下了深刻的印象。于是孩子们更改桌椅组合的变化,难度再次升级。在滑滑梯一个滑坡的基础上用四张桌子变成了加宽版的滑滑梯,通过反复调整好桌子的倾斜度,"攀爬桌面"到"滑滑梯"游戏又诞生了(图 4-8-3)。

图 4-8-3 "滑滑梯"游戏

教师思考:

在大型集体游戏活动中,每个孩子都有自己的想法,发生分歧是常有的事情,但是孩子们为了统一的目标——创造游戏、共同游戏,会遇见问题、解决问题,这种合作精神实在可贵。在游戏中孩子们提出的可行与不可行的方法,作为教师我都没有一票通过或否定,而是提供时间和场地让孩子在实际探索中一步一个脚印将游戏玩得更深、更远。

(四)桌椅总动员之户外游戏大循环。

经过多次的桌椅游戏,幼儿了解了桌椅多种多样的玩法,雨过天晴后,孩子们提议想把桌椅搬到操场上去玩游戏。我听取了孩子的想法立马行动起来了,桌椅总动员开启了。

豪豪："这桌椅不够用？怎么办？"

晨翔："那我们请老师带我们去别的班借用桌椅吧。"

借到桌椅后，他们自主利用桌椅及平衡板、方架、木梯、单双步梯、绳网等器材进行创造性游戏。

教师思考：

基于幼儿已有的游戏经验，孩子们在游戏中已能够将同伴的经验内化为自己的经验，并将其经验升华，将自己的游戏能力、游戏创意进一步展示出来。在大型户外集体游戏环节，场地大，游戏材料资源多，但是孩子们不怕吃苦，自主行动、合作完成，在此过程中，幼儿的游戏能力和水平得到了明显的提升。

三、教师反思

《桌椅总动员》游戏强调倾听、合作、互助，这些能力贯穿游戏过程，成为幼儿德性品行基础。游戏可以培养幼儿坚强、克服困难、挑战自我等品格。

（一）建构游戏的纵深展开，符合幼儿的主动尝试和探索的需求

孩子们利用熟悉的桌椅进行多样化的自主游戏，如情景再现、模仿和创意升华等，以提升空间感知、解决问题和手眼协调能力。游戏过程中，幼儿自主计划、自由建构、拼接、摆放、固定和操作材料，锻炼大小肌肉、身体平衡，促进身体健康。支持幼儿探索，提高建构技巧，如拉近椅子距离，增加垫子厚度等。随着游戏内容丰富，游戏对幼儿的建构、合作和解决问题能力提出更高要求，游戏自然向纵深发展，深化学习和探索过程。

（二）在不断的问题解决过程中，幼儿得到多方面的发展

面对每个环节出现的问题，幼儿都完整地经历"发现问题—提出猜想—行动验证—解决问题"的探究过程，不仅提高了动手能力、合作能力和创造能力，更是极好地培养了幼儿积极主动、认真专注、善于坚持和及时反思的品质。游戏过程中，幼儿通过问题解决实现经验发展和上升，为发展提供动力。这是孩子们积极游戏、勇于挑战的关键。他们不断探索新玩法，使单一材料出彩，提高游戏水平。

（三）实践支持性策略，让活动顺利开展

在自主游戏活动过程中，我采取的支持性策略主要有：

（1）创设游戏环境，给予充足活动时间，尊重幼儿想法，支持与游戏材料互动。

（2）教师适时介入，引导发散思维，解决问题。如在搭建滑梯时，我提议用其他桌子固定，鼓励尝试。

（3）提供解决难题材料和宽阔场地。如用泡沫垫缓解跳跃震动，协助搬桌椅到户外活动室，方便幼儿游戏。

（四）进一步可能的支持策略，让后续活动更丰富

玩转桌椅游戏不仅仅是简单的拼搭游戏，在游戏中力量的把控，对游戏材料的充分把握，都是对孩子各项能力的考究，同时也在游戏中促进孩子的发展。孩子们非常喜欢自己来当游戏的设计师，愿意自己亲自动手去进行各种创意的拼搭。随着幼儿游戏经验的不断丰富和积累，后续还可以引导幼儿关注户外场地的大型滑滑梯，用更多的桌子、椅子和其他辅助材料来共同合作完成巨型滑滑梯建设，有行走，有攀爬，有跳跃等，更多的拼搭组合使得幼儿身心得到全面锻炼，还能让幼儿的探索能力、空间认知、数学经验等能力得到提高。

9."箱"约在盒里

麻城市第四幼儿园阎家河园区　万腾

一、游戏缘起

在一次班级收纳整理过程中，主题活动包的盒子吸引了前来帮忙的小朋友们的注意，隽宝说："老师你看，我可以把它丢得好高好高然后接住"。说着就向我们展示起来，只见盒子从他手上抛起飞到空中旋转几圈之后，隽宝张开双臂，移动着身体稳稳将盒子接住抱在了怀里。"哇，好厉害呀！我也要玩儿"。隽宝一连串的动作吸引了周围小朋友们的注意，大家纷纷鼓掌表示想玩，还将装盒子的箱子拖入其中，我抓住孩子们这一兴趣点，一场《"箱"约在盒里》的自主游戏悄悄拉开了序幕……

二、游戏实录

（一）盒子初体验

场景1：抛接游戏

小朋友们拿到盒子的第一时间，迫切地模仿隽宝玩起了抛接游戏（图4-9-1），大家都想像隽宝那样厉害，小朋友们有的将盒子抛得更高了，"哇，我的盒子飞到了天上！"看着小朋友们脸上按捺不住的喜悦，我的心也跟着澎湃起来。

图 4-9-1 抛接游戏

教师思考：

兴趣是活动的动力，在整个抛接游戏中，幼儿从最开始单一的动作模仿，到能够熟练并稳稳地接住飞落的盒子，一次次地尝试，幼儿的手眼协调能力和平衡能力得到了锻炼，小朋友们的游戏水平也在自主探索中逐步提升。

支持策略：

（1）材料支持：在收纳整理过程中，老师发现小朋友们对主题活动包的盒子产生了兴趣，并抓住这一兴趣点引导幼儿利用身边的物品和材料开展活动。

（2）角色支持：从老师的小帮手到游戏的主人，在老师支持下，小朋友们在自主游戏中完成了角色的转变，获得经验的提升。

（3）时间支持：幼儿自由探索、多次尝试，教师不予干涉，充分给予幼儿时间支持。

（二）玩转盒子

场景1：溜冰鞋盒变机器人

角落里，曾思宁将盒盖子一一打开，我正好奇这是要做什么呢？只见他费力地将盒子套在脚上，扶着桌子在地板上小心地走动起来。见状，我上前借力搀扶着他"呀，你这是做的什么？"思宁不好意思地笑了"这是我做的溜冰鞋"，"哇，好酷呀！老师扶着你，你大胆地滑一滑"，慢慢地，思宁越滑越稳，我也松开了搀扶的双手。不一会儿，教室里新进的溜冰鞋吸引了一大波儿小粉丝，好动的佳阳和郑博宸还穿着"溜冰鞋"跑跳了起来！郑博宸还将双手也套上了两个盒子，变身"机器人"，而之前穿着溜冰鞋跑跳的游戏经验，则让他化工具为武器，成为在场最灵活的"机器人"，于是一场你追我跑，你打我藏的机器人大战（图4-9-2）在小朋友们的不甘示弱中展开了……

图 4-9-2　机器人大战

教师思考：

从溜冰鞋到机器人，孩子们的游戏玩法在原有基础上不断升级，可见幼儿的想象力、创造力在自主、自发中，在自由的宽松氛围中得到了发展，小朋友之间的"不甘示弱"也成了游戏中的调味剂，促使游戏的趣味点达到了最高潮。

支持策略：

（1）情感支持：及时肯定幼儿的想法，在情感和行动上积极支持幼儿大胆尝试。

（2）经验支持：化身游戏的支持者带领幼儿在不断练习中提升游戏经验。

（3）行动支持：当幼儿游戏行为受到阻碍时，一旁观察的老师适时引导介入，推动游戏的深入进行。

（4）空间支持：在幼儿熟悉了游戏节奏后，及时放手，退到一旁，给予幼儿充分的游戏空间。

场景 2：多米诺骨牌

"我们来玩多米诺骨牌吧（图 4-9-3）"，丁溪琛提议道。"'多米诺骨牌'是什么？"只见丁溪琛找来许多相同大小的盒子，把它们排好队一个接一个的摆成一条长龙，接着他推倒了最前面的一个盒子，后面的盒子借着前面的推力顺势倒下，场面很是精彩。其他小朋友也忍不住尖叫起来。"咦，怎么不倒了"，原来盒子倒到一半全部都堆挤在一起，后面的盒子也没办法倒下了。"是盒子太大了吗？""不是的，是挨得太近了吧？不信你挪远一点试试"。小朋友们你一言我一语地说着自己的想法。最后在多次尝试下小朋友们总结出了可以让盒子一次性全倒下的好方法，"隔太远了够不着，太近了会堆挤在一起，最好的距离就是前面的盒子倒下刚好能压倒后面的盒子，而且每两个盒子之间的距离和角度要一致。

图 4-9-3　多米诺骨牌

教师思考：

小朋友们在丁溪琛的介绍下认识了多米诺骨牌这个新的游戏名词，可以看出材料的操作性取决于孩子在活动中的兴趣点和探索方向。游戏中，他们利用生活中的已有经验大胆想象，经历了搭建失败、调整改进、完善提高三个不同阶段，最后找到了如何让盒子一次性全部倒下的好办法。在每一次搭建中，孩子们遇到问题能够互相协商、共同解决，不断地调整改进，孩子的合作意识得到进一步提升，游戏经验也在自主探索中相互传递，相互汲取，这就是老师放手给予幼儿足够自由的空间而获得的硕果。提供宽松的自主游戏环境，遇到问题教师不急于插手，引导幼儿在自主探索中解决问题，丰富幼儿的自主游戏情节。

（三）盒子搭建

曾佳阳提议："我们来搭小桥吧。"只见她将盒子竖着摆放到一起，摆好后我发现她一直都不敢上去，一旁观察的我尝试着问她"你感觉这座小桥稳不稳？""不太稳""那你敢上去吗？"曾佳阳摇了摇头。"为什么其他小朋友的小桥怎么可以稳稳地踩上去呢？""你觉得你搭的小桥和别人搭的小桥有什么不一样？"贾子豪说："她把盒子竖着摆放很容易倒，我们都是横着摆放到一起不容易倒。""在上小桥的时候要踩在小桥的中间，不能踩边上。"小朋友们踊跃地说出了自己的想法。根据小朋友们说的方法，大家一起将盒子改变一个方向摆到一起，变成了一座长长的小桥，孩子们一个接一个地走了上去，场面好不壮观！

教师思考：

孩子们在游戏中将盒子用不同的方法摆放成小桥，通过站上去走一走来探索小桥的稳固程度，有的是利用盒子来稳固自己的重心，有的利用同伴的助力进行稳固，还有的是依靠自身的平衡力来通过小桥。不管是借物还是借人，最后他们基本能站上小桥慢慢往前走。还有小朋友穿上了机器人的装备以不同的角色在桥上行走。一个人走要保持平衡，两个人除了基本的平衡能力之外还要顾及同伴的行走速度，游戏的难度进一步提升。

活动中，教师发现问题时及时介入，并把问题抛给幼儿，鼓励幼儿积极思考，在游戏中组织幼儿一起讨论，分享自己的好办法，共同搭建出可供多人行走的稳固小桥。

三、教师反思

游戏结束后，我请小朋友用绘画的方式记录下游戏的过程，今天玩了什么？是怎么玩的？跟谁一起玩的？孩子们拿起画笔开始了自己的创作，并和小朋友一起分享了游戏的玩法。隽宝说："我把盒子用力地丢出去，等它快要掉下来的时候，还能双手接住它，你看我厉不厉害！"曾佳阳说："我们用各种各样的盒子搭了一个小桥，在小桥上走来走去好好玩呀！"童宇帆说："我们把盒子套在脚上变成溜冰鞋，看谁溜得快！"韩庭炜说："我和宁文隽把盒子摆成多米诺骨牌，轻轻一推，全部都倒了！"

在游戏故事分享过程中，孩子们通过绘画的形式呈现出游戏环节，并用稚嫩的语言进行生动有趣的游戏表述，讲述游戏中所遇到的问题与解决方法。在小朋友们精彩的故事里有欢笑、有泪水、有争吵，但更多的是爱与分享，在自主性游戏中一切都开始萌芽。同样的材料在不同的孩子手里就会有不同的玩法，孩子们用自己的小手玩出了属于自己的游戏。孩子们在这个过程中，发挥想象力。这个从生疏到熟练的过程，从寻求帮助到尝试自己解决的过程，从独自努力到共同合作的过程，都是孩子们的成长。

把游戏的权力还给孩子，由孩子自由想象建构游戏环节，让孩子们在自由的环境中生成游戏。"放手游戏，发现儿童"，教师们只有敢放手，才会有发现。让我们从爱出发，鼓励孩子敢于冒险，同孩子一起全心投入，成为幼儿游戏的支持者，一同分享喜悦，通过观察及时进行游戏反思，让我们与孩子们同享游戏过程，师生共同成长！

10. 虾塘建成记

黄梅县刘佐乡中心幼儿园　　吕丽星　严海霞　占美美

一、游戏缘起

在一次餐后活动的时间，孩子们开启了关于"小龙虾"的讨论。在捕捉到孩子对小龙虾的好奇与探究欲后，我们结合中班孩子年龄特点的基础，带着孩子们的好奇心，把握时机，积极引导，开始了一场与虾塘的邂逅……

二、游戏实录

（一）初建虾塘

在户外活动时间，浩轩和伙伴计划到沙池挖"虾塘"。他们首先选取了锅铲、汤勺等工具，然后围着沙池找到了一个合适的位置，就开始挖虾塘了……

雨辰："这不像龙虾塘，太小了，我家的虾塘里面有水。"其他孩子也同意雨辰的建议，又开始绘画设计图"修建虾塘"。孩子们根据设计图，有的用锄头在沙池上挖，有的用铲子把沙子往外铲，慢慢地虾塘越来越大、越来越深（图4-10-1）。涵涵说："我去装水把虾塘装满。"逸轩："我们一起打水"。孩子们分工合作你装我运，很快虾塘里的水灌满了。多多突然说道："小朋友没注意到踩进去把鞋子打湿了怎么办？"

图 4-10-1　初建虾塘

好欣："用奶桶罐把虾塘围起来。"说完多多、浩轩、好欣和羽轩四位小朋友合力在材料区里抬出了奶粉罐，用奶粉罐把虾塘围合起来。看到初步成型的虾塘，孩子们拍手叫好："虾塘成功啦！"

教师思考：

孩子们一开始对挖虾塘兴趣盎然，在挖虾塘的过程中，我明显看到孩子们的讨论中有了一定的合作行为，并且在提出自己想法的同时，也能倾听他人的想法，其交往能力、学习习惯都有了相应的提升。伴随游戏情节的深入，孩子们不仅想修建虾塘，还想到了要保护他人安全，他们对规则意识、安全意识、责任意识都有了初步的感知。为了避免其他小朋友不小心跌入虾塘，孩子们提出了不同的解决方法，此时教师没有主观地去帮助孩子们做决定，而是让他们自行选择，同时提供材料的支持。此过程可以增强了幼儿解决问题的能力。

（二）改良虾塘

第二天孩子们来到沙池时，发现虾塘里的水全都干了……

逸轩说："沙子把我们的水喝干了！"老师："那怎么样才可以留住水呢？"逸轩带着问题在材料区找到了塑料膜并把它铺在了虾塘上。其他小朋友搬来砖块压在塑料膜上，说："塑料膜不会被风吹跑了。"

教师思考：

当孩子们遇到"如何才能留住水"的问题时，轩轩找到薄膜纸铺在虾塘上，成功解决了流水问题。在此过程中，孩子们能够将生活中经验迁移到游戏中，尝试操作协调各项资源（各种材料、游戏伙伴）来解决问题，这使得孩子们的社会交往能力、学习兴趣、探索欲望等在游戏都有了相应的提升。教师也充分支持孩子的游戏，并提供所需的材料，营造自主探索的宽松氛围，鼓励幼儿去发现、尝试、创造。

（三）虾塘灌水

薄膜纸铺好后，孩子们又给虾塘灌水了（图 4-10-2），有的用不锈钢盆碗，有的用塑料桶，还有的用小竹桶……

图 4-10-2　虾塘灌水

婧婧："好累啊，怎么还没把虾塘的水灌满呢！"

老师："有什么材料可以很快地把水引到虾塘里呢？"老师抛出问题后幼儿相互讨论，并在材料区找到半竹筒快速地将它们连接起来，可是开始之后新的问题又出来了。

睿睿大声地说道："水流了出来"，站在一旁的轩轩大声喊道："快关水，快关水。"孩子们再次带着新的问题，利用奶粉罐、啤酒桶等材料把另半竹管抬高，轮胎垒到一定高度后加上木板，半竹筒就稳稳地"站"在了轮胎上。在孩子们的欢呼声中，他们成功地将水引到了虾塘。

教师思考：

为了调整灌水将水注入池塘，孩子们尝试使用了小水桶、半竹筒等多种材料，通过观察孩子们将学到的比较高矮的方法迁移运用到引水游戏中，成功解决了水引入慢以及无法引入的问题。教师作为观察者和支持者，首先通过关键性的提问，帮助孩子拓展思维，鼓励他们根据自己的想法寻找材料进行尝试，让幼儿自主发现问题、提出方法，进行实践验证，这呈现出了幼儿主体、材料互通的游戏状态。此外新的游戏主题也进一步激发了孩子们更多的合作行为——互相配合搭建支架，每一个孩子都沉浸在引水成功的快乐中。

教师选择遵从幼儿的游戏意愿，孩子们多次调整灌水材料，虽然未知游戏的成果，但让幼儿自己规划游戏的进程才是"真游戏"。

（四）完善虾塘建造

在孩子们成功将水灌满虾塘后，新的问题又出现了：虾塘里的薄膜纸坍塌了。曦曦："是水太多把塑料膜压塌了？"

淇淇："会不会是我们的砖没压好薄膜，水从旁边流出来了？"说完，她再次用砖头压住塑料纸。这时彤彤从旁边抱来了木板说："用木板围住虾塘吧"（图4-10-3）。

图4-10-3　木板围虾塘

孩子们成功地把虾塘完善好了，而且把小龙虾引入虾塘里。有的孩子在围栏边玩钓虾的游戏，有的拿起渔网在岸边玩捕虾游戏。虾塘在孩子们的欢呼声中就此诞生啦！

教师思考：

当幼儿发现虾塘坍塌后，根据前期的经验快速搭建好了虾塘。孩子能认真倾听，尊重同伴，积极采纳同伴的建议，且在遇到问题时，大家互相沟通，共同协作，积极参与并完成了集体的任务。而教师始终从观察者、支持者的角度助推孩子游戏走向深处，让孩子们在"思考—尝试—改造—解决"的过程中，将虾塘一次次地改造和完善，让幼儿获得自我效能感。

三、教师反思

本游戏案例是中班幼儿将生活经验进行迁移后自发生成的一次沙水游戏。随着游戏的自然推进，发生了初建虾塘，改良虾塘，引水，完善虾塘等一系列有趣的游戏故事。

（一）对幼儿学习与发展的价值

（1）积累科学经验。幼儿在玩沙水游戏的过程中，不仅能巩固已有的认知经验，还能学到更多与沙水相关的知识，进一步激发他们的探索欲望，积累科学经验。

（2）促进交往能力。游戏中，幼儿之间互动强，幼儿通过统筹、交流、协商、合作，共同完成游戏任务，社会交往能力不断提升。

（3）提高学习品质。通过一次次对挖虾塘的探索，幼儿经历了发现问题、思考办法、寻求帮助、解决问题等环节，幼儿坚持、专注、勇于克服困难等学习品质有了明显的提升。

（二）可能生成的教育契机

（1）科学游戏——沙池灌水记。幼儿喜欢用半竹筒进行建构，教师可鼓励幼儿利用身边材料，创设各种斜坡，探索竹筒连接的方法，发现水流与沙子、坡面轨道之间的联系，进一步探究、体验沙水游戏的乐趣。

（2）拓展学习——了解有关于比较高矮的方法，迁移运用到引水游戏中，根据幼儿在游戏当中成功解决了水引入慢以及无法引入的问题，让幼儿进一步感知水的流动的自然现象，从而尝试解决生活中的问题。

孩子们在游戏中表现出了浓厚的兴趣，能够持续地进行，充分体现了自主探究的游戏状态。在过程中，幼儿使用了砖头、薄膜、竹筒等材料进行尝试，获得了对材料属性和组合的新认识；在遇到水会渗透到沙子里、水难以引入的问题时，幼儿通过与伙伴交流讨论，迁移生活中的经验来解决，从而建构了实际应用中的新经验，并获得了表达能力和交往能力的提升。整个游戏中，教师始终秉持正确的儿童观、游戏观，站在儿童视角思考，通过材料、环境、语言支持、经验重构等策略促进幼儿游戏水平不断提升。让幼儿在游戏中根据自己的兴趣和需要自主选择，并与环境、材料充分互动，给予幼儿足够的信任和尊重，让他们在感受自主的同时，也能形成稳定的责任感。

随着游戏的不断推进，孩子们对"引水"的兴趣有增无减，愿意用不同材料尝试搭建引水的管道，因此，我们计划围绕"怎样引水流动""怎样挖出多种虾塘""如何让引水工具更加稳固"等一系列问题和孩子们展开进一步的讨论，同时利用家园共育积累活动经验，把"引水"游戏延续到梯子木板区让幼儿进行更具创造性的搭建游戏。让工程师的成就感在每一个幼儿心中生根发芽！

11. 扑克王国

黄冈师范学院附属幼儿园　吴琼　张润

一、游戏缘起

本学期中，大量扑克牌被投放到区域活动中，很快引起孩子们的关注：孩子们玩起了纸牌点数比大小游戏，还有的使用纸牌当飞镖，互相讨论如何让它飞得更远等。鉴于我班女孩偏多，小公主们利用前期"如何让纸站在桌面上"的相关经验，将扑克牌折叠后形成夹角并立在桌面上。用扑克牌当墙面，让纸牌互相支撑以搭建城堡。基于孩子们的兴趣点，我鼓励他们在自我探索过程，从不同方向思考并付之于实践，孩子们的扑克探索之旅便开始了。

二、游戏实录

（一）初遇扑克

幼儿来到活动区，新的材料很快便吸引了幼儿的注意。很快几个小伙伴围坐在一起，他们拿起扑克牌观察了一会，随后开始玩点数、分类、比大小等游戏。这时冉冉将一张扑克牌对折立了起来并说道："看这还可以立起来，我们可以用这搭一个房子（图4-11-1）！"随后她便抽选出两张扑克牌，搭成三角的形状，但扑克牌很快便倒塌了。

图4-11-1　扑克牌搭房子

冉冉不气馁又接着拼搭起来，通过折叠法又搭了两组扑克房子，高兴地喊道："我成功啦！我成功啦！我们可以一起搭一个大房子！"冉冉的呼喊引起了其他幼儿注意。墨墨听到后也参与冉冉的搭建中来，尝试着将扑克立起来。恒恒在一旁也跟着模仿，但尝试了好几次都失败了。大约几分钟后，几个小伙伴在一起，互相讨论不让扑克牌倒塌的最好方法。他们将扑克牌换一个方向立在中间并进行折叠处理，如此以往，一层又一层"扑克墙面"搭在一起形成了一个"城堡"的形状。墨墨说："冉冉你真厉害！""哈哈哈……"

一阵阵爽朗的笑声充斥在孩子们游戏的周围。经过反复多次地探索后，这一组小伙伴便摸索出了扑克牌的玩法。看！这是幼儿们多次复游戏后的作品（图4-11-2）。

图 4-11-2　扑克王国

在"纸牌城堡"的搭建过程中，孩子们遇到了各种小问题，其中主要有三点：一是纸牌为平面物体，无法独立垂直于桌面，需引导孩子通过改变纸牌形状及支撑结构，以达到"站立"的效果。二是引导孩子能够体会和思考"空间性"，从原有的平面移动，延伸到具有空间感的思考和调动他们搭建能力。三是小班的孩子们动手能力不足，无法找到相对居中的纸牌重心，多次导致搭建中的"城堡"倒塌。

我通过语言引导的方式，让孩子提出在活动中遇到的困难，鼓励孩子们从多角度去尝试解决；提供相关活动素材照片供孩子们参考，与孩子们一起寻找城堡不会倒的方法，帮助孩子们继续游戏。

（二）"大牌"见"小牌"

孩子们的想法一个接着一个产生，既让人意外又让人惊喜！针对第一次搭建活动中发现的问题，我采用环境暗示的方法：在活动区墙面贴上"纸牌搭建高楼"的图片，引导幼儿进行模仿学习。为解决小班的孩子动手能力不足的问题，我们将材料换成了4倍大扑克牌，降低折叠的难度。

"哇！好大的扑克牌呀！这次我能搭一个超级大的城堡！"孩子们看到搭扑克牌惊喜无比，一起商量着如何利用它搭建一个大的城堡。

（三）扑克王国设计图

"老师，老师看我搭了一座小桥！"尧尧的纸牌小桥让我感到非常惊喜。他将墨墨和冉冉的城堡连接了起来，形成了一个"扑克王国"！这时我不由得感叹道："哇！你们这真的像一个王国一样！"

"是呀！是呀！我们这可以住好多人，老师你要跟我们一起住吗？"

"我要把我们的小猫也带进来！"

"可是我们的城堡还不够多，我们要搭更多的城堡！"

看着孩子们使用扑克搭建的方法已经手到擒来，我有了自己的思考。在游戏总结时，我向孩子们发出新的提议："看到你们的城堡搭建得这么好，我真的太佩服你们了。大家有没有兴趣来当设计师，设计搭建出更多更好的作品呢？"这一提议立刻引发了孩子们的强烈回应。于是，画搭建设计图在班级里掀起了新一轮的热潮（图4-11-3）。由于小班的孩子还不能独自完成设计图，于是孩子们决定回家求助爸爸妈妈。

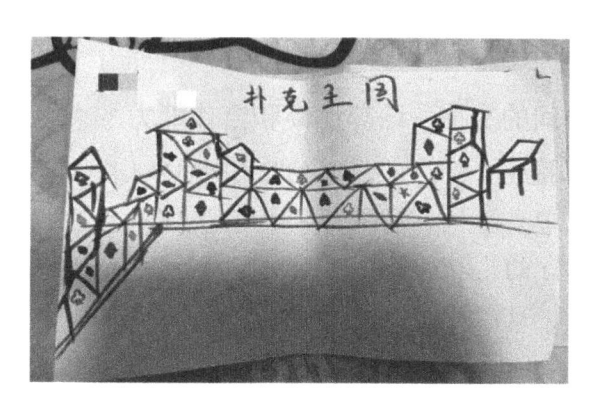

图4-11-3 搭建设计图

（四）扑克王国

幼儿在根据设计图搭高时，由于使用了没有折叠的纸牌，导致城堡的结构不够稳定。最终因为冉冉和桓桓的动手能力较强，最早使用了折叠纸牌的站立方法，因此由他们俩负责主要部分的搭建，墨墨就负责折牌和装饰品的放置任务。很快，纸牌城堡的第一、二、三层就在孩子们的努力下完成了（图4-11-4）。

图4-11-4 纸牌城堡初建

经过一段时间的探索搭建后，孩子都能独立利用纸牌搭出单体建筑，根据熟练度不同，有的三、四层，有的八、九层。搭出的城堡造型也各不相同：有平顶的、尖顶的，甚至还有圆顶的。小朋友们还能利用折叠原理，用小扑克牌搭建桥梁，将一个个单体建筑连接到一起，这可真像童话中的雄伟城堡……

扑克王国建成了，孩子们又会发生什么不一样的趣事呢？让我们敬请期待吧！

三、教师反思

好奇是幼儿的天性。幼儿探索的过程就是"学习"的过程。幼儿在探索的过程中能够自由、快乐地发现知识和掌握知识。通过搭建游戏，幼儿不仅能提高动手能力，提升合作与沟通能力，锻炼解决问题的能力，而且提高模仿的能力；既能在游戏中学会分享与合作，又能在活动中体验成功的喜悦，从而促进幼儿全面发展。

（一）增进同伴间的交往，培养协商和合作能力

本次游戏趣味性和挑战性十足，提升了幼儿之间的分工协作能力。这既是面对难题时的自然互助，也是在浓厚兴趣中的自发牵手。不管是建构过程中的默契配合，还是困惑时刻的出谋划策，都体现了幼儿在游戏中协商能力的发展水平。例如，多人合作不同玩法的扑克游戏、相互配合等。这样的区域自主游戏，让幼儿深刻体会到了合作的力量，他们共同享受其中的乐趣。

（二）解决问题的过程充分体现了幼儿的智慧

孩子们在拿到扑克牌时，也很迷茫，尽管生活中常常见到，可是真正玩起来还需要进一步探索与思考。在一次次的尝试中，建构的建筑物倒塌又尝试，不同幼儿探索到的不同新玩法，都不是孩子们的随意行为，而是他们发现问题后主动寻找答案的过程。他们通过观察、思考、操作，始终保持积极主动的状态进行探索。在这一过程中，他们解决问题的能力以及思维的灵活性得到了充分体现。

（三）充足的游戏时间，让幼儿在探究过程中展现出良好的学习品质

只有经过长时间持续的游戏，幼儿才有机会不断深入探究和创造，我们才能发掘幼儿在探究中表现出的良好学习品质。例如，孩子们通过操作发现，扑克牌搭建时不易倒塌的方法是将扑克牌沿着中线对折。这一场景让我看到了幼儿积极应对困难的学习品质，他们在困难面前不退缩，大胆思考，不断试错，积极反思并不断调整。在幼儿进行复杂造型的扑克建构时，我看到了他们认真和专注的学习品质，这说明他们对这些活动非常感兴趣，操作过程满足了他们不断挑战自我的需求。在游戏中，他们会进行讨论，从幼儿的讨论中，我看到了他们主动思考的学习品质。

（四）教师的支持助推游戏进程

活动前，教师为幼儿创设良好的游戏环境；活动中，教师支持幼儿的搭建活动；在幼儿通过自己的努力成功后，教师及时给予鼓励和赞赏，给予幼儿足够的支持。当幼儿在搭

建高层建筑遇到困难时,他们会主动向教师求助。教师及时介入,引导幼儿发现问题所在,使幼儿的搭建热情重新高涨。教师的介入起到了支持和引领的作用,促使幼儿与同伴之间实现了积极交流和互动。整个游戏过程中,教师始终秉持正确的游戏观,相信幼儿,耐心等待,让幼儿有探索学习的可能;适度支持,让幼儿有继续游戏的愿望。

12. "花花"小学诞生记

团风县实验幼儿园　姚佳　钟杨　张云

一、活动缘起

建构游戏是一种创造性的游戏,是以幼儿前期经验、想象为中心,主动地、创造性地反映周围现实生活的场景。本学期大班幼儿面临毕业,孩子们满怀好奇与期待来到了小学校园,开启了参观、发现和体验之旅。回到幼儿园后,小朋友们纷纷畅谈幼儿园与小学的不同,分享自己的感受,赵诗琪小朋友有自己的想法,她希望能搭建一座自己心目中的小学,于是和她的小伙伴一起去建构区开始了搭建。

二、活动实录

(一)教学楼坍塌了

孩子们进入建构区后,开始了自主搭建,他们商量一起搭建教学楼(图4-12-1),于是分工合作,男生负责搬运积木,女生负责搭建。他们根据已有的初步搭建经验,很快就搭建好了低楼层,可是在搭建第三层时,楼层出现了坍塌,墨墨说:"吓我一跳",玥玥安慰他:"没关系,重新来",经过第一次的坍塌,孩子们变得谨慎起来,他们一层一层地将楼层垒高,搭到第八层的时候,孩子们又遭遇了坍塌危机,煊煊说:"幸亏只倒了一层,不然又要重新搭",琪琪决定检查下底部楼层,她发现底下有很多缝隙,于是慢慢修复好了缝隙。其他的小朋友继续垒高楼层,可是突然一下,整个教学楼全部都倒塌了。孩子们站在倒塌的楼层前,开始交流分析楼层坍塌的原因,说着说着他们就沉默了,于是老师走了过来,问孩子们:"你们的教学楼最后怎么倒塌啦?"琪琪说:"缝隙太多,没有扶稳。"煊煊补充道:"我们搭太快了,楼歪了,到第八层的时候太高了,倒了一半,然后扶住了,等稳定起来再次搭建的时候,另外一块积木把它砸倒了。"墨墨说:"我们的积木放在地上太乱了。"老师说:"你们说得都有道理,如果再给你们一次机会,你会怎么做呢?"

图 4-12-1　搭建教学楼

小语说:"想用圆柱体做支柱,然后用二倍积木做地基。"琪琪说:"再搭建的话,我想和玥玥分工,我搭教学楼,她搭食堂。"老师说:"孩子们,小学里面除了教学楼和食堂,你还想搭建什么呢?老师希望你们想一想,每个人想一个不一样的,然后画在你们的图纸上。"

教师思考:

幼儿在宽松的心理环境中,协同合作,共同完成教学楼的建构。但大部分幼儿的搭建水平较低,处于简单的垒高和架空状态。搭建楼层虽然看似简单,若衔接的角度、距离没有调整到位,就容易出现问题,但幼儿坚持而投入,一遍一遍地尝试,不断针对问题进行修整。最后教师适时地介入帮助幼儿梳理了搭建失败的原因,幼儿在其中找到了解决办法。

(二)创意设计,各取所长

孩子们在第一次经验后,决定先描绘心中小学的形象,但他们多数仅画了教学楼和操场。老师提问:"若你是校长,小学还应有哪些建筑?"孩子们思考后,开始在图纸上发挥创意,设计了各种建筑。煊煊要建过山车,小语想建冰淇淋店等。他们将设计剪下贴在纸上,小学雏形呈现。随后他们开始了第二次搭建。

教师思考:

刚开始孩子们的思维还是停留在参观小学时所看到的场景上,为了充分发挥他们的想象力,我向幼儿提出启发性的问题,暗示、引导幼儿拓展想象空间,创造更多的可能性。幼儿通过设计、表征为支持下一阶段的游戏做好了充足的准备。

(三)二次搭建,教学楼成功

在第二次搭建前,孩子们根据设计好的图纸给建构区增添了一些材料,并运用掌握的各种建构技能搭建教学楼(图 4-12-2)。经历了上次的失败,这次他们选用大量的二倍、四倍积木搭建地基,人多力量大,第一层不一会就搭好了,煊煊想测试下第一层是否很稳固，于是决定踩上去试一试。在确定第一层很稳后，他们开始了教学楼第二层的搭建，不一会儿第二层也搭建好了。在搭建封顶时，问题依然层出不穷：经过不断地尝试更换材料以及改变搭建技巧，他们最后将屋顶的前半部分搭成了一个钟楼，后半部分保留原来的形状，教学楼搭建完成。

图 4-12-2 第二次搭建教学楼

教师思考：

此片段中，幼儿遇到两个问题：楼层稳固性与长条积木滑落。两者环环相扣，挑战幼儿的能力。幼儿通过二倍积木平铺、圆柱体支撑测试楼层稳固性；通过尝试，他们选用薯片筒解决滑落问题，搭建钟楼屋顶。幼儿主动探索、专注思考，自行解决问题。

（四）分工合作，"花花"小学竣工

孩子们根据图纸分工搭建，女生组快速用二倍积木围合足球场，并搭建唱歌跳舞区。男生们选择小雪花片建摩天轮，并按图放置。女生完成综合楼，开始建蹦床，煊煊发现材料不足，用雪花片和圆柱体补足。女生组建冰淇淋店、游泳池和休息台，男生建过山车，形似两条龙。女生用奶粉罐、碳化积木、二倍积木建大门，共同建学校围墙。之后，升旗台建成，他们制作国旗，升旗时唱歌。小学搭建完毕，命名为"花花小学"（图 4-12-3），小学校园竣工！

图 4-12-3 花花小学

教师思考：

整个建构活动都是基于孩子们参观小学的实践活动，符合孩子们当前的经验和兴趣。游戏是孩子们社会性发展的重要途径，建构游戏中孩子们的交往互动、合作能力、主动性等也是教师应该关注的。

三、教师反思

（一）游戏活动的特点及价值

1. 多次尝试，感知材料的特性

游戏中，幼儿能根据游戏的需要和材料的特性，灵活地选择合适的材料，积累相关的经验。例如：在搭建屋顶时，幼儿感知到长条积木易滑落的特性，经过不断尝试，最终采用不易滑落的薯片筒代替长条积木；

2. 在解决问题的过程中促进幼儿整体发展

搭建过程中，幼儿在遇问题、解决问题中，实现多方面发展。在彼此交流意图时，他们用连贯、清晰语言表达想法；绘制设计图，用图画表征思维，并用语言解释；扩大作品规模，在有限空间中保护作品，注意不碰他人作品，实现大、小肌肉动作发展；探索材料特性、解决搭建问题，此时思维灵活；独立搭建体验自我效能，合作搭建享协同游戏快乐，情绪体验促自信、合群。

（二）教师的支持与回应

（1）兴趣与经验相结合，推动游戏发展。虽说兴趣是一切活动的基础，但光有兴趣远远不够，还需要生活经验来铺垫，兴趣引领不断探索，这促使幼儿最近发展区发展。在搭建过程中，幼儿运用已有生活经验不断探索完成一幅作品，体验成功的喜悦，提高自我效能感

（2）尊重幼儿意愿，发挥主体地位。活动中，教师鼓励幼儿自主思考、设计，适时给予指导与支持，锻炼解决问题的能力。教师倾听幼儿，关注兴趣与发展区，鼓励幼儿深入探究，他们用搭建表达对小学生活的向往，展示积极主动学习者形象。愿在追随儿童道路上，且行且思索。

（三）可能生成的游戏与教育契机

幼儿游戏中有丰富潜在课程。在"花花"小学搭建游戏，可深入挖掘的课程生发点有：丰富游戏细节和新主题；研究积木，探讨搭建经验，积累搭建技巧；通过家园共育、同伴分享、区域活动，关注周围建筑物特征，了解空间结构和关系；鼓励幼儿尝试大型积木户外搭建。

13. 繁华的大街

英山县第二幼儿园孔家坊园区　左娟　占柔　余桂林

一、游戏缘起

《指南》中指出，幼儿园要"以游戏为基本活动"，而在每个班级的自主性游戏中，总有一个与建构相关的活动区域。一次谈话活动"繁华的大街"后，幼儿围绕"街道"游戏来源这一话题，自发展开了热烈的讨论，并画出了一幅幅充满想象和童话色彩的"街道"情景。同时，他们也对建构大街表现出浓厚的兴趣，为了让孩子们的想象力和表现欲得到充分发挥，我们开展了"繁华的大街"这个建构活动。

二、游戏实录

（一）游戏推进

师：街道上和街道旁边有什么？

幼儿：有许多汽车。

幼儿：我看见了高楼大厦。

幼儿：有路灯。

幼儿：有花坛，还有医院……

游戏进行：

游戏时，陈星辰与陈睿翔、汪诗烨几个小朋友用pvc水管进行拼接，由于拼接的长条过长，占用了很大的地方。我判断他们在搭建一个大的东西！

师：你们在搭什么？

幼儿：我们在搭路障。

舒城兴奋地向我展示搭好的车子，在路障搭建好后，其又在路障上方放置木板进行第二层马路的搭建（图4-13-1），搭建过程中幼儿进行了激烈的商讨，每个人都有不同的想法。

图 4-13-1　搭建路障和第二层马路

教师思考：

建构前幼儿已经有了建构目的，在讨论时，各人提出了自己的设想，这时我是否需要介入？我的介入是否干预了幼儿的活动？我提出的建议，影响了幼儿的独立思考和在活动中的自主性，影响了幼儿合作行为的形成。老师在幼儿进行摆弄的过程中急于指导，要求幼儿这样做，那样做，结果让幼儿自主探索的机会悄然流失，使幼儿顺着老师的思路进行活动，使区角活动丧失了应有的价值。

幼儿用学过的围合、搭高搭出了许多围墙、房子等，虽然有的作品比较单一，但是合理的颜色搭配为其添色不少。车辆拼插显得尤为单调，多是小轿车，而且车辆随处摆放，比较杂乱。所以经过商量孩子们决定：

（1）在下一次游戏时马路应该建在中间，建筑物中间隔一段距离。

（2）教师引导幼儿加强用辅助材料来装饰，学会以物代物，丰富游戏情节。

（二）游戏推进二

游戏时幼儿们决定把马路搭在中间，杜炜炜和陈昊阳在做路面装饰时，陈昊阳认真地说两个中间一棵树，有明确的规划，在做房子时其他几个小朋友通过运送奶粉罐给陈沐钊来当作房子的地基，在此过程中，幼儿产生合作意识。

教师思考：

在游戏的过程中，幼儿对大街的热闹程度还不是很清楚，搭的作品还是比较单一，摆放比较凌乱，每组人员与分工不均匀，幼儿只顾搭建单个建筑，而忽视了它与其他建筑物之间的比例关系，再者幼儿的生活经验不足，缺乏对繁华大街的真正了解，所以在游戏中还存在着许多的不足之处：

（1）由于场地的限制，幼儿的作品没办法整齐摆放，搭建过程中会出现混乱现象，幼儿对辅助材料的运用较生疏。

（2）搭街道时十字路口的布局不够明显，孩子的作品搭好了就随便地摆放了进去，十字路口上也没有红绿灯，街道不太热闹，有点冷清。

根据以上情况我及时调整游戏环境，让幼儿活动空间变得宽敞，让幼儿自由地发挥，孩子们讨论十字路口的布局，让孩子在游戏中尝试自主合作。

如：用长条木块搭十字形，搭上斑马线、才能使街道的路口更热闹。讨论遇到的问题，如：房子搭得不稳、路面不平、不会搭等问题，幼儿通过教师助力提供的图片观察，积累已有经验。

（三）游戏推进三

在游戏开始时，在大家商量分工后，舒城和陈睿翔两人非常认真地在搭建路面上的车，在安装轮子时，上面的车厢崩塌了，但是他们乐观地说可以重新搭，陈睿翔说："应该先安装轮子"，舒城说对，自信地对我说"了解"在重新调整后又到了按轮子的环节，舒城发现一边两个轮子并不稳固，选择在两边都加一个轮子。

教师思考：

在今天的建构游戏中，幼儿建构能力较上次有了较大的提升，孩子们各有各自的想法，自主地选择材料搭建作品，我发现孩子们的搭建技能提高了，想象力也丰富了。有了上次集中的讨论及初步建成，孩子们的思维变得更活跃。

在游戏进行中存在的不足有：

（1）空间变大后，并不能及时填补东西进去，对纸盒的运用较单一。

（2）通过跟同伴的商讨，孩子们说再加些不一样的建筑，并沟通刚才搭建中遇到的各种问题和解决的方案。

（四）游戏推进四

今天的结构游戏开始了（图4-13-2），每个孩子都投入其中，舒城和陈睿翔搭建的车子也有了最终版，很稳固还可以载人，他们俩还搭了一个可以休息的椅子命名为"王位"，郑满和其他几个小伙伴用纸盒和奶粉桶一起搭建了一个小舞台，张家锦和陈昊阳、杜炜炜在马路上搭建了各式各样的小汽车，汪欣悦和汪瑾萱增加了停车场的数量，搭建完美食城的小朋友觉得旁边有些空，于是再次进行搭建，利用纸盒搭了一个房子。

图4-13-2　结构游戏

在这次的游戏中,各组的合作伙伴经过商量、协调、分工、合作。街道旁的一座座"学校""高楼""舞台""美食城""交通工具""医院""停车场"一下子涌现了出来。孩子们利用了雪花片做中间的花坛、把圆柱体的积木当作路灯、树、红绿灯等,再把废旧的 pvc 水管来当停车场,把汽车等摆放起来,这使得大街真正热闹了起来。各个作品琳琅满目,很多还很有创造性呢!

每当我们对小朋友的作品表示赞许时,成功的喜悦爬上了小朋友的眉梢,绽放出幸福的笑容。幼儿的协商、合作能力也在此次活动中得以提升,他们从独立游戏逐步向合作游戏过渡。

三、教师反思

建构游戏以"繁华的大街"为主题的活动即将结束了,但小朋友们仍在每次的自由活动中小范围地围绕着该主题进行建构活动,真是意犹未尽。通过此阶段的游戏,小朋友的造型能力和动手能力有了很大提高。我觉得在建构游戏中应做到:

(一)游戏中关注幼儿需求,引领幼儿探索

把游戏活动的权力还给孩子,走进幼儿的游戏,改善调控幼儿的行为,关注幼儿的活动需要,给幼儿提供更大的生成空间,让幼儿充分表现与表达。幼儿只会随意用木板拼接马路,游戏反复重复,没有新意。教师以角色的身份介入游戏,并提出问题:"路面上光秃秃的,不好看。"在接下来的实践中孩子们会用多种材料装饰路面。孩子们观察路障的大小和摆放问题,并在实践中证实他们的想法。在教师的参与下,游戏有了新的进展。

(二)游戏中关注幼儿合作行为,不容忽视

从指导建构游戏"繁华的大街"的过程中很容易就能发现:当幼儿能有效地分工、协商、合作时,建构出的"繁华的大街"既丰富又有序;反之,在还不会分工合作的情况下,他们建出了许多简单、雷同的物体,既不能体现特征,又使活动拖沓,使整体效果显得单调。

我们可以在此基础上生成一次角色游戏,让幼儿扮演自己搭建的建筑中所需要的角色,如:街道上需要交警,美食城需要服务员、外卖员,医院里的医生,学校里的老师、学生,停车场里的收费员,舞台上的表演者等等。此游戏可以让幼儿了解基本交通规则,了解不同的工作职业,提高幼儿的语言表达能力,从而让幼儿能快速融入社会。

支持与策略:再次创设繁华的大街这一场景,给幼儿添置游戏需要的衣服道具,丰富幼儿对不同职业的已有经验,让幼儿自由选择角色。

14. 纸杯拼拼搭搭，游戏快快乐乐

麻城市幼儿园　邹锦绣

一、游戏缘起

纸杯在生活中很常见，我们通常用来喝水喝饮料，在幼儿园里纸杯也是美工活动的材料。一天游戏时，乐乐拿来美工区里的纸杯摆弄着，他小心翼翼地叠着杯子，想把杯子叠高。他的玩法吸引了很多小朋友，大家都跃跃欲试。我抓住这一契机，引导小朋友开始和纸杯做游戏。

二、游戏实录

（一）自主探索纸杯的玩法

孩子们有的一个一个拿纸杯，有的抱着一筒纸杯，有的三五成群地抱着一堆纸杯围在一起玩起来了。他们有的搭金字塔，有的搭城堡，有的拼小人，有的垒高，有的平面拼摆。

乐乐专注用纸杯围成大圆圈，然后在第一层上加层，纸杯变成了两层的楼房，又在第二层上加层，他不断地加层，突然，纸杯倒掉了一部分，他又重新再搭，乐此不疲。旁边的熙熙发现了问题，连忙说"这个高，这个矮"，乐乐也反应过来了，注意到了纸杯的大小、高矮不同的问题，默默地把矮一点的杯子换掉，用高度相同的纸杯搭建，他再搭建的高楼就稳固多了。

欣欣躺在地上，她的小伙伴用纸杯沿着她的身体摆出了身体轮廓，同伴们看到了，轮流当模特，玩得不亦乐乎（图4-14-1）。

图4-14-1　纸杯摆出身体轮廓

轩轩和辰辰一起用纸杯垒高，当纸杯的高度超过他们的身高时，他们还在继续垒高，他们从纸杯中部、底部来增加纸杯，这种让杯子变高的办法很赞。

游戏结束后孩子们整理、收拾好纸杯，我们一起回顾、分享游戏。孩子们能够开心地说出自己拼搭了什么，当我问他们遇到了什么困难的时候，有的孩子说纸杯挨得太近或太远高楼容易倒了，有的孩子说纸杯大小不一样，用一样高的纸杯就不会倒了。当我们讨论下次游戏想怎么玩时，孩子们都踊跃发言，他们想要搭出更高的楼，并提出要用纸板来帮助加高，我期待着下一次游戏他们有更精彩的玩法。

教师思考：

纸杯的玩法有很多，可以搭建，可以投射，可以排序、归类。为了满足孩子们游戏的需要，我细心地给一些杯子贴上数字、图案，原以为孩子们拿到纸杯就会搭金字塔、高楼之类的，会根据杯子的颜色、图案、大小进行分类、排序等。实际上孩子们的玩法超出了我的预设。当看到孩子们用纸杯仅仅在垒高时，我认为这种玩法很单一、没有创意，但是我没有打断和阻止他们，默默观察着。当看到孩子们能想办法，将纸杯垒到超出他们的身高、踮起脚尖也够不着时，我立刻化身成参与者，利用我的身高优势帮助他们扶着高高的纸杯，让他们体验成功的喜悦。

在地面平面拼摆、围合的小朋友也给了我惊喜。我第一次看见拼小人的玩法，很让我震惊，孩子们的想象力是丰富的，自主游戏是充满魅力的。只有教师放手，相信幼儿、支持幼儿的游戏行为，才能让幼儿充分自主开展游戏。

（二）怎样把纸杯搭建得更高更结实

根据孩子们的需要，我在第二次纸杯游戏时，提供了各种形状的纸板当辅助材料，有大小不一的长方形、正方形、圆形纸板，孩子们玩纸杯游戏的热情还是很高涨、很积极！

有了第一次玩纸杯游戏的经验，小朋友们再次玩纸杯的时候就知道调整纸杯的大小、高矮和距离了，他们搭建的作品稳固多了。有了纸板的辅助，孩子们的想象力更丰富了，玩的花样更多了。贝贝用纸杯和圆形的纸板搭了一个多层的蛋糕（图4-14-2）。她看着自己的纸杯蛋糕可高兴了，体验到了满满的成就感。

图4-14-2　纸杯蛋糕

韩宇用纸杯和纸板搭了一座房子，这是一座特殊的房子，他自豪地告诉我："老师，我的房子还装了滑滑梯，你看，可以这样滑来滑去地玩。"我对他伸出了大拇指，给予了肯定和表扬，他可高兴了。

这几个小宝贝在装纸杯的篮子里发现了一个小球，他们马上就用小球和纸杯来做游戏呢！他们三个人轮流玩投掷游戏，玩得不亦乐乎。

辰辰和他的小伙伴对纸杯垒高仍然感兴趣，辰辰就像一位小老师，指挥着他们游戏，时时传出他们成功搭高纸杯的欢呼声、纸杯倾倒时紧张的尖叫声。

游戏结束后小朋友们一起收拾好纸杯和纸板，我和孩子们一起看他们游戏时的照片、视频，分享交流游戏的体验。孩子们积极讲述着自己玩了什么，怎么玩的，在玩的过程中遇到了什么困难，希望下次玩的时候增加什么材料。

教师思考：

中班幼儿思维活跃，这次游戏添加了辅助材料纸板，这两种低结构材料的组合具有多样的可能性，能够激发幼儿快乐、自主地探究与创造性的游戏。

果果的房子倒塌了，她根据自己的发现和需要调整材料，成功解决了"房子倒塌"的问题，对纸杯和纸板的支撑与平面稳定的关系有了真切的感知。在辰辰的垒高游戏中也有失败的经历，这让孩子们体会到合作的重要性和趣味性。

在这次自主游戏中孩子们的观察能力、思维能力、解决问题的能力和动手操作能力，都在主动探究中得到了提升，孩子们乐于探索、勇于坚持的良好品质也得以体现。

（三）球和圈加入纸杯游戏

第三次游戏应小朋友们的要求，加入了球来玩纸杯游戏。活动室里投入了大小不一的球和小圈圈，希望这些材料能够满足他们游戏的需要。

游戏是真实生活的复演，乐乐对新的辅助材料圈圈感兴趣，这可能是他在现实生活中玩过或看到过套圈圈的娱乐活动，所以在这次游戏中他就玩起了圈圈套纸杯的游戏。

梓恒用纸杯和皮球玩起了保龄球的游戏（图 4-14-3）。聪明的小宝贝利用地面上的两条红线当保龄球滚动的轨道，双手把球推向对面摆放的纸杯，他玩得很开心。

图 4-14-3　保龄球游戏

乐乐和轩轩用纸杯和纸板搭了一个门，让小球滚过门洞，他们轮流游戏，还尝试更换球的大小。小朋友们还拼摆出了不同的造型，有笑脸娃娃、铺地毯的房子、蝴蝶结等，这充分体现了幼儿丰富的想象力和创造力。

教师思考：

幼儿游戏的持续进行，使得幼儿的游戏水平得到了显著提升，每名幼儿都在原有基础上得到了发展。幼儿将生活经验创造性地运用到游戏中，丰富了游戏内容，源于生活但又异于寻常生活的体验，给幼儿留下了深刻印象。

三、教师反思

1. 投放低结构材料，拓展幼儿的自主想象

中班幼儿不再满足于摆弄现成的玩具，他们更愿意根据游戏情节的发展，按自己的意愿制作或使用替代物。因此，我们在班级一角投放了大小小的纸杯、纸板、球、圈等，鼓励幼儿进行一物多用的游戏。这些低结构材料为幼儿提供了多种选择，促进幼儿思考，让幼儿在自由操作、探索、搭建的过程中，充分挖掘材料的潜在功能。在游戏中，幼儿通过自己的观察和想象，创造性地使用这些材料，满足了自己的需求，这正是低结构材料拓展幼儿自主想象的体现。

2. 学会耐心等待，不急于介入

在观察幼儿游戏时，教师往往急着"有所作为"：幼儿迟迟不关注材料怎么办？不搭建纸杯怎么办？不出现探索行为怎么办？我总是提醒自己再等等，看看幼儿接下来会发生哪些行为。其实，教师的等待并不是"无所作为"，而是观察、解读、识别幼儿的游戏行为。当幼儿不断推倒纸杯的时候，说明她开始发现和思考；当幼儿不想搭建躺在地上摆造型时，说明幼儿有了新的玩法，拼搭纸杯小人；当幼儿简单粗暴地垒高纸杯时，说明幼儿在体验垒高游戏的快乐和刺激……这些都是我对幼儿行为的观察和解读。事实证明，教师不急于介入是正确的，因为我们会等到孩子们带给我们的惊喜，他们会玩出我们意想不到的玩法。

3. 尊重幼儿意愿，进一步的支持策略

随着游戏的推进，捕捉到幼儿的兴趣点，下阶段，我会为幼儿提供双面胶、彩泥、剪刀等美术材料，开展以纸杯为主题的美工活动，满足幼儿发现美、创造美的愿望。这些材料的提供顺应了幼儿的意愿，满足了幼儿的需求，更好地激发了幼儿的游戏兴趣，在后续游戏中，幼儿将会观察到材料的变化是符合自己的兴趣，将会衍生新的游戏内容，使幼儿在快乐和满足中得到多方面的发展。

15. 百变"灶"型

武穴市永宁幼儿园城西园区　陈果　董韬略　陈颖　刘梦婷

指导教师　鲁文楠　朱莉莉

一、游戏缘起

"生活即教育"是陶行知生活教育理论的核心。"泥"与沙水一样,也是可塑性极强且深受儿童喜爱的环境资源。我园开设了"泥巴小厨房"区域,投放真实的厨具餐具供儿童自主探索和体验,满足幼儿对"过家家"游戏的渴望和社会认知需求。在前期的游戏中,孩子们在"泥巴小厨房"里用现有的泥土和水,和泥搭建了一个泥巴灶台,在等着风干。今天来到区域准备玩做饭游戏的他们,发现由于昨天天公不作美,一场大雨将小朋友们搭的泥巴灶台冲倒了,只剩下半截黄泥……

二、游戏实录

(一)发现问题,引发思考

孩子们欣赏着小菜园里的蔬菜,一路说说笑笑地往泥巴厨房里走。陈梓熙走在最前面,看到被冲的只剩半截黄泥的灶台之后立马着急地喊来同伴,大家看了看地上大雨冲刷后的泥巴印,发现由于前几天的暴风雨过大,泥巴灶台遭到了损坏。这让孩子们今天的游戏遇到了挑战。有了大雨冲毁灶台的经验之后,孩子们能想到换其他更加坚固的材料搭建灶台,这真切反映了游戏发展的自然性(图4-15-1)。

图4-15-1　思考如何搭建更坚固的灶台

（二）初次挑战，自主探索

四处张望后，田洺赟指向墙角的那堆砖"诶！那有砖头"然后带头搬了几块砖头过来。别的孩子也纷纷过去搬起了砖。大家七手八脚地把砖块竖着垒高，垒到第二层，灶台突然倒塌了。

"怎么倒了？"

"你别碰它啊！"

"不是，你那样搭的就不对，我看我家隔壁盖房子砖头是这样放的！"一个孩子边说边比画着动作。大家把灶台推倒，重新把砖块横着铺在了地上。

游戏中的突发场景，却引发了孩子们的思考。他们发现了比泥土更为坚硬的砖块并将其作为新材料来搭建灶台。在之前的建构游戏"搭高架桥"中孩子们能把自身体积较小、重量较轻的木质积木高高垒起，所以大家把游戏经验迁移到"搭建灶台"中，以为能用同样的方法做出高高的灶台。没想到砖块积木较重，竖着垒高容易坍塌。此时，孩子回忆起邻居盖房子的场景，再次把生活经验迁移到游戏中，得出横着垒放砖块更稳固的结论。

（三）第二次挑战，自主创作

郭俊婷说"我们拿五块砖来搭吧？"意见达成统一之后，大家一边拼，一边不断调整砖块摆放的角度，并且拿来铁锅放上去比一比大小。不一会，灶台搭建完成了，铁锅放上去也刚刚好。孩子们兴致勃勃地搬来木炭筐，准备尝试制作一顿美味大餐，可是他们马上又发现了问题，郭俊婷拿着碳，围着灶台看了几眼，疑惑地问"碳怎么放进去啊？"听到他的话，另外几个孩子也找了找，确实没有预留放碳的位置。蔡宛君想了想"我们做个小洞吧？"

陈梓熙点点头"对，之前咱们搭的泥巴灶台里面也有洞。"

孩子们在建造过程中分工明确、与同伴合作交流，共同完成灶台的搭建，促进了幼儿社会化的发展。《指南》中提出："要真诚的接纳，多方面的支持和鼓励幼儿的探索行为。支持幼儿在探究的过程中积极动手动脑寻找答案或者解决问题。"在孩子们第二次搭建灶台这个过程中，在幼儿发现新问题"没有灶门"之后，教师作为一个旁观者，并没有对幼儿的想法给予评判，而是安静地观察着孩子自己去尝试，从中发现问题并作出调整。

（四）第三次挑战，优化方法

陈梓熙指挥大家推倒灶台，大家开始了第三次搭建。

灶台留一个洞，说起来简单，操作起来可不容易。大家围好第一圈之后留了一个小缺口，可是搭到第二圈和第三圈，就发现缺口越搭越大。于是大家都在尝试怎么搭出合适的灶门。

这时李禹成把两块砖头摆开，又拿一块砖头横着盖在它们上面，一个简单的洞洞就初见雏形。他立刻喊同伴来看："可以这样！"郭俊婷见了摆摆头："不对不对，不是这样子的"，随即拿掉最上面的那块砖，竖着摆放两边砖头："这样搭才对"。

于是大家采纳了李禹成的方法，学着他的样子搭起来一个灶门，然后顺着灶门往上搭，摆出了一个带灶门的灶台（图 4-15-2）。

图 4-15-2 搭建带灶门的灶台

当孩子们的意见出现分歧时，他们能用自己的方式解决问题，他们不断丰富自己的认知，建构学习经验。在这个过程中，教师只是作为孩子游戏的观察者和支持者，让幼儿自己去思考、去解决问题，为孩子创造宽松自由的游戏环境。

（五）第四次挑战，发现新问题

可算是搭好了灶台，幼儿第三次把铁锅搬上灶台，大家激动极了，孩子们迫不及待地要试试新灶台。郭俊婷往灶门里塞柴，然后拿着火机点燃废纸塞了进去，不一会烟就从砖块缝隙里飘了出来。孩子被熏得睁不开眼睛，陈梓熙立马用力扇动手中的旧报纸，可是效果微乎其微，实在是太呛了。

自主游戏中，不仅能提高孩子发现问题、解决问题的能力，更能激发幼儿无限地思考与解决问题的潜能。炊烟作为孩子生活中几乎不可能遇到的东西，理所当然被他们忽略掉。当被烟熏到咳嗽之后，孩子们先用"扇"的方法尝试，发现不行，再探索其他解决办法。

（六）第五次挑战

大家决定要给灶台加烟囱，孩子们在厨房区域四处寻找合适的材料。

一个孩子很快找到了铁管，只是怎么把铁管做成烟囱呢？大家七手八脚地开始尝试。可是，几个人轮番上阵都没有搭出他们想要的烟囱。

一次又一次地失败之后，张嘉格蹲下来指着灶台说："我有一个好办法，在后面留一个洞就可以把烟囱塞进去了。"。

大家再一次抽出灶台后面的砖头，在之前的基础上给灶台尾部搭了一个小洞。然后把铁筒塞了进去。这是陈梓熙指着灶台的缝隙喊了起来："旁边有个缝！"

"要不我们找一些小石子？"

"烟会从这些小缝隙出来呀！"

大家又一次在厨房区域里面搜罗起来，有的孩子拿来一盆小石子往里面塞小石子，有的孩子端来了树枝筐，把树枝掰成一小段一小段塞进缝隙里。在又是一次次的失败后，李禹成提出："要不我们用泥巴做吧？"

小家伙们拎来泥桶，大家开始认真地往灶台缝隙里填入泥，大家一边堵一边聊天。全部砌好之后，孩子们洗好小手，满怀期待地等着用新灶台做美食。

在游戏中，大部分孩子们对于烟囱只有初步的认知，因此对于烟囱的摆放位置也设计得天马行空。老师并不急着干涉，而是等待孩子们用自己的方式进行探索，一起分工、合作。从烟囱位置的摆放，到树枝和小石子的填充，再到用泥巴堵缝隙，每次建构后都能反思小结，遇到问题，不断探索，从而解决问题，从中提高幼儿发现、解决问题的能力。

（七）体验做饭，发现新问题

下午，孩子们迫不及待地来到小厨房。看到已经晒干的灶台，兴奋地准备开始做饭（图4-15-3）。食材准备好了，大家点燃报纸塞进灶台，没想到还是浓烟滚滚，一个孩子立马跑到一边找来了鸡蛋托然后对着灶台扇了起来。可是烟还是没有散开。炒菜的孩子连连呛到，游戏不得不提前终止了。

图 4-15-3　体验做饭

（八）总结回顾，经验提升

第二天，大家围坐在一起回顾昨天的游戏视频。

教师："为什么我们做了烟囱，烟还是那么呛呢？"

郭俊婷："烟没有从烟囱出来，风是从那边飘过来的。"

"烟从灶台的小缝里飘出来。"

教师："这个问题怎么解决？"

"我们可以搭个没洞的，没缝隙的灶台。"

教师："那我们用积木试一试，看能不能搭出没有缝隙的灶台吧！"

老师发下去积木，孩子们用积木进行着新一轮的尝试。有的孩子把积木高高地摞起来，有的孩子拼出了一个实心的长方体，有的孩子抱着积木在苦思冥想。

郭俊婷调整了积木的形状，小心地摆出了一层方形。

教师："原来我们都调整了方向，那我们今天下去就再用砖块试一试，看看能不能搭出没有缝隙的灶台，好吗？"

孩子们欢呼着："好！"

著名的教育家陶行知先生在生活教育理论中曾提出："生活即教育，教师要引导孩子们在生活中学习和探索。"在活动中，孩子们对于灶台只有基本的认知，设计也相对简单，因为没有生活经验的铺垫，所以他们不知道如何搭建出没有缝隙的灶台。因此，老师用观察时拍到的照片和视频以及记录的对话回顾着游戏中出现的问题，肯定他们在游戏中的发现，支持着他们游戏中的创意，并且提供了木质积木，让孩子们通过回顾、交流、讨论、探索，给予他们更多的搭建没有缝隙的灶台的设计灵感。

（九）第六次挑战，未完待续

孩子们迫不及待地来到泥巴厨房，大雨之后的地面湿漉漉的，依然没有熄灭孩子们游戏的热情。他们搬来砖块，挨着之前的圆形灶台开始搭建。孩子们一边讨论一边调整着灶台的大小，再一次搭好了灶台。

"我们试试新灶台吧"，孩子们喊来老师帮忙点火。

孩子们发现，方形灶台的烟好像真的小一点点："终于没有烟啦！"

教师："今天我们没有做烟囱，烟也小了很多，是不是方形的灶台就真的没有烟呢？"教师指向对面厨房的烟囱请孩子们猜猜看，这是什么？孩子们抬头看了过去，不禁惊呼："哇，像薯条"

"好大、好高的东西啊！"

"这么高呀……"

教师："其实这是我们幼儿园厨房的烟囱。"

孩子们不敢相信："不会吧，这么大的烟囱！"

郭俊婷："这个烟囱和我家的烟囱一点都不像。"

孩子们还在七嘴八舌地说着，游戏尚未结束，他们的思考也尚未结束：怎么样能够让灶台的烟变小一点，可以不那么呛？烟飘出来的方向与灶台的形状有关吗？什么样的烟囱能够真正地发挥它的作用？孩子们想要的"无烟灶台"能不能真的实现？我们陪伴孩子一起，在不断探索的路上……

三、教师反思

（一）探索游戏，源于本真生活

幼年时期的学习与生活是人类成长的开端。幼儿只有通过深入认识世界，增强社会实践，以及与自然进行多层面的对话，才一步步形成独立化的人格。

《指南》指出："幼儿的社会性主要在日常生活和游戏中通过观察和模仿潜移默化地发展起来的，在活动时幼儿能与同伴一起协商解决，能主动发起活动，在活动中出主意，想办法。"搭灶台是个生活气息浓厚的游戏，我们从本次搭建灶台的游戏中可以发现，从搭建主题到材料选择，再到灶门的搭建技巧、烟囱的研究，最后到不同造型的尝试都是幼儿结合学习、生活的经验，一步一步摸索出来的。

（二）解决问题，提高内核生活

孩子们在活动中积极思考、解决困难，设计并搭建灶台，展现了良好的合作能力和创新精神。他们不断尝试、积累经验，成为"砌灶高手"和"小厨师"。在泥巴厨房中，孩子们享受搭建灶台的乐趣，提高了语言表达能力，培养了创新和坚持的品质。教师应重视游戏和生活价值，创设丰富环境，支持幼儿直接感知、实际操作和亲身体验，鼓励探究和尝试。

（三）预留期待，延续烟火生活

整场游戏中，幼儿亲身经历、不断尝试探索，同时在遇到问题与障碍时，学会了思考和解决问题。从开始到结束，幼儿充分发挥自己的能动性，进行真探索、真发现、真想象、真创新。"搭建灶台"这个自发性的工作任务解放了孩子的天性，使孩子在开放式的游戏环境中内化知识和积累经验，实现了真正意义上的回归自然和丰富童年世界。尤其是融入砌灶门和做烟囱环节，教会孩子正确思考和感觉事物的方法，不仅能促进孩子与自然的相知、相识、相融，还能使孩子增进生活与情感体验，更加健康快乐地成长。

灶台是爷爷奶奶温暖的记忆，是爸爸妈妈童年的烟火气，是孩子们的主动探索，是乡土中国的印记。怎么样能够让灶台的烟变小一点，可以不那么呛？烟飘出来的方向与灶台的形状有关吗？什么样的烟囱能够真正地发挥它的作用？孩子们想要的"无烟灶台"能不能真的实现？

关于灶台的故事我们还未结束，让我们共同期待更多精彩吧！

16. 纸杯建构记

黄冈师范学院附属幼儿园　丁玲　孙微

一、游戏缘起

小班幼儿对新鲜事物感兴趣，愿意摆弄物品。幼儿园经常会给幼儿提供一种低结构的操作材料。起初只是在美工区投放了一些纸杯，作为幼儿手工、绘画的原材料。一次偶然的机会，孩子们将纸杯搬到建构区里，幼儿表现出很大的兴趣。有几名幼儿在玩扮演游戏，还有几名幼儿把杯子一个一个叠起来,叠高了,孩子们就会兴奋地拍手哈哈大笑,还有在扮演卖冰淇淋的人,幼儿的这一表现引起了教师深深地思考,如果大量的投放纸杯,幼儿都会怎么玩呢?会建构出什么呢?低结构的材料提供给幼儿进行开放性的游戏,幼儿在自主的开放游戏中如何通过这些材料获得相关经验的,哪些是需要教师提供有效支持的?对本次活动我们做出了以下预期目标:

(1)乐于合作。一起运用多种低结构材料进行创造性叠高。

(2)能运用多种材料叠高。

(3)幼儿在活动中专注、善于反思。

二、游戏过程

(一)初遇纸杯

当纸杯进入建构区时,孩子们充满了好奇和疑问。他们不知道平时用来画画、手工的纸杯为什么会放在他们最喜欢的建构区。我们决定开展一次自由的纸杯探索活动,让幼儿思考:你想用纸杯干什么?

菲菲说:"哎呀,这么多的纸杯!"

小龙女一边说:"你教我玩呗!"一边跟小朋友说:"你变高高的,我变长长的!"

小雨点喊着:"卖冰淇淋!我们一起卖冰淇淋吧!"

令仪:"哎呀,我在玩叠高高。"

孩子们都各自在摆弄着自己的杯子,尝试着将手中的纸杯玩出花样。一会,小龙女把水杯摆出了一天"长长的",令仪把水杯都叠在了一起,和好朋友菲菲一起玩起了"叠高高"。小龙女也加入了"叠高高"游戏后,几人将"叠高"游戏又变成了"比高"游戏。

刚开始纸杯搭建,孩子们对纸杯好奇,有的尝试叠高,有的尝试变长,还玩角色游戏,他们一遍一遍将纸杯按着顺序排队,将纸杯进行单层的垒高,不断地重复这单一的过程。

(二)再遇纸杯

经过第一次游戏总结后,我们又重新组织了一次建构活动,孩子们又开启了他们的搭建之旅。

扬扬和小雨发现杯子可以垒起来,一层层的纸杯垒起来后会变得很高。扬扬和小雨的垒叠高游戏,吸引了几个小朋友的加入,刚开始,杯子垒了第二层,慢慢的第三层也垒起来了。孩子们开始出现了合作游戏模式。当搭建材料少了,会有人主动再去拿一些,孩子们对他们的第一次"垒高"表现得很兴奋,哼着歌进行着活动。

可是在垒到第五、六层时,上面的纸杯很容易就塌了,附带着其他地方也开始坍塌了。

纸杯塔为什么会倒塌?扬扬说:"老师,纸杯塔很容易倒,是纸杯太轻了吗。"小雨:"我们要轻轻地放上去。"一非:"不稳"。经过孩子们的分析后,孩子们得出结论:1.小朋友们来回走动容易把纸杯碰到，我们需要把搭建位置放大，挪到空余的地方。2.垒纸杯的时候垒偏了，容易倒，那就在再次游戏时注意垒纸杯时的摆放位置。

在搭建完成后，孩子们到了瓶颈，止步不前，只是一遍一遍重复垒高的过程，并没有新的进展！经过和幼儿谈话，为了让他们有一个整体的构想，我引导孩子们一起观看了房子、院子、金字塔等建筑，观察了结构特征（图4-16-1），孩子们用笔记录下了自己玩游戏过程中遇到的问题，之后为孩子们提供了建构的作品图进行观察，幼儿通过观察比较各种建筑的图片，了解到原来建筑物不仅仅是一个或一座这么单一，而是由几部分组合搭建起来的，幼儿经验得到了提升！

图4-16-1　教师引导学生

（三）搭建院子

在原有搭建的基础上，孩子们结合欣赏过的建筑，进行了商讨。

扬扬说："我们搭建一个长长的大院子吧，大院子的中间有一个小房子，我们就住在小房子里，在院子里玩游戏。"

一非说："对对对，我们做一个垒得高高，很长很长的墙，我们就会看到很远很远的地方了。"

小雨点说："我们要做得很牢固，就不容易倒了。"

幼儿经过讨论，开始了他们的搭建。

在垒高搭建时，由于纸杯比较轻，下边又垒得比较窄，上边的纸杯多导致墙面晃动、不牢固，出现了倾倒的现象。在搭建的过程中令仪发现前面搭建的小房子和院子虽然连接起来了，但是中间的墙面都很高，人不好进，需要把高高的墙拿掉一些才能进入院子中。

令仪说："老师，我们进不去，可以把纸杯拿掉一些吗？"我并没有正面回应她的问题，只是告诉她你们可以试一试。

看到孩子们搭建的墙面，倒了一部分，我引导孩子们观察我们的幼儿园或者其他房子。在搭建建筑时，首先地基要牢固，最下面应该是比较稳的，不能下边搭的很窄上边很宽这样就会容易倒，不结实，经过老师的提醒，孩子们从最下面往上搭建，一层比一层少，而且最下面用了两层纸杯作为地基。

在纸杯搭建活动中，班级教师主张幼儿自主游戏、自由探索，所以并没有刻意强调规则和玩法，也期待幼儿的表现。结果也证明孩子们有充分的探索欲望，对于纸杯也有自己的想法和创意。探索过程中幼儿能在发现问题后，自己想办法改进，充分培养了幼儿自己解决问题的能力。《指南》指出，幼儿的社会性主要是在日常生活和游戏中潜移默化地发展起来的，也希望能通过游戏，幼儿学会与人沟通交流，学会自己解决问题。

三、教师反思

在纸杯的搭建活动中，孩子们通过思考，不断地从中发现问题，并想办法解决问题，在其中老师要绝对地放手，给了孩子们充分的自由与尊重，鼓励孩子自己创造与想象，在自由的环境中释放自己，展示自己的创造力，想象力。

孩子们从原来的无目的自由搭建，到后面有主题的搭建；从开始的自己搭建到后面的合作搭建；从一个单一的造型到后面的组合造型，他们搭建的一次比一次精彩，一次比一次丰富。孩子们每次都在不断地探索、发现，一次次地勇于尝试，给了老师一个新的惊喜。

在今后的活动中我们也会继续丰富孩子们的游戏活动，让每个孩子都在游戏中玩出创意、玩出快乐，在游戏中绽放自己的精彩！

17. 彩虹游乐场

浠水县新蕾幼儿园　黄瑶

指导教师：周芸　陈丽

一、游戏缘起

一次"周末去哪玩"的话题，引发了幼儿激烈的探讨，有的孩子说去了公园，去了体育馆，去了商场等等。乐乐说去了游乐场，这一下子就激发了孩子们的兴趣，孩子们都想要分享自己去游乐场游玩的经历。自那以后，"游乐场"也就成了建构区里的中心话题。升入大班的孩子们，对建构游戏有了更多自己的创想，社会性交往也有了进一步提升。操场上新投放的"万能工匠"材料与孩子们的游乐场建构不谋而合，于是，一场探索有趣的游乐场的搭建旅程就拉开了序幕。

二、游戏实录

（一）初建游乐场

片段一：孩子们纷纷将材料搬到空旷的操场，利用"拼、插、连接"的方式，初步能建造出游乐场设施雏形，没一会儿，晨晨搭建的"摩天轮"倒塌了，"哎呀！一下子就倒了，还好没打到人。"他立马扶住建筑物的顶部，可是顶部太重了，只能将"摩天轮"倾倒放在地上。

片段二：占江博正在搭建"空中飞椅"，但由于顶部太重了，倒塌多次。这时，亦宸和他一起合作，费了好大力气才将长棍插进了圆饼的孔洞里，边插边说："我只有一点力气了，好累啊！"占江博还鼓励他："那你要加把劲啊！"果然，两个孩子鼓足干劲，又调整了搭建方法，将底部的圆饼固定好做为承重点，再将旁边的孔对准长棍，终于在齐心合作下，完成了"空中飞椅"的搭建，他们露出了满意的笑容！

教师思考：

通过新型材料"万能工匠"的动手操作实践，探究材料和建筑物的特点反映了现实生活，满足了学生的建构需求。在游戏过程中，虽然搭建的摩天轮倒塌，但晨晨有意识地看看有没有伤到他人，说明幼儿已具备了安全意识。在游戏结束后，通过回顾，大家不断思考，想出了可以将底部增加重量，使摩天轮变得更加牢固的好办法。作为教师，在幼儿遇到困难时，没有马上介入，而是充分给予幼儿自由探索的时间和空间，尊重幼儿尝试错误的价值，这有助于提高幼儿思考问题、解决问题的能力。占江博在搭建中遇到了倒塌多次，我选择了等待，继续给予时间，观察他能不能想到解决办法。同伴的出现，给予了他安慰和帮助，他们相互交流分享，我看到了幼儿在游戏中的喜悦和投入，感受到了一起搭建的快乐。

（二）总是倒塌怎么办

1. 发现问题，同伴互助，解决问题

占江博和亦宸合作搭建了"空中飞椅"（图4-17-1），他们按照之前的方法插入和底部一样的圆饼孔内，再将长棍插入底部圆饼孔内增加承重力，最后再搭顶部的圆饼和长棍。没一会儿，建筑物因顶部太重开始倾斜，慢慢又开始出现了倒塌，宇晨走过来说："你底下加点重东西，去搬点轮胎来"，他们开始将倒塌部分重新在地上安好，将积木放到轮胎里面增加重量，在大家的努力下，旋转飞椅终于搭好了！

图 4-17-1　搭建"空中飞椅"

2. 设计图纸，完善搭建

这一次，他们选择好了场地，宸宸想道："用木块顶住在轮胎里，再把它卡住就不会动了"。没一会儿，他们开心地说："成功了！"他们用指示筒围在外围，做成了围栏。搭建完成后，他们主动关心，帮助燕燕完成大门的搭建，又搬运木块铺路。旋转木马、水上喷壶、游泳池、游乐场大门、大摆锤、水枪等设施全部搭建完成（图 4-17-2），大家开心地拥抱在了一起。

图 4-17-2　完善搭建

教师反思：

我班幼儿因在中班时形成一定的分工合作意识，所以对于大班的搭建有较为明显的推动。在团队中，占江博、亦宸分工明确，一个搭，一个帮，在他们的合力下，运用了底部增加重力的方法让游戏的开展也变得较为顺利。但没多久，出现了倒塌问题，搭建"摩天轮"的宇晨被他们的"倒塌事故"吸引过来，加入了帮忙的队伍。在遇到困难时，幼儿想到使用轮胎压住底部固定在地面的长棍，增加底部的稳固性，又与同伴协商讨论用厚木块来填充到轮胎里面，增加其稳定性，丰富了幼儿的知识经验，幼儿体验到了搭建成功的喜悦。从观看游乐场原型到实践搭建、发现问题、解决问题，进一步调整、再次搭建、画图重建等，幼儿充分利用资源和材料，完善搭建细节，给予我很大的惊喜，幼儿的搭建能力和思维能力得到明显的提升，满足了游戏的发展需要。我也给予孩子们及时肯定和表扬，提高了下一次游戏的积极性，提高自主游戏的质量。

（三）我想搭一个能玩起来的游乐场

1. 尝试添加新材料

在新阶段的搭建中，小朋友开始了讨论，乐乐说："我觉得游乐场是可以玩的。"亦宸说："我们可以搭一个能玩起来的游乐场！"壮壮说："但是我们的材料不够，如果想要玩起来需要很多材料。"他们开始在班上寻找，并设计了游乐场的门票，还邀请了硕硕加入搭建。

2. 让游乐场玩起来

燕燕选用"纸箱和奶粉罐"搭门（图 4-17-3），当门搭得比她还高时，出现了倾斜，她还尝试往上搭，还没来得及，奶粉筒和纸箱散落一地，在连续倒塌四次后，我选择当同伴"我们让燕燕自己选择，想怎样搭？""瑶瑶的办法，我没有试过。"大家又开始搭建顶部，把长棍竖着搭在两端的顶部，当一个防晒板，因长棍的顶部较滑又重，四周的长棍稳固性不够，还没扶稳，大门都倒塌了。这时，我感觉到大家逐渐失去信心，我又问，"需要我帮忙吗？"大家说了很多，我安慰大家："你们有想到办法解决吗？"瑶瑶说："把这些都搬走，用万能工匠搭一个新门。"听取瑶瑶的建议后，大家重新搭建，大门的问题终于解决。小客人买好门票，游乐场真的能玩起来啦！

图 4-17-3 搭建游乐场的门

教师思考：

在尝试新阶段的搭建中，燕燕选择了不同的材料，遇到了困难，虽然同伴给予了很多想法和建议，但对于大门多次坍塌的问题，孩子们没有考虑纸箱承重力不够，奶粉筒的大小不同等，也源于幼儿认知经验和观察还不够细致，考虑问题比较单一，需要进一步深入了解不同材料的特点。在倒塌几次后，我以同伴身份进入游戏，激发他们的想法，鼓励幼儿再次尝试，增强信心，推动了幼儿参与游戏的积极性。在大家意见出现不同时，幼儿尝试多次没有解决，我再次介入其中，让瑶瑶说她的想法，在得到大家的认可后，再次尝试，这才解决大门倒塌的问题，也让游戏又活了起来，在大家的共同努力下，游乐场设施变得更加丰富，实现了游玩一体化。

（四）彩虹游乐场营业

经过多次搭建后，设施搭建完成，检票口、售票员也设好。在小队长壮壮的带领下，彩虹游乐场终于营业啦！各种游乐项目让大家开心地畅游，体验成功的喜悦。

教师思考：

我可以看出幼儿有了明确的计划，从新材料的选择，幼儿积累的新经验，在不断尝试探索中，幼儿学会运用和了解材料的特点，同时，同伴之间能相互帮助，配合默契，体现出了较强的合作和分工意识。

三、教师反思

（1）尊重幼儿的兴趣点，通过孩子们自主创想，不断思考尝试、解决问题，反复实践是幼儿生活经验的迁移，这极大调动幼儿在游戏中的积极性。作为教师，在游戏中以观察者、倾听者的身份，尊重幼儿自主搭建的意愿和想法，及时赞赏，组织反思回顾和讨论解决办法，给予幼儿正面的支持和引导。

（2）提供了多种低结构材料供幼儿自主选择，在游戏前期，幼儿还不会选用低结构材料搭建游乐设施，随着游戏的持续深入，我鼓励幼儿能自主探索低结构材料的运用，给予了幼儿充足的时间和空间，提高了自主游戏的质量，幼儿的建构技能也得到了很大的提升。

（3）通过了解到幼儿的想法，我给予幼儿更多的支持，提供幼儿想要、感兴趣的材料，支持幼儿的需求，尊重幼儿的主体地位，突出以幼儿为本。

（4）幼儿的发现问题、解决问题、细致观察、家园协助支持实地游玩体验等，都为游乐场的成功搭建积累经验。在活动中，幼儿遇到困难时，我耐心等待，给予幼儿充足的思考和尝试，当大家意见太多，争执不下时，及时介入，以同伴、角色身份进入游戏，支持幼儿的想法，启发式的提问引导幼儿解决问题，助推游戏的可持续发展。在此过程中，幼儿积极动脑，促进了思维能力的提升。活动结束后，让幼儿自主表达，讲述自己的搭建过程、遇到的困难，引发进一步思考和讨论，从而获得丰富的经验积累，提升幼儿的游戏水平。

（5）通过同伴合作，协商分工，幼儿的社会性交往得到提高。活动后，通过相互评价鼓励，幼儿获得搭建成功后的喜悦，这是幼儿自发的真游戏行为，幼儿充分感受到了游戏的快乐。

（6）为幼儿提供多种材料，支持满足幼儿的游戏需要，我结合大班幼儿的年龄特点，通过材料的变化（大小不一的牛奶罐、硬纸箱和纸板等）并补充新材料（纸杯、盒子、塑料瓶等），鼓励幼儿大胆尝试和创造，在挑战中获得更多新经验和无限可能。

（7）我通过多媒体网络资料、同伴互助、家园共育的方式，引导幼儿进一步了解不同建筑物的空间结构和空间关系。

18. 移动的火车

浠水县新蕾幼儿园

执教教师：陈聪　吴国纯　指导教师：周芸　陈丽　黄瑶

一、游戏缘起

任梓恒小朋友告诉我五一假期的时候妈妈带他去武汉玩，他们是乘坐火车去的，因为是第一次坐火车，任梓恒小朋友显得特别兴奋，对火车充满了好奇，于是在这次游戏时，他第一个提出"我要搭建一列火车，可以装很多人的那种"，建构区"移动的火车"由此诞生。

二、游戏实录

（一）火车模型搭建

任梓恒带着自己的小目标来到了户外建构区，拿起了炭烧积木拼搭了起来，他先是搬来的最长的积木块，将它们依次连接起来，形成长长的车身轨道，李梓淞和邵泓锦看到后学着他用同样的方法在另一边拼了起来，这时候锦轩说"火车是有车厢的，是一节一节的，可以坐好多的人。"任梓恒立马说："我拿几块板子把它隔起来不就行了。"说完他就拿了一块长积木放在中间，放上去之后任梓恒发现太长了，他就立马去换了一块长度适宜的积木，间隔一段距离将积木依次横在两条轨道线中间，这时火车的车厢就慢慢显现出来了。

在完成车身轨道和车厢后，任梓恒说："车厢做好了，我们要做火车头。"一个小伙伴拿来的圆柱体做火车的烟囱（排气管）另一个小伙伴拿来了半圆形的积木，做火车的方向盘。最后他们一起拿了很多小积木块连接起来，做了驾驶室和火车司机的驾驶座椅，用多余薄木块做成了火车的地板，一列火车模型就初步成型了（图4-18-1）。

图 4-18-1　火车模型搭建

教师思考：

看着幼儿游戏的过程，我的脑海里梳理起他们在游戏中展现的已有经验，我发现幼儿对火车有了一些基础性的了解，比如说火车是长长的，有一节一节的车厢，有车头、驾驶室、方向盘、座椅等，这些都是他们的生活经验，在完成火车模型的过程中这些生活经验都得到了体现。李梓淞看到任梓恒用长块积木搭建火车车身，自己也学习他的方法，在模仿中学习搭建技能。同时任梓恒在搭建车厢时发现积木太长不合适，就立马去换了积木块。我发现孩子们在边搭建边交流的过程中解决了遇到的问题，与同伴之间形成了合作关系，幼儿独立想办法解决问题的能力有了明显的提升。

（二）围绕"我想让火车动起来"讨论

回到活动室后，我播放了孩子们刚刚搭建的火车游戏视频，我刚想让他们分享一下自己的建构作品，陈喆轩主动站起来说："这辆火车太矮了，都不能动，我想让火车动起来（图 4-18-2）。"任梓恒立马抢着说："我也想让火车动起来"，旁边的小朋友也跟着说："我也想，我也想。"看着他们那么有兴致，我追问"那怎样让火车动起来呢？"李梓淞说："需要轮子才能动起来。"陈喆轩说："外面有拉货车，那个有轮子可以动。"任梓恒："老师，我知道，拉货车可以用来做火车的车厢。"我说："你们可以试一试。车厢与车厢之间用什么连接呢？"这时任梓恒看到了区角用来挂毛线的挂钩，灵机一动说："老师我有办法，我们可以给车厢粘上挂钩，然后中间用绳子连接起来。"我对这个主意表示赞同。

图 4-18-2　讨论如何让火车动起来

教师思考：

聚焦问题，引导幼儿不断思考，怎样让车厢之间进行连接？在任梓恒和陈喆轩的交流中，幼儿能想出用挂钩的办法，让车厢连接起来，我发现幼儿能在遇到问题时积极思考，运用自己的认知经验解决问题。教师是幼儿游戏的支持者，作为教师的我，下一阶段应为幼儿提供他们想要的材料支持，推动幼儿游戏的发展。

（三）改变策略，让小火车动起来

有了想法之后我们决定到户外进行初次尝试，他们首先找来了三辆拉货车作为火车的车厢，陈喆轩找来一辆三轮脚踏车作为车头，把拉车的拉绳系在脚踏车的后面，接着李梓淞小朋友飞快地跑去找来挂钩，其他小朋友学着他的样子，将挂钩粘在拉货车的车厢上，然后将绳子挂在挂钩上，一切准备就绪后，小伙伴快速进入火车车厢，准备开动小货车，可没几步挂钩承受不住重力脱落了，在反复尝试失败之后，侯锦轩对我说："老师，这个办法不行。"看到他们经历了几次失败之后，失去了信心。我反问："为什么钩子会掉呢？"李梓淞立马说："黏性不够。"任梓恒说："因为我们太重了。"我说"那你们想想别的方法。"陈喆轩说："我知道啦，我们可以用手拉着呀。"我说："这也是一个办法，可以试一下。"

教师思考：

在整个游戏过程中，幼儿不断地遇到问题，解决问题，从而获得多方面的发展，在车厢连接过程中，幼儿经历了几次失败后，逐渐失去信心。这时，我选择以同伴的方式进入游戏，作为同伴向他们提出疑问，鼓励幼儿分析挂钩会掉的原因，从而找到解决的办法。幼儿将挂钩连接换成手拉着绳子，幼儿的合作思考和讨论展现出了让人意想不到的效果。陈喆轩的提醒让大家迅速转换方法，用手拉绳代替挂钩，使得小火车第一次动起来，并且在火车动力不够时，侯锦轩立马选择了去前面帮助，通过同伴协助，幼儿的社会性发展得到了提升，幼儿的游戏水平也在逐步提升。

（四）发现卡槽的秘密

今天的户外自主游戏开始了，鉴于上次用挂钩连接车厢都没有成功，任梓恒有了新的主意，他找来一块中间带有卡槽的积木块，将它卡在两节车厢之间，成功放置好后，小伙伴们就回到各自的车位准备出发了，当小火车稍稍往前移动时，因为卡槽太宽，卡在车厢上不牢固，车子移动之后积木块就脱落了，没能起到连接车厢的作用，他们尝试用手按住积木，来固定卡槽的位置（图4-18-3），试了几次之后还是失败了，他们放弃了尝试。

图 4-18-3　固定卡槽

教师思考：

幼儿的每一次尝试都是对已有经验的挑战，也是构建新的认知经验过程。任梓恒在前两次车厢连接失败后，获得了"车厢之间可以用卡槽固定"的经验。于是他想用有卡槽的积木连接车厢，虽然失败了，但每一次的尝试都让他们更接近成功。幼儿通过一次次地尝试总结经验寻找解决方法，这一过程让他们获得了具体的体验和积极的经验。

（五）绳子来助力，小火车开动了。

尝试了几次失败后，任梓恒小朋友从操场的收纳柜里拿来了绳子，用长的绳子将车厢连接，由于有一辆用作车厢的拉货车的车轮坏了，他们只能放弃一辆拉货车，用两辆作为车厢。小伙伴们观察了半天也没想好怎样用长绳子把车厢连接起来，在反复地琢磨和尝试之后，陈喆轩想到了将两节车厢捆绑在一起（图 4-18-4），小火车终于动起来了。

图 4-18-4　捆绑车厢

教师思考：

经过前几次的尝试和讨论，幼儿积累了丰富的游戏经验，并已经明确了这一次尝试的目的：牢固车厢的链接。陈喆轩想到了将两节车厢捆绑在一起，他们相互帮助共同合作，最终取得成功。

幼儿经过四次尝试、多次调整，火车终于动了起来，这样的学习过程，是符合幼儿的学习方式和学习特点的，他们在做中学，玩中学，通过亲身体验和实际操作获得丰富的直接经验，这有助于幼儿形成喜欢探究、大胆尝试、勇于创造、克服困难、善于坚持等良好的学习品质，为今后的深入学习奠定基础。

三、教师反思

（一）适宜的支持促进幼儿自主学习

学会放手，鼓励自主探索。当陈喆轩提出想让火车动起来的那一刻，如果我没有支持，就不会有后面的精彩的故事。幼儿是有自主游戏能力的，他们能够根据环境和材料，因地制宜，物尽其用。在这个系列游戏中，幼儿不断地发现问题、解决问题，每一次都能在已有经验的基础上产生新的思考，将游戏玩得越来越精彩。

（二）捕捉教育契机，思考游戏衍生的教学

户外自主游戏的价值主要体现在能使幼儿认识环境、增长知识、强健身体、合作乐趣等方面。幼儿会根据自己的兴趣和需要，以快乐和满足为目的，自由选择材料、自由展开情节、自发衍生内容等，幼儿能以自己的方式解决游戏中遇到的问题，获得学习品质的发展和生活经验的积累。

游戏衍生的教学需要基于幼儿的直接感知、实际操作、亲身体验。如果以前，要进行车子的主题学习，我会煞费苦心寻找材料进行主观意图的规划，揣测幼儿的兴趣点。而移动的火车游戏让我深深体会到，在幼儿开展自主游戏时，教师只要善于观察、倾听，捕捉幼儿在玩中学的点滴，揭示这些故事背后的发展意义，很容易就能找到与课程内容及教学目标的连接点。因此我还需要不断地反思：是否足够尊重幼儿游戏的意愿？是否给予幼儿自我决定、自主选择的权利？是否抓住了有教育价值的契机？是否为幼儿提供了实践的平台？这将成为促进我专业成长的自我检测。

19.趣味迷宫搭建

黄州区幼儿园　刘秀红　汪星汝　谢丹　邱实　范苏　黄莉

一、游戏缘起

迷宫游戏是幼儿喜欢的一种益智类游戏。随着大班幼儿的观察和探究能力的提升，他们不再满足于平面迷宫书籍，而是有了更多想法和创新，周五的区域活动中，美工区的刘

泽睿不小心把彩笔碰到地上，彩笔散落一地，这却被善于观察的朱羽飞发现了"彩笔迷宫"，他们把彩笔放在地上摆弄，刘泽睿说："弯弯曲曲的，真的很像迷宫"，一时之间，很多小脑袋都凑了过来，我不禁也被吸引过去。他们三三两两在一起研究迷宫的线路，这时李梓墨说："这个迷宫太小啦，我们可以做一个大迷宫吗？"这引起了大家的激烈讨论，大家七嘴八舌地说了起来，设计迷宫、搭建迷宫和走迷宫的活动由此展开。

二、游戏实录

（一）尝试游戏探索，迷宫失败了

在户外活动时，孩子们拿着设计好的迷宫图纸来到操场上搭建迷宫。在观看图纸后，幼儿开始自主选择材料进行搭建活动。朱羽飞周彦琪选择了户外平衡木和爬梯，并合作运输。童桦发现了户外加油站的屏风，个子娇小的她，单独运输有些困难，这时，刘泽睿出现并主动帮她移走了材料。在搭建过程中，有些小朋友总是不停地问："这个摆在哪里呀？这个放在哪里呀？"

风有些大了，迷宫外围的屏风总是被风吹倒，朱羽飞一边扶着屏风一边思考说："需要一个东西支撑住它。"说着屏风又倒了。"快过来帮我用一个东西，把它立起来！"方悦一在旁边帮他扶稳，朱羽飞拿着拱门放在后面，终于屏风稳定了。

胡月涵发现了塑料彩虹桥，想用在迷宫里，她和刘泽睿两人根本拉不动。胡月涵这时大声地喊来她的"大力士"好朋友："孙清越，快来把这个移走！"小朋友们听到伙伴的呼唤，不约而同地来帮忙，终于把彩虹桥移到场地上。

迷宫搭建的游戏还在继续，方悦一踩上了彩虹桥："我想玩这个，可以玩了吗？"孙清越也踩上彩虹桥激动地说："这不是让你们玩的，这是迷宫！"说着他又玩上了平衡木，边玩边开心地说："好玩是好玩，就是没有迷宫的样子！"王维桢提出了她的质疑："但是迷宫应该有拐弯的。"李梓墨用手指塑料平衡桥说："有拐弯的，那里不是有。"就此，第一次搭建迷宫的游戏暂时告一段落。

教师思考：

第一次户外搭建迷宫，根据大班幼儿敢于尝试的特点，他们设计迷宫的图纸、游戏的场地、选择的材料等，这都是幼儿自发生成的。在搭建迷宫的过程中，小朋友遇到了多个问题。

问题1：迷宫的门被风吹倒了——找拱门在后面挡住。

问题2：塑料彩虹桥太重了——同伴一起合作运输。

问题3：游戏好玩，但这不是迷宫——搭建活动中止。

他们总结迷宫搭建失败的原因在：迷宫图纸设计得太难、材料拿得太多、没有设计好迷宫的入口和出口……同时他们也给出了解决方案：更换简单的图纸、搭建材料可以选择少一点、设计好迷宫入口和出口（图4-19-1）。

图 4-19-1 迷宫搭建初尝试

（二）调整游戏策略，迷宫成功了

孙清越自告奋勇设计出较为简单的迷宫图纸，并指着设计图告诉大家，迷宫的出口和入口位置。这一次他们选择的材料是跳绳和短尼龙绳，并且在选材上出现不一致意见，朱羽飞认为红色短尼龙绳作为搭建材料好一些，周彦琪给出了不一样的意见，她认为跳绳长一些，两根就可以搭一个迷宫，最后决定两种材料都用上。

周彦琪走向新的设计图纸说："这里是出口，要留空。"说着和胡月涵一起去搭建迷宫了。细心的王维桢指着设计图纸的入口和出口说："出口和入口都要留空！"在实际搭建过程中，幼儿争论不休。

李梓墨指着中间的一条线路说："图纸好像有一个不一样。"

朱羽飞在反复核对图纸后说："没有，你就是没看图纸！"

在摆放迷宫线路的过程中，朱羽飞跟孙清越都有自己的想法，意见不一致，朱羽飞着急地说："这里应该横着有一个，你看不懂吗？"这句话让有主见的孙清越生气了。没过一会，在搭建积木的过程中，两人又和好了。第二次搭建迷宫成功啦（图 4-19-2），小朋友开心地玩了起来！

图 4-19-2 第二次搭建迷宫

教师思考：

当搭建遇到困难，老师要引导孩子及时调整游戏策略。孙清越主动设计好简单的迷宫图，比较第一次选择的材料，这次的材料种类类目有所减少，孩子们搭建的难度也会降低许多，特别是他们学会反复核对图纸上的入口和出口的位置，在迷宫搭建成功后，也会主动核对搭建的迷宫线路是否有误。

幼儿在这次游戏中获得了丰富的游戏经验，掌握了搭建迷宫的要素。在游戏过程中，幼儿通过观察，比较去发现问题，在分析，讨论中解决问题中获得了能力的发展与提升，体验了成功的喜悦。

（三）增加游戏难度，提高挑战性

为了增加新的材料进来，孩子们选择了大型户外器械区的玩具。周彦琪和李梓墨选择了塑料长板，可是运输材料也变成了一个难题，李梓墨看着远处的小推车，灵机一动，将小推车推了过来，并且大声地告诉小朋友："材料可以放在我的车厢里面。"朱羽飞及时调整职责，和几名幼儿主动承担搭建新迷宫的任务。

刘泽睿又拿起第一次搭建的加油站的屏风，想要把它加入新迷宫里面来，可是屏风还是会倒。李梓墨在运输的过程中发现了固定屏风的三角木板，把三角板安装上去，这次屏风立起来了。"不能穿墙。"原来是李梓墨把屏风设计在迷宫的入口，胡月涵及时提醒他不能把入口堵住了。李梓墨决定做再次调整，他把屏风横着放，并换了位置，这样又稳固又合理。

李梓墨在迷宫的线路中安装障碍桶和体能棒，搭成倒H型，我很好奇地问他："李梓墨，这里的设计你是怎么想的呀？""我这里设计的可以当障碍物，可以跳，也可以爬。"并且示范给我看，并且告诉我如果想挑战爬，需要后期增加高度。

"材料不够啦，可以拿教室的椅子吗？"李梓墨提出想法后，小朋友立马去帮忙，从教室里搬出椅子，不一会儿，迷宫搭建成功了一大半。"出口太简单了，我想把出口换一个位置。"在征得小朋友们的同意后，胡月涵就开始行动起来。"出口的位置改变了，设计图纸也要变呀！"细心的方悦拿起纸笔开始更改迷宫设计图纸，并喊小朋友们一起来看新的迷宫设计图。

胡月涵和王维桢走到教室寻找着新的搭建材料，发现了操作卡的空盒子："盒子好像也能搭迷宫！"王维桢开心地说："好啊，那我们试试吧！"胡月涵兴奋地拿着盒子呼喊小朋友来拿她新发现的材料。

迷宫搭建好了，这次的迷宫有了新的材料、新的路线和新的挑战（图4-19-3），孩子们开心地蹦了起来，并排着队玩起有趣的迷宫来。

图 4-19-3　完善迷宫搭建

教师思考：

在搭建过程中，幼儿能按照迷宫设计图进行搭建，但因材料不同，产生的问题也不同，如：材料的稳定性、数量、种类、线路转弯和分岔路的摆放等问题，幼儿都能积极尝试，自主解决问题。随着更改迷宫出口，幼儿及时调整设计图上出口位置，通过增加分岔路、"死路"、设置障碍来提升游戏的整体难度，幼儿搭建迷宫的兴趣和能力不断提升。

在"挑战迷宫"系列活动中，教师及时捕捉幼儿对迷宫的好奇心和兴趣，分析迷宫活动蕴含的教育价值，积极创设环境，投放材料，引发幼儿的思考、探索与创造。

三、教师反思

（一）兴趣和问题是关键，支持幼儿自主探索

从"彩笔迷宫"到户外迷宫的搭建，都是由幼儿自发生成，主动进行探究的，大班孩子在以往的经验中已经掌握了一些搭建技巧，并且具有独立的建构能力，能在游戏前进行一定的设想和规划，经过幼儿的不断地尝试和调整，幼儿完成自己的建构目标。在搭建迷宫的过程中，幼儿遇到了许多问题，也解决了许多问题，获得了多方面的发展。

（二）交流和接纳是重点，提升幼儿各项能力

一是协同配合，共同合作，提升了同伴交往能力。搭建迷宫是需要大家齐心协力完成的活动，幼儿在活动中体会合作的重要性，学习分工合作。二是发现问题，触发分析问题，解决问题的能力。幼儿在搭建迷宫的过程中，不断遇到问题，这可以启发他们发现问题，并能动手动脑寻找问题的答案。三是试误，调整，始终富有耐心，可以发展幼儿坚持、创新的品性。允许幼儿犯错，真诚地接纳，多方面支持和鼓励幼儿的探索行为。

3.支持和引导是方法，促进幼儿主导游戏

（1）在搭建活动中，幼儿根据自己的需求去选择材料，充分感知材料的特性，对材料的选择和运用，可以反映幼儿的原有经验、探究水平，在搭建的背后，是材料与幼儿之间的互动。

（2）幼儿对于搭建迷宫的玩法越来越熟练，掌握了游戏要素后，幼儿的思维会越发活跃，开始奇思妙想。通过设置障碍，更改迷宫出口，游戏具有挑战性。他们更加自主地主导游戏，对游戏体验感更加关注。

20. 向英雄致敬——搭建烈士陵园

英山县县直机关幼儿园　段钰营　韩青

一、游戏缘起

去年四月份，这些孩子正处于中班，他们在老师的带领下参观了英山烈士陵园，了解了这里的英雄及其事迹。后来，在一次周一升旗仪式红色主题讲话下，孩子们对英山红色文化有了深入了解。这天，上午的自主游戏开始了，涵涵轻轻跟我说："我想搭建烈士陵园"，我说："为什么呢？"涵涵："我很崇拜那些为国家牺牲的叔叔阿姨。"其他几位小朋友听闻后也来了兴趣，纷纷喊着我也要搭。

二、游戏实录

实录一：

双子塔组

一开始他们用自己最熟悉的对折纸牌法使其站立并垒高，开始很顺利，玥玥搭到第五层突然站起来说："这两个塔好像不一样高"，后来发现是其中一层纸牌不一大。可是没有同样大的牌，玥玥果断拆掉一边，用小手比画说："先把这里拼得一样高，再在上面铺一层"。之后发现两边还是不对称，于是全部用小牌重搭一层（图4-20-1）。

图 4-20-1　搭建"双子塔"

教师思考：

因为一个孩子的疑问，吸引了同伴共同探索的欲望，这组幼儿根据原有的经验进行游戏，从开始的独自搭→发现问题合作解决→学会边观察对方的搭建位置边调整自己的纸牌。从中我们看到了孩子善于观察、不怕困难的好品质。

烈士纪念馆组

围好了地基，萱萱说："这些牌必须挨着，这样才不容易倒"，她再三调整了地基才封顶，祺祺直接拿牌到旁边盖顶，萱萱："先拿到中间来，你这样容易倒"，很快第一层搭好了。祺祺发现有个小洞便挪动一张纸牌遮盖，萱萱赶紧调整："你这样不好看"，第二层建好后，祺祺拿对折的纸牌躺在墙边做檐角，萱萱："你确定？"祺祺："我确定！"萱萱："我觉得这样不好看"，经过几次调整终于搭好了。

教师思考：

在过程中可以听到祺祺经常出谋划策，萱萱一直在强调"这样不好看"，两位小朋友是在交流中合作的，并且他们能在搭建的过程中注意各种细节，例如对称性、秩序感、图案的规律性等。这个过程也显现出他们熟练的技能。

纪念碑组

这组只拿到小牌，欣欣拿着手上的牌摆弄着，用两张对折的纸牌相对组成小长方体，这样"横"着一个挨一个摆到第二层，很快就倒塌了。她又用两张对折的纸牌相对，把重叠的一面贴着地面，顶上再盖一张纸牌，发现不行，又用对折纸牌拼搭出三角形，"竖"放在地上发现还有一边不够稳固，又拿一张对折的纸牌拼在不稳固的一边，经过轻压发现这次的形态较稳固。

教师思考：

部分幼儿已从原有经验中的单张折叠纸牌的支撑过渡到组合纸牌支撑，这是一种创新，但也遇到了挑战，过程中欣欣一直通过操作纸牌来寻找新的解决办法，能坚持不懈，再次遇阻时想到用四张牌组合做竖着的小柱子，很牢固，最后搭建成功。过程中，两位幼儿的意志力得到了考验与提升。

实录二：

大家觉得第一次大纸牌不够多，其中几个作品太小，所以几位幼儿决定再试一次，老师也投入了更多材料，吸引到几位新伙伴加入。

烈士纪念馆组的幼儿选择了比上次更大的牌，搭建了更大的馆。

双子塔组选择了纸板、杯子、纸盒并很快搭建完成。

纪念碑组选择了足够多的纸碗，先在底下围了大大一层，然后逐渐垒高，垒到一半，成成发现小碗不足，提醒："小的没了，只有大的。"蒙蒙去找了找，成成："那可以用大的拼"，蒙蒙："要拼到我这里来。"说话时指了指脚下的碗，提醒成成："小心别踢到这个"，他们最后用纸牌和一个泡沫积木做的顶部，用积木做了围栏。

教师思考：

这一组沿用了之前的纸碗搭建经验很快便完成了，只是，建筑实物是长方体，孩子们搭建的是圆柱体，也许孩子们只想通过自己的理解去创作。但是他们在过程中能把握搭建的高度和稳固性，这有利于孩子空间知觉的发展和观察力的提升。

门楼组：琳琳和涵涵用纸砖积木在中间拼了高高的大门，两边紧挨着拼小门，琳琳："我想想用什么来搭，用长的。"她发现了雪花片，涵涵："这个勾住就有了。"琳琳："对对对，真聪明！"琳琳："拼直线。"她们作出两边带钩子的顶要挂上去，没有成功。涵涵："这个雪花片好像太重了，要换个道具。"琳琳："可以呀，我们换一个吸管积木吧"，吸管积木被拼成楼顶成功搭上，琳琳和涵涵兴奋地直拍手。

教师思考：

这一组幼儿的搭建完全抓住了门楼大小由中间向两边递减的特点，在顶部遇到问题时，幼儿能抓住问题重点：第一次用雪花一直掉是因为太重了，随后他们能很快找到合适的材料，他们善于观察，善于抓住事物的主要矛盾，快速解决问题。

三、教师反思

（一）促进幼儿想象力和创造力的发展

建构游戏也是幼儿艺术创造的活动过程，在此游戏中孩子们很好地诠释了这点。扑克牌是一种低结构材料，孩子们根据自己的兴趣可以随意拼搭和组合，在游戏中他们的想象力和创造力得到了发展。

（二）提高幼儿审美能力和视觉空间能力

幼儿在使用扑克牌时，首先感受到的是扑克牌的图案、花纹和色彩。在操作过程中这既拓宽了眼界，又获得了美的感受。搭建前幼儿会按照自己的意愿对材料进行加工和改造，把扑克牌进行折叠或组合。由此形成平面到立体的直观感受，提高视觉空间能力。

（三）提高幼儿数学逻辑思维能力

扑克牌具有轻、薄、稳定性差的特点。那在游戏过程中，如何使"扑克牌建筑"屹立不倒，需要幼儿一次次地摸索，找到搭建的规律，借鉴生活经验，把建筑物搭建得左右对称，从而使建筑更加稳定。同时，幼儿的数概念、对称性、空间定位等多方面的能力得到提高。

（四）培养幼儿社会性交往能力

通过扑克搭建游戏，幼儿间形成了良好的团队合作，幼儿可以自由选择合作伙伴，进行商量和分工，积极配合，共同获得搭建的成功感。同时，游戏也让个别孩子的领袖才能得到发挥，提高了幼儿的组织协调能力。

第五章　本味体验

1. 小小铜锣兵

红安县直机关幼儿园　刘侨　万茜　江艳萍

一、游戏缘起

"小小黄安，人人好汉，铜锣一响，四十万"。一直以来，红安县直机关幼儿园都将传承红色文化、播撒红色种子作为幼儿游戏活动的重要内容。我们创设的红色主题游戏区长期开展活动，并由两位老师专门负责。这次送省参评的游戏就是从孩子们自2022年9月至今玩的游戏实录中遴选出来的。

前期经验：

大班幼儿模仿能力强，有一定的角色任务意识，他们喜欢挑战，有一定的创新意识和解决问题的能力，能与同伴协商如何防御和进攻，分工合作完成作战任务，能专注、投入、持续地进行小小铜锣兵游戏，愿意挑战，体验成功后的成就感和喜悦感。

游戏预期：

（1）善于发现问题，乐于和同伴在交流中解决问题，在实践中验证问题，感受自主探究的乐趣。

（2）在游戏中，幼儿通过自主选择、角色扮演、自由组合、自发探究，提升幼儿的团队合作能力、艺术表现力、语言表达能力、战场布局能力，培养幼儿的想象力、创造力，锻炼幼儿的体能。

（3）幼儿可以体验在小红苗营地玩打仗游戏的愉悦感、成就感和自信感，培养幼儿的规则意识、任务意识、合作意识、坚强勇敢的意志品质，萌发幼儿热爱祖国的情感。

游戏环境与材料：

（1）游戏环境：小红苗营地。

（2）游戏材料：红军服、医药箱、铜锣、各种玩具枪、自制角色牌、望远镜、草环、红旗、大型积木、地垫、轮胎、油桶、纸箱、绳子、沙包、龟背、梯子。

二、游戏发起

（一）实录一：初尝试

时间：2022 年 9 月初　地点：小红苗营地

孩子们兴冲冲地来到小红苗营地（图 5-1-1），有的在沙池里玩，有的在攀爬网上爬上爬下，有的在小土坡玩耍。玩了一会儿之后，邓书涵提议去玩打仗的游戏，其他小伙伴也参加，于是打仗的游戏开始了。幼儿自由分成两队后，纷纷跑去选择材料，一队选择用纸箱和少量积木搭建，另一队用油桶和大型积木搭建各种各样的枪支弹炮。邓书涵发现"手榴弹"太少了，于是孩子们拿来报纸自制了许多弹药后开始进攻，他们纷纷跑到战场中间，向对方进行扫射并投掷"手榴弹"。

图 5-1-1　"小小铜锣兵"游戏初尝试

教师思考：通过观看孩子们 9 月初在小红苗营地游戏的片段，进行师幼小结，由于投放的材料太过单一，加上孩子们对于军队的概念比较模糊。所以，孩子们参与的积极性不高，只是构建了简单的"武器"和"战壕"，对抗的时候完全没有规则意识和角色意识。于是，我们加大了低结构游戏材料的投放，组织了一系列的体验活动，强调军队纪律，并对游戏环境进行了改造，让孩子们在更广阔的空间里自由游戏。

（二）实录二：分角色

时间：2022 年 10 月　地点：室内红色主题游戏区 小红苗营地

1. 室内红色主题游戏区

上午户外活动时间，孩子们提前分好队，画好角色牌选择到红苗营地里玩耍。吴清源提议穿红色主题游戏区的红军服去玩打仗游戏。易诗蕊穿好衣服后，拿起架子上的望远镜看了看，又换了一个；来思拿起听诊器在陈宏景的胸口听了听，又放在梅誉丰的胸口上听了听；李映玖倒腾着一把冲锋枪，上膛子弹，非常投入；"咚！咚！咚！"只见邓书涵拿起铜锣敲了起来。孩子们这摸摸那看看，显然他们玩得非常高兴。

教师思考：这个室内游戏是后期改造的，红色主题游戏区每天都很抢手，幼儿想去玩打仗游戏的欲望更强。

2. 搭建战壕

敲起锣，穿好红军服，孩子们奔向了小红苗营地。这次，他们都想选择坡下做阵地，赵瑞熙提议比赛。两位班长商讨了游戏规则后，通过滚油桶、翻越驷马山竞赛来选择阵地并开始搭建战壕（图 5-1-2）。有了前面的游戏经验，在这次搭建过程中他们显得更加得心应手。

图 5-1-2 搭建战壕

教师思考：大班孩子有一定的竞争意识，在两队意见发生了分歧时，他们知道用比赛的方式决定优先选择权，幼儿的思维模式彻底放开。同时，在比赛中孩子的体能也得到了锻炼。

3. 打响战斗

"兄弟们，准备开炮！"豆豆班长一声令下，号兵钟瑞阳一边敲锣一边喊"冲啊！"队员们向对方发起了猛烈的攻击；李映玖连忙钻进纸箱一边行进一边开枪……见此情景，红队邓班长大喊一声："兄弟们，给我守住！"天天听到后，连忙钻进山坡下的小洞，瞄准射击。炮兵夏子俊向对面投掷炮弹，并大喊："吃我一炮"，双方战斗进行得异常激烈。绿队班长豆豆带领队员发起总攻，李映玖率先冲到对方的阵地里，引得红队队员追着他打，这导致炮台和瞭望塔上无人防守。豆豆趁机扛着旗，从另一边冲上小山坡，挥舞起胜利的旗帜。绿队队员一起向对红队进行围攻，队员们纷纷受伤，红队阵地失守。护士张恩琪看到有队员受伤了，立即对他们进行包扎。

教师思考：这是孩子们9月底在小红苗营地游戏的场景，他们的游戏经验越来越丰富。游戏前孩子们就提前做好分队，自绘角色牌。在游戏中他们采用竞技的方式选择阵地，"武器"和"战壕"更加有创造性，对抗的时候开始使用"调虎离山"的战术，队长、狙击手、号手、护士等角色也能各司其职，角色意识明显增强。但是，幼儿也出现了原则性错误：同为"红军"，怎么可能打仗。

游戏小结：

"作为红军，我们不怕牺牲，还怕什么流汗呢……"游戏结束之后，老师带着大家进行最后的小结。红队班长邓书涵总结了他们失败的原因，孩子们愉快地结束了游戏。

（三）实录三——再探索

时间：2023年6月　地点：小红苗营地

1. 整装待发　搭建战壕

游戏前，小朋友们整装待发，随着队长邓书涵的一声令下，小朋友们迅速整理队伍并进行报数，报数完毕大家一起唱着《黄安谣》来到了小红苗营地，红军和匪军分别取自己所需的装备，开始搭建各自的战壕，有了前面的游戏经验和不断观看红色电影，在这次搭建过程中他们显得更加得心应手，将红安特定战役《红军洞》串联到游戏中，让游戏更具有原本特色。

教师思考：这时孩子们已经有一定的规则意识，知道"一切行动听指挥"，我们也根据孩子们的需求，及时增添了匪军服、干粮袋、炸药包等物品，装备齐全，孩子们瞬间来了精神，游戏兴趣也更加浓厚了。

2. 打响战斗

豆豆见红军的地道搭建得差不多了，赶紧上前猛一用力将桌子推翻了一大片，邓书涵也不甘示弱将匪军的"战壕"推翻了，李映玖见状生气地吼道："干什么？"邓书涵回应道："他搞我们的。"就这样，战斗即将拉开帷幕。"拿枪，所有人拿枪，准备战斗！"豆豆班长一声令下，大家赶紧各就各位。号兵赵瑞熙开始敲锣给队友们加油助威，匪军也向对方发起了猛烈的攻击，将"红军"的"地道"都推倒了。王伊惊慌失措地喊道："快点，地道要被毁了，地道要被毁了……"队长邓书涵说："巩固。"程宏锦也跟着出主意："注意掩护。"匪军依旧穷追不舍。邓书涵带着队友向前爬，边爬边喊道："冲！"王伊也带着一批队友紧跟其后："跑啊，杀，快跑，冲……"战斗正打得火热时，恩琪的腿猝不及防地被匪军的炸药炸伤了，军医王伊和王程希提着医药箱赶紧过来给她包扎。就在这时，又有红军被炸药包炸到了但还在继续跑，刘老师提醒道："炸药包都炸到你了，你死了"。双方战斗进行得异常激烈。邓书涵带领队员发起总攻,率先冲到对方的阵地里,引得匪军队员追着他打,导致炮台和瞭望塔上无人防守。邓书涵趁机拿着枪,从另一边冲上小山坡,和队员一起对匪军进行围攻,匪军队员们纷纷受伤,阵地失守,最后只能投降认输(图 5-1-3)。

图 5-1-3 红军占领山坡

教师思考:经过孩子们多次开展角色型自主游戏,他们的游戏经验越来越丰富。游戏前能自主分队竞选队长、场地,队长、狙击手、号手、护士等角色也能各司其职,幼儿角色意识明显增强。"武器"和"战壕"也更加有创造性,游戏中设计多重路线进行攻击、包围对方,游戏规则意识不断增强:知道子弹打到身体重要部分,就要"死",有战争就有受伤、牺牲,由于天气炎热,孩子有所体力不支,导致最后红军取得胜利后的喜悦感表现不突出,战争中的紧迫感不强。

游戏小结:

"红军为什么能赢?我们要学习他们身上的什么品质?作为将军的后代,我们该怎么做呢?"游戏结束之后,老师带着大家进行最后的小结,希望孩子们从小就能够感受到祖国的伟大和光荣,并深刻认识到自己作为一个中国人的责任和使命,培养出与伟大祖国共同呼吸、共同奋斗的家国情怀。

2. 山里娃娃骑行乐

蕲春县第四幼儿园大同园区

陈明　詹拉　龙艳丽　占婷　田骋　胡婉林　柴晓菲

一、游戏缘起

蕲春县大同镇位于鄂东蕲北山区，自然环境优美。2017年中国山地自行车公开赛湖北蕲春站在此举办，赛事包括成人和儿童越野赛。比赛结束后，组委会将儿童组的赛道设施与骑行装备捐赠给了幼儿园。孩子们受到赛事影响，萌发了骑行梦。自2017年9月以来，赛道经过多次改良，我们创设了多种特色赛道，如风车赛道、梅花桩赛道等。随着孩子们技能和体能的提升，骑车直角拐弯、冲上坡道变得容易。

但在骑行游戏开展数次后，孩子们已经能够熟练地掌握骑车技能，有的小朋友对骑行游戏的兴趣逐渐减少。于是，根据孩子们的发展状况，我们找来了部分幼儿共商"大计"。老师："孩子们，你们怎么不愿骑车了？"元元："我早就会了！这个太简单了！"老师："那你们说现在该怎么办呢？"元元："我想设计一个有点难度的赛道？"锦煜："对，我想更好玩，更刺激点儿的！"越越说："要是赛道上有桥，就好了。"文文说："那样就可以跨山越海了。"老师："好的，孩子们，明天给你们惊喜！"（下班后，赛道上多了一个大坑）

二、游戏过程实录

（一）路桥的构思（2023年5月12日）

5月12日一大早，孩子们像往常一样开展骑行游戏。"哇，好大的一个坑！"他们很快发现了这个阻挡去路的大坑，有的孩子选择从坑旁绕道而行，有的孩子则是选择后退，还有几个小朋友集结在一起想办法怎么通过这个坑。元元说："我们把这个坑给填平吧？"。佳鑫说："填坑太难，我们还是架桥吧。"志峰："这坑好大啊！搭桥好难的！"元元："一块长木板够吗？"镇豪："哪里去找这么长的木板呀！"佳鑫："我看见门卫爷爷那里有个筛沙网！"

第一轮尝试：孩子们齐心协力抬来筛沙网，直接架在坑上（图5-2-1），文文迫不及待地骑车上"桥"了。

图 5-2-1　将筛沙网架在坑上

问题发现：筛沙网不够结实，弹性太大，车轮在上面根本滚不动，车子刚前行的时候，纱网就裂开了，车子就掉进了"淤泥"中。思远说："这下糟糕了，文文马上就要掉下去了，我们得想办法救救他。"这时，锦煜发现了不远处有很多轮胎，他说："哎！我们可以用这轮胎填在坑里，我们应该可以安全地通过吧？"

第二轮尝试："小建造师"们团结协作，不一会儿就搬来了七八个轮胎，拖进坑里（图5-2-2）。这次元元一马当先，但车子陷进轮胎的空洞里了，紧随其后的佳鑫小朋友见状就扛起车子，踩着轮胎颤颤巍巍地跨过去了。

图 5-2-2　搬轮胎

活动小结时，老师和小朋友们一起聊今天的搭桥感受。师："孩子们，你们今天的架桥顺利吗？"越越："失败了，因为那个网不结实，车子一上去就有个坑。"元元："我们试了轮胎也不安全。"锦钰："我们还是来想一个更好的办法吧！"孩子们在七嘴八舌讨论后，探讨出了一些架桥方案，元元激动地找来了纸和笔画起了"设计图"

教师思考：《纲要》中指出：教师要以关怀、接纳、尊重的态度与幼儿交往，耐心倾听、理解幼儿的想法与感受，支持、鼓励幼儿大胆探索与表达。每个孩子的心中都有一个小宇宙，我们要遵循孩子的想法。不要小瞧他们的小脑瓜，里面装满了各种奇思妙想；不要小觑这一张张稚拙的设计，这可是 STEM 素养启蒙呢！

（二）路桥的搭建——探索多种材料组合搭建

1. 尝试用"轮胎+木板"搭桥（2023年5月15日）

清晨，几个孩子满操场找搭建的材料，忙活了大半天，进行了新一轮尝试，在轮胎上面加上木板，路桥总算有点眉目，孩子们也在自己搭建的桥上勉强通过了（图5-2-3）。但是孩子们仍然意犹未尽……

图 5-2-3　尝试用"轮胎+木板"搭桥

2. 探索用"竹梯+木板"搭桥（2023年5月16日）

第一轮尝试：早晨入园后，孩子们又开始骑车比赛了，可是，轮胎上架着木板让他们感觉很不顺畅。一圈下来，他们又凑到一起商量，尝试更换搭桥的材料。他们找到了一架长长的竹梯子，锦钰说："这个长梯子肯定能行，我们赶紧试试。"陆班长说："锦钰你这个办法真好，我们赶紧来试一试吧！"小朋友们争先恐后想要试试搭建的新桥，虽然可以通过，但是速度还不够快。

第二轮尝试："一个一个通过太慢了，我要和越越同时过。"元元说。"是呀，我都得不了第一，被这窄桥挡住了！"思远说得面红耳赤，很是着急。"好吧，孩子们，那你们可以想一想，怎样能让桥变宽一些？"老师及时出现了。镇豪："老师，我们多用些木板铺在梯子上就行了呀。"孩子们很快行动起来，在幼儿园寻找梯子、木板。不一会儿，宽宽的小桥成功架好了。

第三轮尝试：桥是搭好了，可是当孩子们骑行通过时，感觉颤颤巍巍，总担心会掉下去。经过一番议论，幼儿一致认为是因为这座宽桥没有护栏，还得改造。这时候，老师抛给孩子们一个问题：该怎样改造呢？ 镇豪说，"诶，我们就用木板把它围起来！"孩子们真是行动派，三下五除二，就把护栏立起来了。元元说："木板做护栏太矮不安全，我觉得用小梯子做护栏更好。"于是，大家搬来了梯子做护栏。

教师思考：面对新的难点，幼儿有了更多思考，眼看到了新节点，这时教师及时介入，引导孩子们深入问题探讨，追寻问题的根源，幼儿找到拓宽桥面和铁丝固定护栏的方法，从而能快速安全在桥上骑行，推进游戏的深入，幼儿通过直接感知、实际操作和亲身体验获取经验的需要。

3. 探索搭建安全的拱形桥（2023年5月18日）

孩子们在木板桥上通行了几天，又有了新的想法：想建一座能玩得更刺激一点的新桥，跟刚建好的那座木桥挨一起。抱着好奇的想法，我拉住元元问他："你们准备用这个干什么？"元元跟我比画了半天，我也没理解他说的意思，他干脆拿笔画了起来，我一看设计图，恍然大悟，原来这群熊孩子们要搭一座拱桥啊！这时他们把木质滑梯的底架搬运到了坑里，两个梯形底架的下底相对拼接而放。但是梯子护栏的固定又成了新问题。镇豪从班上拿来了麻绳，想把栏杆固定。可是绑好后，护栏还是倒了。看到孩子们有些气馁，我赶紧引导他们："孩子们，看来绳子绑不牢，你们想想，是不是可以用别的东西就能绑得牢固？""用钉子""用铁丝"……"可是，我们没有钉子、铁丝，就算有也不会弄呀。"俊熙想了想说："门卫爷爷有，他肯定会弄，我们去找'警察爷爷'帮忙吧"！这个想法得到了小伙伴们的一致响应，他们都跑去门卫室拉来了"警察爷爷"。在"警察爷爷"的帮助下，一座安全又宽敞的小桥终于建成了。孩子们兴奋地骑上了自己的平衡车快乐地驰骋在赛道上，还真有点"跨山越海"的感觉呢！

教师思考：在搭建过程中，孩子们学会了观察，在创造的过程中他们不断有新的发现；懂得了合作的重要性，体验到每一次成功都离不开伙伴间的协作。比如最后搭建的那个拱形的小桥，那么大的底架就需要几个小伙伴齐心协力地去搬才可以。同时，我们还惊奇地发现，孩子们能充分利用幼儿园的资源，让孩子心中万能的"警察爷爷"帮他们解决问题。幼儿再一次体验了自主学习、合作探究的乐趣。

三、游戏活动反思

（一）游戏让孩子从被动"接受"到主动"探索"

我园的户外体能大循环活动自2017年开展以来，经过了三轮"改造升级"：第一轮改造是在教研组的指导下，教师根据幼儿在户外体能训练活动中的行为表现进行难易度的调整；第二轮改造是教师在实践过程中发现差异问题，提出改进方案，报批后完成升级；第三轮改造则是幼儿自己提出的想法，想挑战更高难度或希望更好玩，由他们自己设计完成。案例取材于大循环游戏中的一个片段，从发现问题→积极主动寻求解决方案→完成桥的搭建，整个过程体现了幼儿主动发展的过程。幼儿在游戏中，与同伴互动、与环境互动、与成人（教师、门卫师傅）互动，他们按照自己的意愿设计、操作、尝试、改造，最终实现了自己的小设想，主导完成属于自己的游戏。

（二）自主游戏促进幼儿的学习品质的发展

1. 坚持与专注

游戏中，孩子们从5月12日发现问题以来，直到5月20日"工程"竣工，搭建工程小组的孩子们始终围绕"搭桥"这个中心问题，不断地设计、验证，再设计、再验证，遇到困难不放弃，安全顺畅通过还不满意——"没有最好只有更好"，他们直到完成拱桥才开心骑行，这份坚持与专注是孩子们送给我们的礼物。

2. 想象与创造

幼儿在游戏之初的设想中并没有设计"拱形桥"的明确构想，只是想要一座桥能安全顺利通过就行。没想到在一次次的改造构建中，逐步完成了想象与创造思维的"升级"，幼儿居然能想到利用梯形木梯、平梯和木板的组合，搭建漂亮又好玩的拱形桥。

3. 反思与修正

在一次次的尝试中，总会有幼儿找到问题的症结，也总会有幼儿提出替代材料的建议，合作探究中反思的意识在不知不觉中形成，修正的态度也在不知不觉中建立。

（三）教师的适度参与让师幼同步成长

当幼儿面对接踵而来的困难时，教师除了要给予物质材料、时间空间方面的支持，心理支持也不可或缺。我们对幼儿所面对的问题产生共情，同时对幼儿的各种探索行为给予充分的肯定，使得幼儿的探究活动在一次次的师幼共同体验中不断开展。

（四）由区域走向全域，下一步的支持与设想

实践证明，自主游戏给予幼儿的发展空间是不可估量的。通过这个小案例的观察与思考，我们明确了游戏理念，理解了游戏精神。

这条赛道上的、这个乡村幼儿园的故事还没画上句号，在未来的时光里，我相信我们的孩子会对游戏的推进提出更多的想法，他们也会创造出更多更有意思的玩法……

3. 牛牛运输队

罗田县幼儿园　丁欢　王思怡　吴煤　朱莉　易鑫

一、游戏缘起

结合近日园内开展的红色教育系列主题活动，大七班组织了孩子们观看红色电影《智取华山》。观看过程中，孩子们不断被华山的险峻、战士的英勇所折服，时不时发出感叹："这好像我们的红色大别山""大别山是斜的，这个是平的（陡峭）""他们是英雄"……

他们还纷纷表示："他们很勇敢，我们要向他们学习""我们也像他们一样运输物资上山吧"，于是，一轮精彩的游戏就此展开……

二、游戏过程实录

（一）实录一：牛牛初体验

孩子们在园内各个角落搜寻可以充当物资的道具：沙包当粮食，粘粘球当弹药，砖块当武器，奶粉盒当食物，稻草当盾牌……同时他们还不忘记选择小推车、小背篓等器械当作运输工具。一个个忙碌的身影穿梭在我们的青石岩上。"粮食真重啊""哎呀，都掉下去了"泽泽将小推车推到一半，里面的米袋不停地掉落，身体也不受控制往下滑……整个游戏，孩子们气喘吁吁，但仍乐在其中。

教师支持与回应：

有了前期游戏基础，这次老师大胆放任孩子自主、自由的游戏，尽量放手让孩子们和环境对话、和材料对话、和同伴对话……

（二）实录二：牛牛有办法

1. 想一想，说一说

有了第一次的游戏体验，孩子们有了更多的想法。

詹卓提出新的运输思路："可以用集装（箱）火车运输物资！""可是这个山太陡了，车子上不去。""可以用绳子拉。"可以团结合作把它拉上去，一个人拉很累。""可以搭路。"孩子们都争先恐后地说出自己的想法，陈欣怡想出了具体的方案："（可以）一队人造车，一队人修路。"这个想法得到了大家的认同，孩子们开始分工合作。

2. 牛牛有点忙

造车：造车第一步，孩子们先将物资进行整理分类，接着共同思考如何将蓝色框子连接在一起。子彦找来了弹力绳，用弹力绳穿过箱子把手，尝试了一会，没有达到预想的效果。沈皓泽提议用麻绳，只见他将绳子对折穿过两个框子的把手处，套进去一拉，两个框子自然而然地连接到了一起。与此同时，其他孩子们也尝试着用多种方式绑麻绳固定车子。在一次次的商讨合作和实践操作中，他们将物资分散在了两个集装箱车上，等候上山。

3. 困难真多耶

铺路：行动前教师提醒幼儿注意安全，"铺路工们"纷纷戴上头盔，进行铺路。在材料选择上，他们尝试用体能垫铺在楼梯上，用木板进行后续铺路工程。铺路进行到半山腰，第一个陡坡"需要转弯吗？""转弯！""往哪边走啊？"孩子们遇到了问题。欣怡表达了自己的观点："往这里摆，那边太高了！"接着大家搬来木板一块拼着一块的铺设在满是岩石的陡坡上，遇到缝隙，再去搬一块填满（图 5-3-1），他们还推举了一个小小路面检修员来检修路面。

图 5-3-1　铺路困难重重

新的问题出现了，泽泽检修路线发现："这里的木板会翘起来！要想个办法。""我们去拿那个草堆试一下。""我来帮你们把板子抬着。""快来帮忙！"孩子们借助稻草垫在木板底下，创造出了一条光滑的斜坡路。过了第一个斜坡，紧接着迎来了第二个山坡。"坚持就是力量。""胜利就在眼前。""加油，加油！"孩子们互相加油鼓劲，在一次次的问题与挑战中，幼儿终于顺利将路铺好。

教师支持与回应：

在孩子们飞奔而上的运输物资游戏中，教师敏锐地抓住关键点，用几个清晰明了的问题，结合造车、铺路等任务引导幼儿大胆表达自己的想法，顺利开展新一轮的游戏。当孩子们自发说出"集装箱火车"这个词，教师也在思考，对于"集装箱火车"这个词的形容是否恰当，是否需要教师介入进行纠正？同时，孩子们在这个过程中有埋怨、有鼓励、有分工、有合作……教师作为一个安静的观察者没有过多地去干预，而是充分的尊重了孩子的本真，同时还能跟随孩子视角，注重观察孩子们逐渐强化的创想设计、材料使用等。如在麻绳的使用技巧和木板、体能垫的运用上，孩子们合作分工更默契、更密切，技能更成熟。

第一次运输上山：

孩子们分工明确，一鼓作气准备上山。上山第一步就面临挑战，"小心，出现问题了，有一个轮子！"朵朵说。肖汝欣在车头充当指挥员，詹卓在车尾协调全场，"后面的把车子抬起来""加油""调整方向啊。"孩子们不断的尝试，不停的打气。终于，车子到达了第一个陡坡。

过这个坡坎可不是件容易的事情！"上面的快来帮忙呀""轮子卡住了""完了。"，在孩子们一声声嘶吼中，车子还是卡在了半山腰，但大家仍没有放弃（图 5-3-2）。这时我看到孩子坚持不懈、努力拼搏的精神和态度，情不自禁地加入了战斗，最终车子在孩子与教师共同努力下抬上了山。

图 5-3-2　第一次运输上山

教师支持与回应：

在上山的过程中，孩子们一起规划路线，充分与材料互动、与同伴互动，还能不断地自我纠错。虽然他们信心满满，但依然有一些无法顾及的问题：如铺路材料、车轮易卡住，导致此次游戏需在老师的帮助下"野蛮"上山。仔细思考，老师其实在付诸行动前可以用启发式的问题让孩子获得更丰富的游戏价值。如：怎样可以把轮子顶上去？（杠杆原理）引发孩子思考。

（三）实录三：运输我最牛

经过一轮的运输，孩子们已经气喘吁吁，大汗淋漓。在休息时，教师与孩子一起进行了讨论。集装箱火车运输上山太过困难了，孩子们自主总结了很多问题："木板没有搭好。""轮子不在板子上。""绳子没有绑紧，车子松了。""平的地方不会卡住，很陡的地方轮子会卡住。"并提出解决问题的方法："要用泡沫板！""这个板子是没有缝的，也很坚固。"孩子们在不断的讨论中，又萌发了兴趣进行新的尝试。

1. 第二次上山准备

在集装箱火车加固完成后，牛牛队员初步尝试上山，其发现体能垫不容易上山后，自发选择帮助铺路队员，把前方道路进行翻修。

另一边我们的修路工人们也在紧锣密鼓的调整铺路材料。铺路队长泽泽说："平整的地方我们就用木板，车轮子也不会卡住，上山的地方我们就用泡沫垫。""不能留缝隙出来。"孩子们的铺路要求更加严格了，"质量检测人员"也更加专业。为了让泡沫板连接更牢固，孩子们拿来了胶带粘连，经过一系列的加固、翻修、替换、检查，新的路终于铺好了（图 5-3-3）。

图 5-3-3　第二次上山——道路修整

2. 牛牛运输力量大

这一次运输上山，孩子们各司其职，不一会就达到了半山腰，接着我们的修路工人也来帮忙了，伴着一声声加油的口号，我们达到了顶峰，两次运输集装箱车都顺利到达根据地。胜利的喜悦围绕着孩子们，他们欢呼雀跃："我们成功啦！"

教师支持与回应：

整个过程中，孩子们自由自主大胆表达自己的想法，热情高涨。在上一次的基础上，更加细致，他们加固集装箱火车和铺路分工进行，运输上山更加快速轻便。教师在一旁观察，与孩子们共同感受胜利的喜悦，但在第一个险坡仍存在问题。在后续游戏中，教师也需要将此点做重难点突破，激发幼儿思考更多的方法。

3. 总结交流：牛牛收获多

"勇敢牛牛，不怕困难！"这是孩子们对于这次活动的总结。孩子们与同伴分享"虽然很累，但是我觉得很开心！""我觉得很快乐的原因，是因为第一遍我们已经做过了，已经尝试过了，可以做到，所以第二遍的才更有可能！"

活动最后，老师充分肯定了孩子们在游戏活动中的新发现、新玩法、新体验。在这个过程中，孩子像"挺进大别山"的勇士一样，团结合作、不畏艰险、勇毅前行，充分彰显着红色精神，同时也体验了不一样的快乐！

三、教师反思

（一）游戏赋能，行之有效

幼儿从《智取华山》萌发兴趣，结合本土资源"大别山"青石岩，自主探索游戏新情景、新玩法。在这个过程中，他们遇到各种各样的问题，引发新思考，给幼儿充分的空间和想象，造车、铺路，为幼儿勇敢、创造、智慧的品质形成积极赋能。

（二）适当放手，幼儿主体

一是材料的放手，幼儿能依据自己意愿，自由自主选择想要的材料进行游戏；二是游戏玩法的放手，从幼儿的角度出发，整个游戏幼儿自主把控，自主设计游戏，接纳幼儿在游戏中的一切可能和不可能。三是在幼儿能力培养中放手，给幼儿充分的空间，在多次的游戏中没有一位幼儿发生了磕碰，幼儿自我防护意识和能力逐步加强。如在搭建集装箱火车的过程中，孩子们自主纠错，了解到用麻绳会更方便；在铺路时，孩子们发现木板不行，需要更换材料，同时用胶带加固等场景，这无一不体现孩子们在遇到问题、解决问题时的智慧。

（三）思考创新，积极深远

一是优化游戏环境，增加活动场景，使游戏难度逐步提升。我们可以丰富操作材料，如木板、泡沫板，并更好规划运输方案，为幼儿提供更多可操作材料，以增加游戏变化和玩法。二是继续充分利用地理资源，丰富孩子们喜爱的天然生态训练场，动员更多组织者参与设计，整合"大别山"红色革命精神和青石岩板，发挥更大游戏价值，吸引更多孩子参与，促进其体能发展和优良品质习得。

4. 丛林寻宝

黄冈市第二实验幼儿园

戴悦　祝兰　袁梦欣　付欢　马岚　黄静

一、游戏缘起

基于我园混龄教育的园本特色，结合幼儿对自然的探究兴趣，充分利用幼儿园已有的自然环境开展富有野趣的"寻宝"活动，强调幼儿体质的增强和综合能力的培养。活动中，以大带小的形式将三个年龄段进行混合组合，进而促进多方交流、互相交往、共同学习与成长。

二、游戏过程实录

当六一遇上孩子们喜爱的自然物时，一场"丛林寻宝"的游戏就开始了。六一当天，孩子们收到了老师精心准备的寻宝卡，寻宝卡上共有九种自然物，分为一、二、三星三种难度，以便三个年龄段的幼儿在与伙伴共同探究自然的过程中都能够有所发现。

场景一：

大班的婷婷和小班的果果是结对寻宝的一对姐妹，出发时，婷婷细心告诉果果任务卡上有哪些宝藏，大概会出现在哪些活动区。每到一个活动区，婷婷会叮嘱果果细心找寻宝卡上的宝藏。

在竹林旁，果果刚找到三叶草就一脸兴奋地向婷婷展示，"看，四叶草！"

婷婷见状，立马与寻宝卡上的图片进行对比，确认无误，打好勾（表明宝物已找到）后，将"四叶草"小心地放进了背包里。

来到大门口时。婷婷发现门口灌木丛的叶子长得很像寻宝卡上的"蓝宝石"（图5-4-1），于是，婷婷向果果询问道："果果这个是不是？"

图 5-4-1 "蓝宝石"探讨

果果看了看婷婷手里的叶子，又看了看图片："不是。"

婷婷显得有点惊讶："为什么不是呀？这个是蓝宝石！"

"这个是蓝，这个是紫的。"

"你比下，很像啊！你看图片上蓝宝石的花纹跟这个叶子是一样的。"婷婷虽然极力解释着，但也显得有些疑惑。

"不是这片叶子，要找蓝宝石。"果果的语气很坚定。

"你再仔细看看，是不是就是这个？"婷婷似乎还是想说服果果。

"那就先摘这些吧"果果想了想，终于点了点头说。

为了解除果果的疑惑，她们去兑奖处向老师求证。

"老师，这片叶子是不是寻宝卡上的蓝宝石呀？我觉得是，果果说不是"，婷婷向老师说着她们两个不同的看法。

"果果，为什么觉得这片叶子不是的？"见状，老师拿着叶子，指着图片询问果果的看法。

"颜色不同，寻宝卡上是蓝色，这是紫色。"果果坚定地摇着头。

"其实这是的，因为植物在生长的过程中叶子会随着季节而发生变化，所以图上的跟实物是不一样的，但你仔细看，上面的纹路是一样的噢！"

场景二：

大班的烑烑，小班的双胞胎瑞瑞、铭铭，这愉快的三人组也在进行着她们的"寻宝之旅"。

烑烑将手里的笔和寻宝卡交给妹妹保管，并细心叮嘱妹妹们，一只手拿寻宝图，另一只手要牵好，不要走丢了。三个人来到梅树下。看到树下有寻宝卡上的果子时，她仔细观察、辨别后，拿起妹妹手里的笔和寻宝卡，边说边画："绿绿的果子变成黄黄的啦，果子找到了，打个钩。"

看到妹妹们满头大汗，烑烑细心地提醒她们多喝水，并帮助他们扶住水壶，以便她们能多喝点水，喝完后，还帮她们盖紧了瓶盖（图 5-4-2）。

图 5-4-2　互帮互助的小朋友们

路上，她们偶遇伙伴求助，烑烑热情地向小伙伴介绍找到果子的具体位置。寻宝路上，烑烑不断提醒妹妹在人多的地方要紧跟自己，不要掉队，在狭窄的地方要遵守规则，保护好自己，并时不时回头看看两位妹妹有没有跟上来。

场景三：

大班的彤彤、中班的宸宸、小班的熙熙围成一圈，宸宸看着寻宝卡，熙熙拿着找到的宝物，彤彤则在白板上不停地涂涂画画。原来，他们正在根据寻宝卡和发现宝物的地方绘制寻宝解密图（图 5-4-3）。

图 5-4-3　绘制寻宝解密图

熙熙向认真绘图的姐姐问道:"'四叶草'是在大别桃园找到的,应该在地图的什么位置做记号?"彤彤一边指着解密图一边解释道:"这个圆圈就是大别桃园,我们是在靠近马路的这边,也就是左边发现的,所以'四叶草'标志应该画在这里。"熙熙听了姐姐的解释恍然大悟,急忙点头。

宸宸则着急催着:"快点!我们去快乐童心兑换礼物吧!"

三位"解密组"的小伙伴自信满满地来到兑奖处,但是经过兑奖处的老师检查发现,它们的宝物根本没有集齐。

彤彤连忙说:"我们快仔细检查看看还有哪些宝物没有找到,等我们找齐了,再在解密图上做标记。"

于是,他们三人又重新开启了寻宝之旅。

场景四:

看着寻宝卡上的三种难度,大班的彬彬向小班的昀昀分配任务:"一颗星、二颗星你来找,三颗星我来找。"

"可以。"昀昀爽快答应了。

很快,彬彬找到了一个三颗星的自然物,他自豪地说:"这三级找得也太准时了。"昀昀在一旁沉默不语。

找了很久,昀昀依旧没有找到寻宝卡上的任何一个自然物。突然,彬彬发现了一星难度的叶子,他提醒昀昀:"你看看这个是不是寻宝卡里的叶子?"

昀昀仔细看了看彬彬手里的叶子,再看了看寻宝卡,迟疑地点了点头:"是的吧?"

"这么简单的东西我一眼就认出来了。你找这么久还没找到,你还有很多的宝物要找哦!"彬彬指着寻宝卡上的竹叶问道:"这个东西你找不找得到?"

昀昀一听,着急得大哭了起来。彬彬见状突然愣住了,心想:"我是不是对弟弟太凶了。"急忙搂过昀昀边拍边说:"不哭,不哭,哥哥带着你找好不好?"说完,拉着昀昀来到了童话丛林,他指着树下的梅子耐心地向昀昀说:"这就是我们要找到的宝物,快!放进去。"终于又找到一个,昀昀开心地笑了(图5-4-4)。

图5-4-4 寻找宝物的两位小朋友

三、游戏反思

（一）从自然物的寻找看游戏活动特点

1. 游戏材料生态多样

花草树木每一样自然物品都有着不同的外形、色彩、触感，幼儿可仔细观察自然物的各种特征，他们会被各种平时忽略掉的自然美深深吸引，在不断探索、发现的过程中，幼儿收获到巨大喜悦感和成就感。

2. 游戏玩法因组而异

虽然整个活动有总的规则，但每一对结对幼儿的具体玩法都由她们自主制定，沿什么方向寻找、怎么寻找、怎么分配等等，孩子们自然而然地根据自己的角色定位或主动承担或听从安排或协同合作不断探究材料属性，不断验证猜想，在开放的氛围中提升自己。

3. 游戏过程开放多元

在自然材料数量、种类充足，游戏时间充分保障的前提下，幼儿是游戏真正的主人，在十四个户外活动区中与异龄同伴一起寻找辨别九种植物的过程中，游戏规则、任务分配、活动地点、活动进程都由幼儿自己把握，同龄、大小、中小、中大等不同组合通过引领跟随、彼此商量、互帮互助或各行其道等方式来解决问题，他们不断构建对同伴、对自然的认知，使自身能够持久地投入到探究之中。

（二）从游戏中的多种表现看幼儿学习发展的价值

在"分区寻找—画图表征—语言验证"的过程中，幼儿会不断观察周围的自然事物，通过画图再现情景的方式让方位认知、抽象思维能力得到发展。

在"任务分配—矛盾显现—问题解决"的过程中，幼儿在冲突发生后，逐渐认识到他人与自己是不同的，逐步实现"去中心化"；同时，通过照顾他人情绪和需要，其社会性也得到发展。

在"大带小"的过程中，年长幼儿充分发挥引导作用，在给予他人力所能及的帮助时，培养年幼幼儿自我服务的能力，年幼幼儿在模仿、学习榜样的同时逐渐形成服务他人的意识。

在"寻找自然物—对比自然物—验证自然物"的过程中，幼儿不仅深入地认识了各类自然物的特征，感受自然的魅力，更满足了好奇心、主动性，培养了探索精神。

（三）从活动设置中看教师的支持与回应

1. 通过设置游戏，满足幼儿探索兴趣

幼儿日常活动中，表现出了对自然探究及异龄幼儿交往的兴趣，因此，教师把握了几个关键点，一是混龄结对，给予不同年龄段幼儿互相了解的时间与空间。二是自然探究，通过户外场地的科学安排、园所自然资源的发掘，满足和支持幼儿自然探究的需要和社会性发展。

2. 通过把握关键，激发幼儿深度探索

在整个游戏活动中，教师及家长志愿者通过观察、支持、配合、引导等方式，充分了解幼儿的游戏需求，并通过现场的动态调整帮助幼儿解决游戏中遇到的各种问题，进而支持幼儿游戏经验的增长。

（四）下一步的支持与延伸

游戏的开展引发了幼儿更多思考，为什么植物在不同季节有不同的颜色？为什么没有成熟的桃子不能摘？为什么给弟弟布置的任务他总完成不了？有许多问题让幼儿困惑，在接下来的活动中，老师会通过开展多种活动形式支持幼儿在自主探究中解决困惑。

5. 清凉一夏 好开心"鸭"

武穴市实验幼儿园　叶诗雨　刘娜

一、游戏缘起

养殖区饲养的小鸡小鸭作为幼儿园"常驻居民"已经和孩子们成为好朋友。这天孩子们纷纷来到饲养区找小鸡小鸭们玩儿，随着游戏的发展，玥玥突然有了个想法：天气这么热，我们去给小鸡小鸭做个游泳池吧。听了这个有趣的想法后大家都表示同意，于是，孩子们开始讨论做游泳池的地点和工具，他们最先想到的就是一旁的沙水池，简直就是"宝地"。

二、游戏过程实录

（一）水去哪里了

孩子们第一次挖"泳池"（图5-5-1），很快就挖好了，孩子们拿着小水桶接水倒进"泳池"里。正兴奋时，宸宸突然说："水正在往下沉呢！"宸宸想了想说："咱们把里面的沙子全都挖出来！"于是，几个小伙伴开始把水底下的沙子往外挖。挖得差不多了，孩子们觉得"泳池"已经做好了，带着小鸡小鸭来游泳，可再次来到沙水池时，"泳池"里的水没了？水去哪里了呢？

图 5-5-1 挖"泳池"

教师思考:

"兴趣是最好的老师",它能把幼儿的认知和行动结合起来,使幼儿主动开展游戏活动。

挖"泳池"容易,但想要留住"泳池"里的水却不容易。在这一过程中,宸宸试图运用自己已有的经验解决问题,如:把"泳池"底部的沙子也全部挖出来,让水不要从底部流走。同时也可以看到他通过仔细的观察来提出新的假设,这反映出他在原有经验的基础上所进行的推理和思考,他在用自己的方式不断地假设、试误,并慢慢建构新的经验。

(二)怎样才能让水不干

孩子们围在一起观察干掉的"泳池"(图 5-5-2),讨论着水干的原因,听着小伙伴儿的讨论,晨晨突然想到了:"应该把这儿连接起来。"泽泽一下明白了,高兴道:"我们在这里挖一个水道过来。"他们想在水龙头下挖一条水道连接"泳池",这样再放水就不会干。很快连接"泳池"的水道就挖好了,水沿着水道流进"泳池",放完后,晨晨大喊:"干啦干啦!"原来,水道里的水又快干了,泽泽看着水道说:"沙子软了。"一旁的小米说:"沙子吸收了水会变软"。为了让水不变干,孩子们不停挖水底的泥沙,但这好像解决不了问题。在一边观察的小宇突然说:"铺一层纸不就行了吗。"

图 5-5-2 观察干掉的"泳池"

教师思考：

从第一次直接挖沙倒水到后面的挖水道引水，孩子们边动手边思考，互相商讨解决"怎样才能让水不干"的问题，这显示出了孩子们高度合作的精神，也培养了幼儿的团队意识、协商和合作能力。

在这一过程中，我没有马上干预，而是给予他们充足的思考和讨论时间。教师的耐心等待和放手，让幼儿得以自然经验的积累，明白沙子是有渗透性的，当水遇到沙子就会被沙子吸收变成软软的泥沙，这就是沙坑里的水变干的原因。

（三）铺上塑料袋的沙坑不能被水填满

小宇的方法让孩子们纷纷去寻找适合垫在"泳池"下的材料。几个小朋友找来了几个塑料袋。他们尝试把塑料袋铺在"泳池"底下（图5-5-3），然后放水，当水顺着水道流进"泳池"的时候，晨晨大喊道："啊！水流到里面去了。"原来，水并没有进入塑料袋上，而是流进铺好的塑料袋底下，塑料袋浮到水面上了。"泳池"的水仍然不能填满。这可怎么办呢，带着这些问题孩子们回到了班上。

图5-5-3　将塑料袋铺在"泳池"底下

到班上，孩子们对游戏中"铺上塑料袋的沙坑不能被水填满"的问题进行了讨论。家宝说："袋子中间有空隙，水跑到袋子下面了。""那怎样才能让水在袋子上面呢？"玥玥问道。看着孩子们困惑、焦虑的脸，我试着问："如果换成一张大大的塑料袋或者是塑料布，水是不是就不会跑到下面去呢？""对啊，对啊，可以换一张大塑料布。"玥玥立马高兴了起来。接着，幼儿很快确定了大塑料布的来源——"宝贝厨房"里的一次性塑料桌布！

教师思考：

在前几次未解决的问题和新的探究之间，我坚持以一个"旁观者"的角度去观察幼儿，静观其变化。而这一次孩子们在完成新创意的过程中再次遇到了困难，他们从兴致满满，到不断尝试，再到悻悻放弃。幼儿面对困难时的坚持是有一定限度的，这与他们自身年龄特点以及抗挫能力有关，当他们认为自己无法解决问题时便会兴趣消退，进而会放弃，这是他们继续探索中最大的障碍。这个障碍的克服需要教师的支持和帮助。

通过观察幼儿的情绪和行为，我判断这时是一个介入的契机。于是，我参与了他们的讨论，试探性的提问引起了孩子们的兴趣与关注，但是否能如预期一般唤起幼儿重新探究的兴趣，支持他们进一步的探索，需在下一次游戏中验证。

（四）小鸭游起来啦！游泳池终于成功啦！

第二天户外活动，孩子们兴致勃勃地挖好"泳池"，玥玥拿来准备好的大塑料桌布，几个小朋友合作铺好第一块，可是风一吹塑料桌布就乱了，玥玥和晨晨抓起一旁的沙放在四个角上，但这个方法还是不行。一旁的馨馨突然想到说："我去寻找石头！"说完带着小伙伴就去附近的种植园寻找，小朋友们一起搬来砖块，压在铺好的塑料桌布四周，就这样他们在沙坑上铺好了塑料桌布，孩子们倒水进去，这一次水没有渗透下去，"泳池"终于做成功了。孩子们开心地把小鸡小鸭放进"泳池"里游泳，小米在一旁说道："小鸭小鸡怎么在水里走来走去呢？"新的问题出现了，孩子们看着水里小鸡小鸭讨论着，晨晨说："应该是水太少了。"几个小朋友又不停地往里面加水，可是水还是太浅了，小鸡小鸭并不能在里面游。

于是，孩子们又再次尝试挖深一点的"泳池"，很快前面的步骤都做好了，这一次"泳池"里的水满满的，孩子们再次把小鸡小鸭放进水里，小鸭游得可欢快了。大家都激动地喊："小鸭游起来啦！游泳池终于成功啦（图5-5-4）！"开心之余，孩子们又发现小鸭在游泳，可是小鸡站在水里不动。小米和几个小朋友也疑惑：为什么小鸭会游泳？小鸡不会游泳呢？

图 5-5-4　小鸭成功在游泳池里游起来了

教师思考：

在第二天的游戏中，孩子们用到了更大的塑料桌布，同时，也知道了怎样铺塑料桌布更稳定不会跑动，了解"泳池"要深一些才能让小鸭游起来。通过游戏也见识到了"小鸡不会游泳，小鸭会游泳"的事实。

孩子是游戏的主人，遇到问题，让孩子自己解决问题，在游戏中，他们从意见不统一，到有商有量地一起完成。不仅保证了幼儿积极性、主动性、创造性地发挥，还培养了幼儿之间协商、合作的能力，从而使游戏的教育价值得到充分发挥，为幼儿以后养成尊重他人的处事态度播下了健康的种子。

游戏延伸：为什么小鸭会游泳，小鸡不会游泳？

"为什么小鸭会游泳，小鸡不会游泳？"的事实让孩子们充满了好奇，我没有直接告诉他们答案，而是布置了一项课后任务，请孩子们和父母一起找答案，然后再到幼儿园里来分享。

三、游戏活动小结

自主游戏作为幼儿园一日活动的重要组成部分，在受到幼儿欢迎的同时，对幼儿的智力、社会性、动作发展等方面都起着极为重要的作用。本案例是我们班级教师三天的持续记录，可贵之处在于，游戏完全尊重了幼儿的游戏天性，敬畏幼儿的游戏创造，保证幼儿愉快、有益、自由的活动。

（一）尊重幼儿，给予幼儿充分的自由和信任

此次游戏源于毫无准备的环境，幼儿自发玩起了给小鸡小鸭挖"泳池"游戏。出现无水的困惑时，一把铁铲、一摊积水就成了他们的游戏材料。在这样的情况下，我们看到了游戏的价值：幼儿努力让水不干、来回多次挖"泳池"、造"泳池"的执着认真、面对困难的冷静思考……教师的"旁观"成就了幼儿的继续游戏，教师的提问"如果换成一张大大的塑料袋或者是塑料布，水是不是就不会跑到下面去呢？"激发了幼儿进一步游戏的愿望。我们给予幼儿充分的自由和选择的权利，相信幼儿的创造力，我们以观察者的身份捕捉幼儿在游戏中转瞬即逝的发展和变化，并根据情况提供适当的支持，这才有了后续的惊喜连连。

（二）不完备和意外带来的惊喜

整个游戏过程中，每一次都出现了意外的情况，但是依然没有阻碍幼儿继续游戏的热情，反而因为问题的出现让游戏充满了挑战。我们不得不承认，幼儿才是真正的"游戏专家"。这种环境和材料的不完备和意外，让我们看到了一种可遇不可求的教育时机和价值，同时也让我们思考：在平时的教育教学过程中，是否可以故意创设这种"意外"，制造连连不断的"惊喜"呢？

首先，李季湄老师特别强调过：《3—6岁儿童学习与发展指南》的精华不在"五大领域"的目标，而在"说明"部分。教师应该从改变自身观念开始，关注幼儿学习品质的培养而非技能。其次，在知识准备上教师应明晰幼儿的发展特征，了解本班幼儿的"最近发展区"，只有这样才能结合实际情况预设活动目标。这个目标应当是灵活有弹性的，涵盖幼儿发展的多元性、活动进行的无限可能性，给予幼儿张扬的空间。

教师在创设这些"意外"时，应更多注重活动过程中幼儿的自主性、游戏的生成性、适宜支持与指导，促进幼儿更积极地投入游戏活动中，促使幼儿在游戏中潜移默化地习得良好习惯，树立规则意识，提高交往能力和知识技能等综合能力。

6. 好玩的竹竿

黄梅县小池镇大桥幼儿园　谢越　商乐

一、游戏缘起

我园幼儿有玩竹竿的经验。从 2018 年秋开始，我园已开始有玩竹竿的游戏的开展，幼儿对游戏器材有一定的认识，但竹竿游戏只针对大班年龄段幼儿开展，新升入大班的幼儿只在户外观察过，其未曾参与过竹竿游戏中来。幼儿经常看到大哥哥大姐姐们跳来跳去，非常感兴趣，每次跳竹竿游戏，周围都围满了其他班的幼儿和老师们，他们会缠着大哥哥大姐姐教他们玩竹竿，因此他们有了初步玩竹竿的经验。

游戏预期：幼儿能利用竹竿有节奏（音乐、童谣）地进行来回敲击，跳竹竿的幼儿在敲动的竹竿间轻快地来回跳动，这以下肢运动为主，结合上肢协调配合，并且需要打竹竿幼儿和跳竹竿的幼儿互相协调、合作，能够培养幼儿的团队精神和合作意识。

游戏环境与材料：较大的场地和长短相同或不同的竹竿、粗竹竿两根、音乐。

二、游戏过程

实录一：游戏开始了，孩子们把竹竿摆成方形，孩子们边念开合、开开合的节奏边敲击竹竿，手口一致，节奏整齐划一，跳竹竿的弹跳动作也更协调了，再也不会被竹竿夹住脚了。同时这也吸引了周围玩的小朋友，大家掌声响起，"好厉害，好厉害呀，我也要去试试。"就这样，这个游戏有越来越多小朋友参与了。

教师思考：

（1）认知发展：幼儿在跳竹竿游戏中，已经能很好地跟上节奏，较好地掌握了跳竹竿的基本要领及方法，孩子们把念开合、开开合的节奏加进游戏中，不仅提高了游戏的趣味性，体验到游戏的快乐，而且收获了成功的喜悦。

（2）动作发展：游戏中幼儿不会被竹竿夹住脚了，动作也敏捷、快速，弹跳动作得到了发展，身体协调能力得到提高。

教师回应与支持：

（1）材料的支持：加大难度，增加竹竿数量，引导孩子尝试从玩"方形杆"转为玩"#字杆"。

（2）策略的调整：让幼儿继续挑战，探索跳竹竿的多种玩法，如：单人跳、双人跳和多人跳，并加入舞蹈动作。

实录二：竹竿搭成简单的#字形，8个孩子敲打竹竿节奏，4个孩子伴着竹竿的节奏，围着竹竿节奏慢而稳的跳动，4个孩子跟着节奏一个跟着一个跳，有条不紊地进行（图5-6-1、图5-6-2）。竹竿又长又比较重，时间久了，敲竹竿的孩子一会儿就累得满头大汗，力不从心，稍不注意就夹到手，口中节奏越变越快，跳竹竿的孩子跟不上节奏。竹竿没敲好直接影响跳竹竿，因为没有敲出一定的规律，跳竹竿时老被竹竿夹脚，跳竹竿的孩子在抱怨："老师，她们打竹竿的节奏太快了，来不及跳，我们被竹竿夹到脚了。"还有小朋友说："敲太快了，我跟不上，我不跳了。"

图 5-6-1　竹竿游戏场景图一　　图 5-6-2　竹竿游戏场景图二

教师思考：
（1）认知发展：孩子敲竹竿的节奏不稳，稍不注意就会出现节奏越来越快的现象。
（2）幼儿与材料的互动：提供的竹竿太长，太粗重，竹竿敲久了比较吃力。

教师回应与支持：
（1）教师介入：教师组织幼儿讨论，敲竹竿的小朋友和跳竹竿的小朋友要怎样合作，才能保证节奏一致？才不会夹脚？
（2）集体学习用这个节奏（ＸＸ∣ＸＸＸ∣）念开合开开合，全体幼儿熟练掌握节奏。
（3）材料支持：选取了一些比较细的竹竿，并把竹竿截短一些，竹竿长度控制在2.5米左右。

三、教师反思

（一）游戏特点

《指南》围绕幼儿身体素质提出了"具有一定的平衡能力，动作协调、灵敏"和"具有一定的力量和耐力"的发展目标，表明了提高幼儿的身体素质是幼儿体育游戏的核心目标。因此，本次游戏教师根据大班幼儿的年龄特点，以竹竿为材料，采用游戏的方法，让幼儿与同伴积极配合，由浅到深地进行游戏，积极尝试、探索多种竹竿玩法，这使得幼儿的控制、协调、灵敏等身体素质都得到了极大的锻炼，同时体验到合作的快乐和重要性。跳竹竿讲究的是竹竿与节奏的有机结合，幼儿参加身体运动的过程中，往往会伴随着情绪与情感体验，当幼儿成功地完成某一项动作时，其喜悦心情将会促使幼儿的自我水平得到提高，自信心得到增强。

（二）游戏价值

（1）掌握跳竹竿的基本节奏和动作，发展幼儿的弹跳能力、灵敏性和协调性，培养节奏感和韵律感。

（2）在探索竹竿新玩法的过程中，培养幼儿团结协作的精神和创新能力。

（3）幼儿通过表演跳竹竿，体验运动的快乐和成功的喜悦，提高自信和表现力。

本次活动充分展现了户外体育游戏活动的趣味性和独特性，增强了老师与孩子对户外游戏的认识，提高了我园户外游戏活动的质量。

在幼儿参加身体运动的过程中，往往会伴随着情绪与情感体验，当幼儿成功地完成某一项动作时，其中的喜悦心情将会促使幼儿自我水平得到提高，自信心得到增强。而后，当他们再度面临新的活动，甚至困难或挑战时，也会充满信心地去尝试或克服。这样的良好体验，对幼儿心理的健康发展极为重要的。

支持策略：

1. 改变"跳竹竿"的道具

幼儿普遍喜欢色彩斑斓、富有童趣的道具，教师只需稍微装饰一下"跳竹竿"所用的竹竿，就能从视觉上引起幼儿的兴趣。例如，可以用彩带、丙烯颜料等来装饰竹竿，还可以用丙烯颜料将竹竿绘制成中国龙的形象，从视觉上给予幼儿冲击，激发幼儿的兴趣。

2. 改编打竹竿的打法

打竿一般由8人组成，在表演时分成两排，面对面相距4米左右，或蹲或坐于两根粗竹竿的外边，双手各持一根细竹竿，伴着音乐的节奏，集体统一按一定的节拍敲击竹竿，发出铿锵清脆的响声。一般打竹竿的动作、节奏有两种形式。"正常击竿"是握竿者在地面（或竹竿）上开合击竿，节奏为（ＸＸ｜ＸＸＸ｜）或"开合开开合"；为了便于幼儿操作，我园将打竿的方法归纳为"开—合" "开开合"，让孩子有不同的竹竿打法的选择。

3. 改编"跳竹竿"的跳法

"跳竹竿"的传统跳法对于幼儿来说具有一定的难度，幼儿的骨骼较为脆弱，还没有发育完全，无法完成烦琐且节奏快的动作。因此，将跳竹竿融入幼儿园健康教育中就必须适当改编跳竹竿的跳法，使其更适合幼儿的身体发育特点。当然，也可以进行分类跳法的组合，适时再结合手部舞姿，按不同的节奏在竹竿间隙中左胯右跳，引导幼儿既不能踩着竿，也不能被竹竿夹到。

4. 形成自成一套的玩法

传统"跳竹竿"是以民族歌谣作为伴奏音乐，这类音乐对于幼儿来说难以理解，且难以引起幼儿的兴趣。因此，我们在运用民间体育游戏"跳竹竿"时需注意游戏本身的科学性、思想性、教育性。我园融入时尚音乐元素，"点一点，跳一跳，一点一点跳起来"经过不断地尝试、探索和创新，在园里形成了自成一套的玩法，"跳竹竿"游戏玩法在全园得到了推广，不仅孩子们相互合作打竹竿、跳竹竿，师幼也经常一起合作游戏。

5. 传承中华之瑰宝

"跳竹竿"这一传统民间体育游戏具有独特的文化底蕴和丰富的教育价值，它是一种体育游戏，也是一门艺术活动。人、声、竿三者有机融合在一起，极具趣味性和挑战性。它对幼儿有很强的吸引力，使幼儿在参与、尝试、挑战的过程中体验民间体育游戏的乐趣，增强他们的合作意识，可以让孩子感受游戏的快乐，获得成功的喜悦。

7. 有趣的沙包

黄梅县孔垄镇第二幼儿园　李正军

一、游戏缘起

《幼儿园工作规程》中明确指出："游戏是对幼儿进行全面发展教育的重要形式。"体育游戏是幼儿体育活动的主要形式,它包括仿照性游戏、有主题情节的游戏、比赛性游戏、躲闪性游戏、球类游戏、民间体育游戏等，幼儿在体育游戏中能获得多方面能力的提升。

《3—6岁儿童学习与发展指南》中指出：支持幼儿在接触自然、生活事物和现象中积累有益的直接经验和感性认识。在一次区域活动中一段有趣的对话让我敏锐地捕捉到了可以生成的教育资源。

沐沐："老师，你看我和轩轩谁扔得远？"

轩轩："我肯定比你扔得更远。"

涵涵："这是玩具，不能乱扔。"

璟宝："沙包可以扔，我和姐姐经常玩扔沙包的游戏。"

沙包除了可以扔，还可以怎么玩呢？于是，我开展了一次讨论活动，带领孩子们讨论"沙包除了可以丢，还能做什么？"

二、游戏过程实录

（一）感受沙包

沙包（图 5-7-1）是什么样的？里面装的是什么？

图 5-7-1 沙包

"沙包有圆圆的，也有方方的，有很多种形状。""沙包是用布做的，里面可以放大米。""还可以放黄豆、红豆。""你的沙包摸着软软的，为什么我的摸着是豆子。""我的沙包里面装的是棉花。""你的沙包里面装的是什么？""我的沙包里面装的是沙子。"

（二）初步尝试

小朋友们挑选自己喜欢的沙包，尝试自行探索沙包的玩法（图 5-7-2）。大部分幼儿都是向前方扔沙包，火火说："我可以抛起来，看看我能不能接住它。"

图 5-7-2 探索沙包玩法

活动结束后，孩子们都说累，而且游戏容易发生碰撞。孩子们对于玩丢沙包游戏的规则没有弄懂，大家一起讨论如何避免这些情况发生。

幼儿1："我们要有方向地躲避，不能乱窜。"

幼儿2："我们看到沙包过来的时候，可以蹲下来。"

幼儿3："我在看到沙包过来的时候会往对面跑……"

孩子们在讨论后，对游戏的规则有了认识。我们又开始了新的尝试。

（三）再次游戏，制定游戏规则

孩子们开始分组，有方向地躲避沙包，确保不发生碰撞。

（四）创设新游戏

趣味游戏一：踢毽子

幼儿自行选择带绳子的沙包，手脚结合展开了踢毽子游戏。圆圆对西西说："圆圆，你快看，我已经学会了，你学会了吗？"西西还不太会，于是圆圆对西西进行了指导"哎呀很简单，你看我，抬脚。"

另一边，涵涵和月月已经开始比赛了。涵涵说："月月，我能踢3个了，你呢？"月月说："我能踢好多个呢，我觉得我是第一名。"

教师思考：幼儿初次接触沙包，内心充满了好奇，并且很容易就想出了关于沙包的玩法，老师没有干涉他们的活动，给幼儿最大的自由发挥空间。由于沙包玩法多样，孩子们兴趣很浓，并自发以竞赛的方式玩沙包游戏。游戏规则中的竞争意识调动了幼儿参与游戏的积极性。

趣味游戏二：我爱投篮

凡凡看见吴吴手里拿着一个呼啦圈，于是就把手里的沙包扔了进去，航航刚好看见，觉得很好玩，提议道："我们一起来玩投篮的游戏吧！"旁边的几个小朋友都表示同意，于是，航航当起了小小指挥官，"成成、吴吴，你们两个拿呼啦圈，我和凡凡投篮。"成成说："我也想投篮。"这时，航航说："我们剪刀石头布吧，谁赢了谁先玩。"大家都说："好！"于是，几个小朋友就开始了投篮游戏（图5-7-3）。

图5-7-3　投篮游戏

教师思考：

自主游戏活动是幼儿最快乐的活动，我们应正确地看待幼儿的自主性游戏行为，每个孩子都有无限发展的可能性，我们应努力创设符合幼儿好奇、好动特点的户外活动，让他们在玩中乐、乐中学、玩中有创，更好地促进他们的全面发展。

趣味游戏三：小鸡下蛋

大家正玩得不亦乐乎的时候，我发现凡凡在夹着沙包围着呼啦圈跳来跳去，我问道："凡凡，你在干什么呀？"凡凡说："我在玩游戏呢。""你在玩什么游戏？""我在玩沙包掉进圈里的游戏。""那我们给他取个有趣的名字吧。"这时，一直在旁边的航航说："我看他跳来跳去好像小松鼠啊"。凡凡说："不对不对，我是在玩小鸡下蛋的游戏呢！"

教师思考：

自主游戏作为幼儿园最基本的活动，在自主游戏中，教师要善于观察和等待，给幼儿留出更多的游戏反应时间，让幼儿在多次游戏与不断尝试中提高自主探索欲。

其他玩法：

（1）传沙包。将幼儿分成两组，将沙包从第一个幼儿头上向后传，最后拿到沙包的幼儿迅速跑到排头，其他幼儿依次向后移。

（2）过小桥。双手平托沙包走平衡木。

（3）乌龟运粮。将沙包放在背上在垫子上学乌龟爬。

（4）小蛇游。头顶沙包绕障碍走S形。

（5）打沙包。用沙包练习投掷。

（6）双脚夹包跳起前掷。

三、教师思考

（一）游戏目标达成

1. 目标幼儿动作协调、灵敏。《指南》健康领域动作发展中指出，5—6岁幼儿能躲避他人滚过来的球或扔过来的沙包，能单手将沙包向前投掷5米左右。

2. 目标幼儿有主动遵守游戏规则的意识，但游戏时可能产生违反规则行为。《指南》社会领域社会适应中指出，5—6岁幼儿能理解规则的意义，学习自觉遵守规则。

3. 目标幼儿有较好的沟通协商能力，能与同伴友好相处。《指南》社会领域人际交往中指出，5—6岁幼儿与同伴发生冲突时，能自己协商解决，知道别人的想法和自己不一样，能倾听和接受别人的意见，不接受时会说明理由。

（二）游戏价值

1. 游戏促动幼儿身体发展

户外活动能够发展幼儿的基本动作和提高基本技能，锻炼幼儿的肌肉活动水平，幼儿的肢体动作逐步协调，平衡水平得到提升。

2. 游戏促动幼儿语言发展

幼儿在游戏中，会和同伴进行语言上的交流，这发展了幼儿的口头表达水平和提高了幼儿组织语言的水平。

3. 游戏促动幼儿想象力发展

幼儿在游戏中主动自由地想象游戏的情景，并会在游戏中把身边的物品想象成游戏中的其他事物。物的取代能够根据幼儿的想象变化而变化，不受外界环境的干扰，在这个过程中，幼儿的想象日益主动和有意义。

8. 老狼老狼几点钟

黄梅县孔垄镇第二幼儿园　黄慧娟

一、游戏缘起

"老狼老狼几点了"是中班幼儿十分喜爱的民间传统游戏。他们喜爱这个游戏带来的紧张和刺激，也乐于玩追和逃的游戏。同时，中班幼儿已具备一定的规则意识和探索游戏的能力，他们在原有游戏的基础上，衍生出新版"老狼老狼几点了"的规则——把呼啦圈作为"小羊的家"，"小羊"只要逃到圈内，"老狼"便不能再抓了。

一天，孩子们又玩起了《老狼老狼几点钟》的游戏。一开始，孩子们在游戏中的呼啦圈数量和小羊的数量总是相等的。但这一次，我发现幼儿拿的呼啦圈比小羊少，"他们会怎么玩呢？"我便仔细观察起来，想看看当呼啦圈的数量发生变化时，幼儿会如何运用已有的经验继续游戏，以及会如何在游戏中通过与同伴合作来解决问题。

二、游戏过程实录

（一）少了一个圈而引发矛盾——主动调整，改变玩法

言言和火火等7个孩子围在一起商量，我们玩"老狼老狼几点了"吧，说着他们拿起一些呼啦圈，我问："你们还记得这个游戏怎么玩吗？"毛毛说："知道啊，一个人扮演老狼其他人扮演小羊，到10点老狼就可以抓小羊。不过要是小羊跑进圈里，老狼就不能抓小羊""对，每个圈只能躲1个人。"言言补充道。

只见他们随意拿了5个圈放在地上，我好奇地想：1个人扮演老狼，6个人扮演小羊，可是他们只拿了5个圈，按刚才说的规则，圈不够用呀，他们会怎么玩呢？

游戏开始了，毛毛扮演老狼，其他孩子都跟着毛毛后面，一遍一遍地问："老狼老狼

几点了？"毛毛回答："7点了！""老狼老狼几点了？""10点了！"孩子们迅速跑到圈内。凡凡没来得及躲进圈里，毛毛兴奋地一把抓住了她（图5-8-1）。

图 5-8-1　"老狼老狼几点了"游戏

我心想：看来他们要发现圈和小羊的数量不一样了，他们会怎么做呢？是否会再去拿1个圈？这时言言说："这样玩没意思。每个圈里只能躲1个人，也太少了。"火火说："那，要不1个圈里躲2个人？"其他孩子都表示同意。游戏再次进行，随着毛毛"10点了"的喊声，孩子们迅速躲进了圈里。有一个圈里躲进了2个孩子，没来得及躲进圈里的凡凡被毛毛抓住了，因为这个圈有点儿小，2个孩子待在里面，显得很拥挤。

言言又说："这个圈太小，要爆炸了。有大点儿的圈就好了。""是啊，有大点儿的圈就可以站更多的人。"火火应和着。

我以为孩子们会再去拿1个圈，没想到他们的方法是将小圈替换成大圈。我快速地拿过了大一号的圈放在一边。

教师思考：

在以往的游戏中，幼儿拿的圈总是和小羊的数量相同，今天的游戏则产生了一些小变化。由于少拿了1个圈，凡凡发现自己没有地方躲。我以为他们会再去拿1个圈，没想到言言提出想要在圈里站更多的人。随后他们又发现圈太小了，继而提出想要更大的圈。

游戏中言言参与游戏的自主性很强，能主动提出新的规则，并善于根据情况做出相应的调整。

我没有干预幼儿对调整游戏规则的想法，很想看看他们有了大圈会怎样玩下去。于是我及时为幼儿提供了他们想要的大圈，继续观察。

（二）出现大圈而激起思考—运用经验，解决问题

孩子们看到我放在一边的大圈，叫道："有大圈了！"毛毛问："大圈里面站几个人呀？"言言走到圈里试了一下又走出来，说："就站2个人吧。小圈里站1个人，大圈里站2个人。"说着，她拿起1个大圈摆到地上，又送回1个小圈。然后，她用手指着地上的4个

小圈和 1 个大圈，口中轻轻数着，告诉大家："这样就可以了。"孩子们再次游戏。

结束时，老狼毛毛连 1 只小羊都没有抓到。他有些失望，说道："你们也跑得太快了。"其他孩子嘻嘻地笑着。言言说："你抓不到我们，我们正好。"毛毛好像没有听懂欣欣的话。我问言言："你说的'正好'是什么意思？"言言说："小圈里站了 4 个人，大圈里站 2 个人，一共 6 个人，就是正好呀。"这下毛毛明白了，看看圈里的同伴，也笑了起来。又玩了几次之后，毛毛说："其实 3 个大圈也可以玩的。"我惊讶地问："真的吗？3 个圈也能装下 6 只羊？这怎么躲呢？"言言点头说："可以的，2、4、6，不是 6 个吗？"说着，他们拿起圈摆放起来，将 4 个小圈全部送回，换成了 2 个大圈。这下，地上有 3 个大圈了。孩子们围着这 3 个大圈继续游戏（图 5-8-2、图 5-8-3）。

图 5-8-2　游戏场景一　　　　　图 5-8-3　游戏场景二

教师的思考：

言言在数上的认识经验比较丰富，知道将不同的圈内人数组合成 6 个人的总数。她还很能积极表达自己的想法，在毛毛不太明白的时候用语言清晰地做了解释。当毛毛提出 3 个圈也可以玩游戏时，我十分欣喜。在呼啦圈还没有摆好的情况下，言言和毛毛能用数数的方法判断出 3 个大圈里能站 6 个人，看来他们已经会运用已有的数学知识来解决游戏中的问题了，真是了不起！

作为旁观者的我，发现了这个游戏有价值的地方。没想到这个游戏还能引发幼儿对数量组合和分解的思考，看来游戏中处处蕴藏着学习契机。幼儿在解决问题的过程中运用了数量组合与分解的经验，他们解决问题的能力让我惊叹。我庆幸我没有在他们少拿 1 个圈时"多事"地提醒他们，而是选择了静观其变。

当毛毛一开始没有理解言言所说的"正好"时，我及时向言言提出问题，引导她向同伴作出解释。这样的回应起到了很好的桥梁作用，我支持幼儿进行同伴之间的交流与学习。

（三）变化的羊和圈产生博弈——迎接挑战，主动表达

玩了几轮游戏后，毛毛突然对我说："老师，您来扮老狼吧，我也想去扮小羊。"孩子们邀请我加入他们的游戏，我欣然接受。

这下便有了7只小羊。我问："现在一共7只小羊和3个大圈，你们猜，等会儿会有小羊被我抓住吗？"言言说："哦，对对对，会有1只小羊被您抓住。"她对同伴说："快点儿，快点儿再加1个小圈。"说着，言言又拿过1个小圈放在地上。

毛毛说："等一下，让我数一数。"他站在圈前逐一数了数，确定没问题之后才笑着说："开始吧！"

他们兴奋地跟在我身后做起了游戏，等到我说"10点啦"的时候，他们快速躲进了圈里，得意地朝我吐舌头。我夸赞他们道："你们真厉害，不但动作快得很，还会通过数数来确定这些圈能正好装下7个人。不过圈的数量再少点儿行不行呢？"几个孩子都说："行的！"毛毛问："还有大点儿的圈吗？超大的圈！""有啊，干吗要这么大的圈啊？"我问。"这样就能站更多的人了呀。"孩子们叽叽喳喳地回答。我们一起去找来了最大的呼啦圈。由于多了1只小羊，言言增加1个小圈，孩子们欢呼起来。欣欣说："哇，这下我们可以躲3个人了。"

现在有两种不同大小的圈，孩子们一致决定：最大的圈里每个可以躲3只羊，小圈里只能躲1只羊。我又提起刚才的问题："刚才我们用了4个圈玩游戏，还能用更少的圈把7只羊正好保护起来吗？

毛毛说："2个圈就够了。"言言和涵涵嚷嚷着："3个！"我问毛毛："那是怎样的2个圈呢？"毛毛说："2个大圈。"毛毛想了想说："2个大圈，还要1个小圈。""我们来试试，先试试毛毛的办法。"

毛毛很快摆好了2个大圈和1个小圈，我和孩子们兴致勃勃地玩起了游戏。当然，我没抓到小羊。

孩子们一遍又一遍地做着游戏，乐此不疲。直到游戏时间结束时，他们还意犹未尽地说："下次我们再多一点儿人，再来玩玩看。""对，我还想要超超超大圈！"

三、游戏活动反思

（1）当幼儿邀请我扮老狼时，我参与了他们的游戏，但小羊的数量发生了改变，这给游戏带来了新的变化。幼儿调动自己的经验解决这个问题，不断地用语言来表征自己的思维过程。在游戏的后半段，幼儿还会在摆放呼啦圈之前对羊和圈的数量关系进行预估，随后还会通过数数方式进行验证。这体现出幼儿有着"推测—验证"的探索习惯，表现出一种良好的学习品质。

（2）我在参与游戏后给予了幼儿更多的支持与回应。当我试探着问幼儿原来的4个圈能否装下7个人时，言言马上意识到要增加1个小圈。正是这样看似不经意的问题，引

导着幼儿不断关注着圈中现在可以装下多少人。

（3）多次游戏后，为了助推幼儿产生进一步的游戏和思考，我提出了"用更少的圈来玩游戏"。幼儿为解决问题，不断地思考如何进行数量的组合，这增加了难度和挑战。当幼儿表示要"超大的圈"时，说明他们已经感知到了圈的大小和数量的关系：想要让圈少一些，就要尽量选择用大圈。幼儿的思维能力在游戏中得到提高，他们对在游戏中的深度学习越来越有兴趣，小脑袋瓜子变得越来越灵活、越来越聪明！这就是游戏的价值。

9. "竹"趣横生 乐在自"煮"

武穴市实验幼儿园石佛寺园区　裴燕燕　胡岚瑛

一、游戏缘起

在绘本《和竹子在一起》活动中，孩子们对竹子产生了极大的兴趣，并展开了激烈的讨论："竹子可以干什么用？竹子是怎么生长的？竹子长在土地里；竹子还可以做东西……"

欣欣："我还在万达喝过竹筒装的奶茶呢？可好喝了！"

一冰："我去贵州外婆家还吃过竹筒饭呢，很好吃呦！"

"我也想吃我也想吃……"

于是，孩子们又对"竹筒饭"展开了激烈的讨论。《纲要》指出："充分利用当地资源，开展教育活动，贴近幼儿的生活来选择幼儿感兴趣的活动。"制作竹筒饭当然少不了竹子，刚好幼儿园附近有一片竹林，为了满足孩子们的探索欲望，追随着幼儿的兴趣点，我们和竹子开启了一场美丽的邂逅……

二、游戏过程实录

（一）计划："竹"够了解

我们地处乡镇，孩子们对竹子并不陌生。我们挖掘竹子中所蕴含的教育元素，融入孩子们的游戏活动，让孩子们在"竹文化"里形成有爱、有趣、有节的品质，在快乐中游戏，在实践中学习。基于幼儿已有的经验，捕捉共同的关注点、兴趣点，老师们认为这是接近自然、了解自然最好的教育契机。而石佛寺村郭道士垸拥有着得天独厚的地域条件——竹园，这正是孩子们浸润自然，开启探究最好的资源。

星期五早操结束后，我和孩子们一起回忆了绘本故事里讲到的关于竹子的生长过程和用途，同时也跟孩子们一起讨论了外出的纪律和要注意的安全事项。大家兴致勃勃地出发了！

（二）探秘竹林

阳光明媚的日子里，大班"探秘竹林"小分队出发啦……当一片青翠的竹林呈现在幼儿的眼前，孩子们一下子涌入了竹林，有的找竹笋，有的爬竹竿，有的和竹子比高（图5-9-1）。

图 5-9-1　探秘竹林

轩轩："哇噻，我找到了竹笋，带回去炒着吃，我奶奶可喜欢吃竹笋啦！"

"这里会不会有熊猫呀？"雨晴好奇地问。

辰可："这棵黄色的竹子是爷爷吗？他都老掉啦！"

子睿："竹子上面有好多白白的东西是什么呀？"

轩轩："我想，是竹子的衣服吧！"

突然一冰说："我感觉这个竹子是空的？"其他孩子听了立马抱着竹子一边敲一边侧耳倾听："真的耶！里面好像真的是空的！"

教师思考：

孩子们在玩的过程中发现了竹的外形、构造、特点，这培养了观察的能力，大家七嘴八舌"话"竹林。孩子们顺利找住在竹林旁边的村民叔叔借到了工具，一场和竹子之间的"较量"开始了。

（三）讨论："竹"趣横生

顺利借到了工具后，孩子们迫不及待拿着刀对着竹子砍起来。由于孩子的力量和砍伐经验不足，他们寻求了老师和居民叔叔的帮助。最终砍倒了一棵高大的竹子。孩子们冲上去抬的抬、扛的扛，把竹子抬到了空旷的地方，大家忍不住站在竹子上玩起来。在李好的带动下，小家伙们使出浑身解数锯起了竹筒。最终还是在工人叔叔的帮助下完成了任务。孩子们兴高采烈地抬着竹筒回幼儿园（图5-9-2）。小家伙们七嘴八舌讨论着竹筒饭的制作方法。老师适时介入，引导孩子们进一步探索竹筒饭的制作和所需材料。讨论过程中，欣欣出了个好主意:"我们去小红书上搜一下不就知道了吗?"陈子睿竖起大拇指:"哇!好主意!"趁机老师给孩子们布置了一个小任务,周末回家和爸爸妈妈一起搜集素材,了解竹筒饭的制作过程和所需材料,星期一大家都带上自己喜欢的材料一起来动手制作竹筒饭,孩子们都拍手叫好。

图 5-9-2　锯竹筒、抬竹筒

教师思考:

通过实践操作,孩子观察到竹子的生长结构,知道竹子里是空空的,锯下来就变成了竹筒,同时还说出了竹筒的很多用途,说明孩子的生活经验比较丰富。在探讨竹筒饭制作上遇到了困难,孩子们能想到"小红书",说明孩子们有了信息技术经验的储备。

(四)操作:满"竹"味蕾

经过周末的搜索与采集,孩子们带来了各种材料,有青豆、黄瓜、玉米、火腿、小菜板等等。一开始,孩子们的分工意识比较薄弱,由于事先没有分工,一开始的时候,大家都是围在一堆做同一件事情,针对这一情况,老师实时地介入,引导孩子们学会分工合作,慢慢地大家都有条不紊的分组行动。这时,只见小队长欣欣开始发号施令啦!孩子们取出食材,洗的洗,切的切,放调料,搅拌均匀,孩子们一个个热火朝天,有模有样,将食材一个个地舀进竹筒里,加上水,自己动手搭灶台、点火、捡柴、添柴、蒸竹筒饭。我在一旁静静地记录孩子们的点点滴滴。

三个小朋友在细心切着火腿时,听见李好小声地嘀咕着:"我可以吃一块吗?"夏家欣连忙说:"不行,你吃了我也想吃!"(好可爱啊!)只见他们聊着聊着,李好情不自禁地塞了一块在嘴巴里,偷偷地埋头嚼着。伊伊急得大声喊起来:"我这还要拿来煮饭呢,你不要全干完啦!"

搬砖搭灶台的时候,这些小家伙动作迅速,发挥了平时搭积木的能力,合作堆、叠,搭得错落有致，灶孔大小把握得很准。负责捡柴的小朋友，把手上的树枝折断从上面放进灶孔里。我不由笑着问他们："待会这灶上面放什么呀？"聪明的陈子睿说："对呀！这上面要加锅，柴不能从这里放进去！"说着，他马上动手把灶口挪动加宽。

在点火的时候，李好拿着打火机怎么都点不着，一会儿一个孩子递一把枯草过来，一会儿一个孩子又往灶台里塞一把树叶，结果弄得烟雾缭绕，孩子们一个个呛得直咳嗽。只见陈子睿急地大喊："灶里的柴太多了，拉一点出来！"还有的孩子跑到灶台其他缝隙里点火，经过一番折腾，最后火终于烧起来了！

孩子们在一次次的失败中找到了正确的方法，在这个过程中孩子们展现出了良好的学习品质——坚持、专注、探究。在等待的过程中，孩子们时不时闻一闻香味，添一把柴火，大部分孩子四处玩耍，孙艺轩却一直在灶台边转悠，我好奇地问他："你怎么不跟小朋友去玩玩啊？"他仰起头说："大家都走了，火熄了怎么办？我要守着加柴。"我真心为这个孩子大局意识点赞！

30分钟到了，当老师打开锅盖，竹筒饭热气腾腾、飘香四溢！小朋友们激动地鼓起掌："哇！好香啊！"李好小朋友迫不及待地伸手去蒸笼里拿竹筒饭。由于锅里的温度太高了，李好刚伸出去立马把手缩了回来。小队长佳欣见了立马跑进厨房拿了两块抹布出来包着竹筒，可是还是烫得她直搓手。轩轩立马跑过来请老师帮忙，当老师把竹筒饭端到孩子们面前时，孩子们迫不及待地去闻一闻，尝一尝，品尝分享着自己动手制作的美味竹筒饭（图5-9-3）。还有的孩子一边吃一边说："我想带一桶回去给家里人吃。"李好第一个吃完，对着老师说："我吃完了，再来一桶！"

图5-9-3 竹筒饭出锅

教师思考：

通过动手操作体验、制作、品尝、分享竹筒饭，让孩子感受竹筒饭的独特味道及劳动成果，极大满足了孩子的好奇、期待。在游戏中，幼儿还能及时发现问题，并能想办法解决游戏中出现的问题，孩子们能较真实地表现角色，模仿成人的劳动，进一步了解游戏规则。孩子们兴趣很浓，各种逼真的食品也深深吸引了他们。

三、游戏活动反思

本次游戏活动，借助乡村自然环境这样一个背景，帮助孩子回归生活回归自然。我们以课后延伸贯穿游戏活动，通过实践操作，孩子观察到竹子的生长结构，知道竹子里是空心的，锯下来就变成了竹筒。通过收集竹筒，制作、品尝、分享竹筒饭，孩子感受到了竹筒饭的独特味道及劳动成果，这极大满足了孩子的好奇心与求知欲。

1. 回归真实生活，让游戏资源更具价值

《纲要》中明确提出：幼儿园课程资源的开发与利用应充分利用幼儿园自身的优势，积极回归真实生活下的真实资源，给予孩子可感知、可体验的内容。因此在此次自主游戏活动中，我们巧妙抓住农村资源——小竹林，让孩子们与竹林进行亲密互动，通过幼儿的观察、探索、操作，给幼儿提供一个更直观、更可感知的游戏环境，让游戏资源更具价值。

2. 由被动走向主动，开启幼儿自主探究之旅

以往开展的探索性活动多为教师预设，幼儿更多的是被教师领着走，本次游戏则是幼儿自己主导。教师遵循大班幼儿年龄特点，给他们充分的活动空间，支持鼓励他们在观察发现、探索创新中一步步深入。用自己喜欢的方式进行探索操作，在真实的情境中源源不断地获得情感和体验，满足幼儿游戏活动的需要与发展。走出教室，走近生活，让孩子真切地感受游戏带来的快乐。

3. 由担心走向放手，支持幼儿自主游戏

在以往的游戏中，我常常不放心，担心幼儿失败失误，更多的是担心幼儿的安全，总是着急引领，担心幼儿偏离目标，过于遵循预设。在本次活动中，我尝试着"放心放手"，放手让幼儿尝试，耐心等待。游戏中，我试着"退后"，耐心等待。孩子们在第一次拿刀拿锯子的时候，我心里特别紧张，生怕孩子砍到手、锯到手。然而我还是把自主权还给孩子，让他们都来动手尝试一下，然后老师再指导孩子安全使用，在这个过程中，我发现孩子自己是有一定安全意识的，砍不动、锯不动了，其他孩子会主动帮助，扶一扶、踩一踩。最后，孩子们在村民叔叔的帮助下锯了好多的竹筒。放手让幼儿探究，让我更加深刻地体会到幼儿是有能力的自主学习者。游戏中，我只是细心关注，适时回应：当幼儿的游戏出现停滞不前，我以开放式的问题，予以点拨，我努力做到及时鼓励和肯定幼儿，放手让幼儿探究，帮助他们获得了更多的经验，自主推动游戏的开展。

教师不仅是游戏的支持者，更是一个引导者，在游戏的过程中要善于发现、捕捉孩子发出的各种信息，抓住新的契机，通过适当点拨、启发，从而使游戏得到深入和扩展。在今后的活动中，我们会更加倾听幼儿，跟随幼儿，及时调整环境，满足幼儿的游戏兴趣和发展需要……